青海民族大学中国语言文学学科建设文库

丛书主编　马　伟　卓玛（小）

释迦牟尼神话

佛传与图像

BIOGRAPHICAL TEXTS

AND

PICTURES:

Shakyamuni Myth

赵 艳 著

社会科学文献出版社
SOCIAL SCIENCES ACADEMIC PRESS (CHINA)

丛书编委会

主　编　马　伟　卓　玛（小）

编　委　（按姓氏笔画排序）

　　　　　马志林　马绍英　马桂兰　马海龙　王志强

　　　　　李　清　卓　玛（大）　舍秀存　陕锦风

　　　　　胡永刚　俞丽娟　雷庆锐　满却顿智

　　　　　廖　贞

序

    青藏高原是世界上海拔最高的高原，有"世界屋脊""地球第三极"之美称，也是中国最大的高原，是中华民族和中华文明的发祥地之一。因此，青藏高原不仅以其雄奇壮美的自然风光吸引着世人的目光，同时也以其悠久灿烂的民族文化著称于世，藏、回、土、撒拉、蒙古、汉等多民族语言文学就是青藏民族文化最为耀眼的明珠。坐落于湟水河畔的青海民族大学是青藏高原第一所现代意义上的高等学府，学校成立后就开展了对青藏高原民族语言文学的教学与研究工作。1949 年学校成立后开展了藏、蒙、汉三语课程教学；1958 年设置相关学科专业，开展本科教育。李克郁、韩建业、王青山等学者参加了 20 世纪 50 年代全国民族语言大调查与研究工作；1960 年承担全国少数民族文学史《藏族文学史简编》编写工作；搜集、整理青海民间文学三套集成等，为该学科发展奠定了坚实基础。1979 年开始藏缅语族语言方向研究生教育。1981 年，国务院批准本校为首批硕士学位授予单位，培养中国语言文学硕士研究生，汉、藏、蒙古语言文学等学科方向得到进一步发展。1995 年起，藏、汉语言文学先后被列为省级重点学科。2011 年，中国语言文学获硕士学位授权一级学科，设置文艺学、语言学及应用语言学、汉语言文字学、中国古典文献学、中国古代文学、中国现当代文学、中国少数民族语言文学（分语族）、比较文学与世界文学 8 个学科方向，以及自主设置的格萨尔学方向。2013 年，该学科招收我校第一位留学研究生。2014 年起和天津大学联合培养汉藏翻译方向博士研究生。至此，该学科具备了从本科到研究生（包括留学研究生）完整的高层次人才培养体系，在学科梯队、学术研究、人才培养、硬件建设等方面得到了快速发展，形成了自己的学科特色。2018 年，青海省教育厅、财政厅立项我校中国语言文学为省内一流建设学科。

在我校中国语言文学学科发展史上，涌现了一批又一批前赴后继的名师学者，其中一些来自国内著名高校，曾受过良好的专业熏陶。他们怀着对民族高等教育的满腔热情，披荆斩棘，砥砺前行，在昆仑山下、湟水河畔，开拓出一方在中国语言文学学科建设上充满活力的精神高地。这些前辈学者有：

李文实（1914~2004），青海化隆人，毕业于成都齐鲁大学，后在上海诚明文学院中文系任教授，20 世纪 70 年代末到 90 年代初在青海民族学院汉语言文学系任教。李文实先生师从顾颉刚，继承古史辨派的学术思想，从民族、宗教、民俗、语言等学科对西北古代历史地理及羌藏文化展开了深入研究。先生曾承担汉语言文学系本科生中国文学史、少语系硕士研究生中国古典文学课程及辅导讲座，并编写了几十万字的《中国古典文学作品选读辅导讲话》《中国史籍举要》《诗经》《楚辞》等讲稿。特别是对西北的历史、文化、地理、风俗的考察和对青海地方史志的整理编纂做出了突出贡献。《西陲古地与羌藏文化》是其学术思想的集中呈现，获青海省第六次哲学社会科学优秀成果一等奖。

胡安良（1934~　），湖北省武汉市人，当代著名语言学家、全国优秀教师、享受国务院政府特殊津贴专家，先后担任中国语言学会理事、中国修辞学会理事、西北修辞学会会长、青海省语言学会会长、青海民族学院汉语言文学系主任等职。早年师承王力、岑麒祥、商承祚等语言文字大师。20 世纪 50 年代在中山大学语言学系就读，后随王力先生北上。1957 年毕业于北京大学中文系。1958 年来青海民族学院工作至今。胡教授是青海省最早培养硕士研究生的专家之一，曾培养数届汉语言文字学等方面的硕士研究生，其学生均成为省内外语言学界、出版界、文化界的科研骨干。胡先生发表论文 40 余篇，出版《词语漫笔》《老庄衍论》《老庄语冰录》《言语的内察与外观》等 8 部专著。其中《现代汉语》（与黄伯荣、廖序东合著）一书获国家高等院校文科教材二等奖。

程祥徽（1934 ~　），湖北省武汉人。北京大学文学学士，香港大学哲学硕士，语言学教授。曾任全国民族高校文艺理论研究会理事、青海省文学学会副会长、青海省文艺评论研究会副会长、澳门大学中文学院院长、澳门语言状况关注委员会委员、澳门政府文化委员会委员、澳门语言学会会长、中国修辞学会常务理事。1958 ~ 1979 年，先后在青海民族学院任助教、讲师，破格晋升为教授。1981 年后在澳门东亚大学和澳门大学任教，曾任东亚大学中文系主任。主编《澳门语言论集》《语言风格论集》《语言与传意》《方言与普通话》《港澳通用普通话教材》《澳门文学研讨集》等。合编著作《中国少数民族审美意识史纲》于 1996 年获青海省第四次哲学社会科学优秀成果一等奖。

祝宽（1921 ~　），陕西乾县人。1942 年考入兰州西北师范学院中国文学系，1943 年受聘于乾县简易师范学校任国文教师，其间成为当地学潮骨干。1944 年秋去兰州西北师范学院复学，在潜心研究五四运动以来新诗发展史之外，参加革命活动。1946 年入北平师范大学中国文学系四年级，次年毕业。1949 年乾县解放后，任县支前委员会主任秘书、县人民政府文教科长兼乾县中学校长、共青团县工委委员兼组织部长、县人代会常委等。1950 年调至北京师范大学中文系，讲授中国新文学史，参与组建师大民盟组织，担任民盟北京市委委员。1960 年 10 月调至青海民族学院中文系任教。曾任青海省文学学会副会长兼秘书长、中国现代文学研究会北京总会四届理事。著有《中国现代诗歌简史》《五四新诗史》等，后者获青海省人文社会科学优秀成果一等奖。

邵祖平（1898～1969），江西南昌人。因家境贫寒未入过正式学校，自学成才，喜欢写诗交友，早年肄业于江西高等学堂，为章太炎高足。1922年后历任《学衡》杂志编辑，东南、之江、浙江大学教授，章氏国学会讲席，铁道部次长曾养甫秘书，朝阳法学院、四川大学、金陵女子大学、华西大学、西北大学、西南美术专科学校、重庆大学、四川教育学院教授。中华人民共和国成立后，历任四川大学、中国人民大学、青海民族学院教授。著有《中国观人论》、《文字学概论》、《国学导读》、《词心笺评》、《乐府诗选》、《七绝诗论七绝诗话合编》、《培风楼诗存》、《培风楼诗续存》、《培风楼诗》（曾获教育部一等奖）等。

贾晞儒（1934～ ），陕西省蓝田人。1955年毕业于西北民族学院语文系蒙古语言文学专业，毕业后留校任教，1960年12月调至青海民族学院任教，先后在民族研究所、蒙学系、文学与新闻传播学院等单位工作，讲授"汉语文""蒙古语文""现代蒙古语""翻译教程""语言学概论""民族语言与民族历史""普通语言学""化语言学"等课程。先后担任过蒙语教研室副主任、系副主任、民族研究所所长等职，兼任《青海民族研究》主编，中国蒙古语文学会常务理事、学术委员，青海省民族古籍工作评审委员会委员等职。出版《民族语文散论》《青海湖畔的传说》《中华各民族谁也离不开谁的故事》《现代化进程中的民族问题》《贾晞儒民族语言文化研究文集》《青海蒙古语言文化纵论》《德都蒙古文化简论》《语言·心理·民俗》《蒙汉对比语言学基础》《文化语言学》等10多部著作，发表论文120余篇，荣获省级科研优秀成果二、三等奖多项。

此外，冯育柱、彭书麟、浦汉明等著名学者也曾在文学院工作，为学院发展做出了巨大贡献。正是这些前辈前赴后继的努力与付出，才使学院有了深厚的学术积淀，成为学院宝贵的精神财富，激励着加入学院的新人奋发图强，勇攀学术高峰。数代学者的薪火相传为学院的学科建设奠定了坚实的基础。目前，我校的中国语言文学学科已经形成了特色鲜明的研究方向：

语言学及应以语言学方向主要以少数民族濒危语言的研究和保护、汉藏语系和阿尔泰语系语言的历时与共时演变、语言接触规律、语言与文化关系、藏文信息处理等领域为专业特色。致力于从语言学的视角服务国家"一带一路"倡议和国际语言文化的交流和研究。

中国少数民族语言文学方向以青藏高原藏、蒙古、回、土、撒拉等世居民族作家文学、民间文学为研究特色。努力在探索青藏民族民间文学、作家文学，传承民族文化，构建多元共生的民族精神高地等方面形成一定优势。

中国古典文献学方向以藏文木刻本、写本、金石、木牍、缣帛等古典文献古籍为重点研究领域，在敦煌文献、藏医药古籍、藏纸工艺、翻译规范化与标准化等领域形成学术优势。通过藏汉、梵藏等古籍的搜集、整理、翻译，服务于民族文化的传承与保护。

比较文学与世界文学方向以民族文学比较、东方文学为研究特色，在中外文学比较、中外文学思潮比较、形象学等研究领域形成学术合力。通过南亚、中亚文学研究，有效融入"一带一路"中外文化交流与少数民族文化弘扬。

格萨尔学方向以"格萨尔史诗"的活形态搜集与整理、说唱艺人口述史为研究特色，努力在格萨尔信仰、口头程式等研究领域形成学科优势。

我校中国语言文学学科涉及文学与新闻传播学院、藏学院、蒙学系等院系，现有专任教师52人，其中具有正高级职称30人，副高级职称18人，博士学位教师31人，有海外经历教师达13人。有国家级教学名师、享受国务院特殊津贴专家、博士生导师、国家级教学团队和精品课程负责人。多人获得青海省千人计划领军人才、拔尖人才，青海省"135 高层次人才培养工程"拔尖学科带头人、创新教学科研骨干，青海省优秀教师、青海省"省级骨干教师"等称号。在学术组织中担任研究会副秘书长、理事等职务。近五年来，学科方向带头人在研的国家级、省部级科研项目达 40 多项，发表论文约 260 篇，出版专著约 60 部。藏语言文学、土族语、撒拉语等方面的研究居全国一流水平，并具有一定的国际影响力。本学科在丰富中国语言文学内涵、传承与保护青藏高原民族语言文化、加强各民族语言文化的交流与促进国家认同、推动"一带一路"沿线国家的语言文化交流等方面发挥了不可替代的作用。

虽然我校学科建设取得了一定的成绩，但我们清醒地意识到自己还有许多不足，需要处理好基础学科与特色学科之间的关系，需要提高师资学缘结构，需要提高人才培养质量，尤其需要提高科研成果质量。为了在科学研究方面推出一些标志性成果，我们特此组织出版中国语言文学学科建设文库，希望能为我校中国语言文学学科建设添砖加瓦。这些著作也许还不够成熟，但我们希望先迈开步子，在大家的批评指正中，继续努力，不断取得新的成绩。

是为序！

马 伟 卓 玛（小）

摘　要

　　佛教起源于印度，是古典时期亚欧多种文明交流与融合的产物。围绕佛教创立者释迦牟尼形成的神话是佛教神话的核心。以"八相成道"的过程为主要线索，释迦牟尼神话可分为诞生神话、降魔成道神话、初转法轮神话、涅槃神话四个主要部分，并涉及多个具有象征意义的核心情节。释迦牟尼神话主要由佛传文本与图像构成，受到希腊文化的浸染，基本形成于部派佛教晚期、大乘佛教初期，在佛教东传与中国化的过程中得以充分发展与完成。

　　佛传文本是在希腊神话与希腊传记双重影响下形成的一种长于叙事、神话色彩极其浓厚、偏向于借助人物生平表达信仰观念的经典。早期仅散见于契经中，随着佛教的发展，开始趋于体系化。历经千年之久译出的汉译佛传，对于缺少文字典籍的古代印度和中亚而言，是十分宝贵的研究资料。中国人编撰的佛传，其思想内容与汉译佛传相一致，体系更为完整。佛传文本不仅在横向上表现了释迦牟尼神话同一内容的多样性特点，而且在历史纵向上呈现出佛传更为系统化和成熟化的发展脉络。

　　释迦牟尼神话图像从直观叙述上突破了神话文本阐释所面临的臆想性困境，是更加形象全面地理解释迦牟尼神话的一种重要途径。在那个已逝的神话世界中，图像作为宣扬、传播和凝聚文化的理想工具，其社会价值远远超过当下。释迦牟尼神话图像初创时期的中印度模式，延续古印度认为雕画佛像乃是冒渎神圣之事的传统，仅以菩提树、法轮、足迹、莲花、窣堵波等象征性的符号表现释迦牟尼的存在。

释迦牟尼神话图像成熟时期的犍陀罗模式，是佛教中"人文主义"因素与希腊精神碰撞和融合的结果。主要受希腊神话历史观念和再现历史能力的浸染，汲取希腊艺术强调叙事性构图的方式，形成了具有高度写实性的单个佛像和线性连贯叙事的佛传图像，并决定了释迦牟尼神话图像在发展与传播过程中的基本走向。在贵霜王朝迦腻色迦王的积极推动之下，北印度的秣菟罗和南印度的阿玛拉瓦蒂与犍陀罗呈三足鼎立之势，互相融合、共同发展，将印度本土之传统与外来之因素融会贯通，使佛传图像得到更进一步的发展。释迦牟尼神话传播过程中的新疆敦煌模式体现了佛教以及佛教神话的中国化特色。

释迦牟尼神话文本与图像相互印证，相辅相成，形成了完整的蕴藏象征含义与文化内涵的释迦牟尼神话体系。它不仅是佛教义理最形象化的解释，也是沟通佛教义理与信仰者思维的重要介质。

首先，神话的文本与图像赋予了释迦牟尼以神性，对释迦牟尼从觉悟者的"人性"层面逐渐过渡到"神性"层面，从历史人物转变为神话人物起到了决定性作用。其次，部派佛教晚期逐渐勃兴的大乘佛教趋于世俗化和大众化的发展，使以释迦牟尼为核心的神话开始扩展为三世佛与三身佛的神话体系。同时，脱胎于释迦牟尼神话模式的菩萨和高僧的形象也逐渐被神化，使佛教的万神殿最终扩展为"恒河沙数"的无穷境地。这也是佛教从释迦牟尼创立之初，仅仅以"四谛"和"三法印"为理论核心的学说派别，演变为真正意义上的以信仰主义为核心的世界性宗教的关键所在。

基于上述种种缘由，本书试图以佛传文本与图像相结合的方式，借鉴神话学的研究方法，围绕释迦牟尼诞生神话、降魔成道神话、初转法轮神话和涅槃神话中所蕴含的和表现出的宗教文化的象征意义进行系统、深入的探究，旨在将零散的数据进行有条理的整合，纵向上梳理出其发展史，横向上对比其互相之间的区别与联系，以期形成关于释迦牟尼神话翔实而完整的资料体系，为学术界相关论题的研究提供基础性的研究资料。

对以标志性神圣事件为依据的神话内容做宏观性的研究，结合细微之处的名物意象挖掘其表象后的宗教文化的象征意义，不仅体现了释迦牟尼神话研究的本质意义，为认识释迦牟尼在佛教乃至世界文明体系中的特殊地位与价值提供了广阔的思路；而且可以从根源上探究人类文化与文明的共性因素，为神话学的研究拓展新的视野，注入新的内容，在一定程度上推动神话学学科的发展。

关键词：佛传文本　佛传图像　诞生神话　降魔成道神话　初转法轮神话　涅槃神话

目　录

绪　论

一 选题缘由及意义

（一） 选题缘由

第一，释迦牟尼是佛教信仰体系的核心。历史学视野中的释迦牟尼只是喜马拉雅山麓下迦毗罗卫国的太子，名为乔达摩·悉达多，是释迦族的圣贤，后出家修行觉悟。事实上，释迦牟尼自"觉悟者"身份确定之时，就开始获得那些伟大人物生平所特有的神话特征，逐渐摆脱"人性"层面进入"神性"层面，成为佛教"神性"殿堂的主要成员，并影响佛教的万神殿扩展为"恒河沙数"的无穷无尽之境地。

第二，佛传的文本与图像以二维形象的方式构成了丰富的释迦牟尼神话体系，赋予释迦牟尼以神性，体现了释迦牟尼神话的独特价值。早期的佛教经典对释迦牟尼的生平仅做片段式的平实记述。受希腊文化的浸染，大致形成于部派佛教晚期、大乘佛教初期，系统描述释迦牟尼生平事迹的佛传，内容多以释迦牟尼"八相成道"为主线，结合印度民间诸神佛迹等神话传说，叙述释迦牟尼蕴意丰富的一生事迹，是释迦牟尼神话的文本载体。最初的佛传图像是从印度民间崇拜的诸神像转化而来，仅以标记性符号象征释迦牟尼。后汲取希腊式雕像和浮雕艺术特色，创制佛像与佛传故事浮雕，形成独具特色的犍陀罗风格艺术，并与秣菟罗和阿玛拉瓦蒂一起，将印度本土之传统与外来之因素融会贯通，使佛传图像得到更进一步的发展，并逐渐向东扩展，经中亚进入中国境内。佛传图像是释迦牟尼神话的图像载体。

第三，释迦牟尼神话是佛教作为宗教的本质性问题所在。早期佛教仅仅是以"四谛"和"三法印"为理论核心的学说派别。而以佛传文本与图像双重维度形成的蕴藏象征含义与宗教内涵的释迦牟尼神话体系，是佛教义理最形象化的解释。诞生神话、降魔成道神话、初转法轮神话、涅槃神话是释迦牟尼形象从"人"向"神"质变的关键环节，由此塑造的具有神性的释迦牟尼是沟通佛教义理和信仰者思维的重要介质。佛教因此具备了宗教的基本要素，发展成为以信仰主义为核心的完备形态的宗教。

第四，神话是一种象征性的传述，是世界文明的重要组成。在神话研究领域，中西学者多从文学、人类学、心理学等角度入手，深入探讨从远古时代流传下来的神话，而较少关注宗教神话的形成以及特点。与此同时，长期以来在佛教研究领域，偏重以历史与文献的方法研究佛教义理，关于佛教神话抑或关于佛教创始人释迦牟尼的神话研究相对少见。即便是针对释迦牟尼的相关研究，学者或以文本入手或以图像入手，在还原历史客观事实的同时，将原本蕴意丰富的神话剔除于理性之外。

（二）研究意义

基于上述种种缘由，从汉译佛传文本和图像相结合的层面，对释迦牟尼神话的形成、内容、特点以及表现出的宗教文化的象征性进行系统、深入的探究，具有较大的学术研究意义与价值。

第一，对释迦牟尼神话的文本、图像体系进行梳理。从原始的佛教典籍到部派佛教晚期、大乘佛教早期的汉译佛传经典，释迦牟尼完成了从人性形象到神性形象质的转变。从印度早期仅以佛法、菩提树、佛足迹等标记象征佛的图像方式，到汲取希腊雕像艺术的犍陀罗图像，再到被汉化后的佛传图像，勾勒出了释迦牟尼神话图像发展史。本书试图以佛传文本与图像相结合的方式，将零散的数据进行有条理的整合，纵向上梳理出其发展史，横向上对比其互相之间的区别与联系。不仅可以形成关于释迦牟尼神话翔实、完整的资料体系，而且可以为学界相关论题的研究提供基础性的研究资料。

第二，对释迦牟尼神话的形成、构成以及内容进行系统分析和总结，其中个别内容可以与相关的宗教神话或者远古神话进行比较研究。释迦牟尼神话的形成与佛教的相关义理、思想的形成和发展密切相关。部派佛教晚期与大乘佛教早期是释迦牟尼神话文本与图像形成和发展的关键时期，是释迦牟尼从人性形象到神性形象过渡的关键时期，其中缘由值得探究和思考。在这样一个宏大的时代背景之下，廓清释迦牟尼神话的形成、构成以及内容体系，可以为同时期佛教思想的研究提供一种新的尝试和思路。与此同时，释迦牟尼神话是以希腊精神为主的多元文明碰撞交融的产物，与相关宗教神话和远古神话的比较，可以从根源上探究人类文化与文明的共性因素，在一定程度上推动神话学学科的进一步发展。

第三，对释迦牟尼神话的宗教文化象征意义以及其中的名物意象进行神话学的诠释。释迦牟尼神话研究不仅需要对以标志性时间和事件为依据的神话内容做出宏观性的研究，而且需要从细微处着手深入挖掘其蕴藏的宗教文化的象征意义。这样不仅体现了释迦牟尼神话研究的本质意义，而且为我们认识释迦牟尼在佛教乃至世界文明体系中的特殊地位与价值提供了广阔的思路和视野。

二　释迦牟尼神话及相关问题的研究现状

（一）国外关于释迦牟尼神话及相关问题的研究现状

严格来讲，现代学术史上的佛教研究，始于19世纪20年代的西方。被誉为"现代佛教研究之父"的巴黎学者布奴夫（E. Burnouf）以比较语言学的方法，最早奠定了佛教研究的文献学基础。因为大宗佛教经典都以释迦牟尼生平经历为记述中心，因此，西方的一些研究学者对释迦牟尼的生平研究做出了极其重要的贡献，其中对释迦牟尼神话的研究有所涉猎，成果丰硕。

1823 年，朱利斯（Klaproth von Julius）的《佛陀生平》（*Leben des Budd's*）一书，① 是一部基于蒙古语佛传资料研究而成的著作。1839 年，匈牙利学者、欧洲藏学研究之父乔玛（Sándor Krsi Csoma）撰文介绍释迦牟尼生平。② 1858 年，罗马天主教神父毕嘉特（Paul Brigandet）依据题为《花鬘庄严》（*Malālankāravatthu*）的缅甸文资料，在仰光编译出版英文本佛传《瞿昙生平》（*Life of Gaudama*）。③ 1866 年，毕嘉特在伦敦出版享誉西方学术界的《瞿昙的生平或传奇》（*The Life or Legend of Gaudama*）。④《瞿昙的生平或传奇》是在《瞿昙生平》基础上，吸收其他传记资料写成的结构更加完整的佛传。1860 年，巴黎著名的藏学家傅科斯（Philippe Edouard Foucaux）将自己 1848 年在巴黎出版的法译本《普曜经》更名出版为完整的释迦牟尼传记《释迦牟尼的历史》（*Histoire du Bouddha Sakya Mouni*）。⑤ 1860 年，哈代（R. Spence Hardy）在伦敦出版《现代佛教手册》（*A Manual of Modern Buddhism*），⑥ 讨论了释迦牟尼的生平故事，其传记资料来源于中古僧伽罗语文献。

---

① Klaproth von Julius, *Leben des Budd's*, *Asia Polyglotta*（Paris：A. Schubart, 1823）.

② Sándor Krsi Csoma, "Notices on the Life of Shakya Extracted from the Tibetan Authorities," *Asiatic Researches*, XX/Ⅱ, pp. 285 – 317.

③ Paul Brigandet, *Life of Gaudama*（Rangoon, 1858）.

④ Paul Brigandet, *The Life or Legend of Gaudama*（London, 1866）.

⑤ Philippe Edouard Foucaux, *Histoire du Bouddha Sakya Mouni*（Paris：Benjamin Duprat, 1860）.

⑥ R. Spence Hardy, *A Manual of Modern Buddhism*（London：Williams and Norgate, 1860）.

1875 年，精通梵语和巴利语的巴黎学者辛纳（Emile Senart）以梵文佛传为依据，运用有别于比较神话学（Comparative mythology）的历史神话学（Historical mythology）方法，出版《佛传研究》（*Essai sur la légende du Buddha*），① 确立了释迦牟尼太阳神话学说，并引起西方世界的广泛争论。1877 年，戴维斯引用巴利原典资料，在伦敦发表《佛教：佛陀的生平和教法略纪》（"Buddhism：Being a Sketch of the Life and the Gautama the Buddha"）② 一文，表达了自己部分接受辛纳理论的观点。1881 年，德国巴利佛典专家奥登伯格（Hermann Oldenberg）在柏林出版《佛陀的生平、教义即僧团》（*Buddha，Sein Leben，Seine Lehre，Seine Gemeinde*），③ 奥登伯格运用被精通多国语言的著名世界佛学专家狄雍（J. W. de Jong）称为"理性的、神化英雄的"（euhemerisitic）方法，对释迦牟尼的神话和传说做出平实的解释，用意在于获取对佛教历史真实性的研究，将释迦牟尼完全定性为一位历史人物，对辛纳的观点做出明确批判。

巴黎学者阿·福歇（Alfred Foucher）对此评价说，辛纳笔下的释迦牟尼欠缺生身，但奥登伯格描绘的释迦牟尼欠缺神性。事实上，迄今为止，西方人撰写和研究的释迦牟尼传记，也还在辛纳与奥登伯格理论的两端徘徊。④ 福歇本人自 20 世纪初期至中叶也相继出版了多部关于印度佛教图像的著作，其间还有与英国著名学者约翰·马歇

---

① Emile Senart, *Essai sur la légende du Buddha：son caractère et ses origins*（Paris：Imprimerie nationale，1875）.

② T. W. Rhys Davids, "Buddhism, Being a Sketch of the Life and the Gautama the Buddha,"（London ，1877）.

③ Hermann Oldenberg, *Buddha，Sein Leben，Seine Lehre，Seine Gemeinde*（Berlin ，1881）.

④ 参见〔荷〕狄雍（J. W. de Jong）《世界佛学名著译丛》卷 71《欧美佛学研究小史》，霍韬晦、陈铫鸿译，台北，华宇出版社，1985，第 33~34 页。

尔（J. Marshall）的合著。① 1905～1922 年，福歇在巴黎出版的全面系统论述犍陀罗希腊式佛教雕刻艺术的著作，是西方学者研究佛传图像的肇始之作。福歇的《佛陀传》（*La vie du Bouddha d'aprés les Textes et les Monuments de l'Inde*）② 一书，虽然仅仅是奥登伯格《佛陀的生平、教义即僧团》的法译本，但也备受学术界推崇。

与此同时，巴黎学者奥古斯特·巴特（Auguste Barth）和荷兰学者克恩（Hendrik Kern）也都对释迦牟尼神话提出了自己的见解。1927 年，托马斯（Edward J. Thomas）在伦敦出版《佛陀的生平：传奇与历史》（*The Life of the Buddha as Legend and History*），试图中止释迦牟尼是历史人物还是神话想象的争论，并且批评了当时西方世界只注重巴利语佛典的倾向，强调了梵语佛典与汉藏译本的重要性。

1951 年，剑桥出版约翰·马歇尔重要的学术著作——三卷本的《塔克西拉》（*Taxila*），③ 该书汇集了马歇尔在犍陀罗地区 40 多年的考古发现，是一部脉络清晰、经纬交织的研究犍陀罗佛教艺术的力作。1960 年，约翰·马歇尔出版又一力作《犍陀罗佛教艺术》（*The Buddhist Art of Gandhāra*）。④

1977 年，英国宗教学者凯伦·阿姆斯特朗（Karen Armstrong）出版的著作《佛陀》（*Buddha*），⑤ 是以巴利文佛教 "三藏" 为基础，

---

① Alfred Foucher, *L'art gréco-bouddhique du Gandhara*, 3 vols（Paris, 1905）; Alfred Foucher, *La vie du Bouddha d'après les monuments de l'Inde ancienne*（Paris, 1939）; Alfred Foucher, J. Marshall, N. G. Majumdar, *The Monuments of Sanch?*, 3 vols（Calcutta, 1939）; Alfred Foucher, *La vieille route de l'Inde, de Bactres à Taxila*. MDAFA 1, 2 vols（Paris, 1942）; Alfred Foucher, *Eléments de logique et de systématique indienne*: *Le compendium des topiques d'Annambhatta*（Paris, 1949）.

② Alfred Fouche, *La vie du Bouddha d'aprés les Textes et les Monuments de l'Inde*（Paris, 1955）.

③ J. Marshall, *Taxila*, 3vols（Cambridge, 1951）.

④ J. Marshall, *The Buddhist Art of Gandhāra*（Cambridge, 1960）.

⑤ Karen Armstrong, *Buddha*（Lipper Publications, L. L. C and Viking, 1977）.

从神话学和心理学的角度试图给予释迦牟尼生平中的神话部分一些更为合理的解释。

除此之外，对于在印度历经 10 个世纪才得以最终完成的一些主要佛传，如《大事》、《普曜经》、马鸣的《佛所行赞》以及"涅槃经"① 等，国外学者主要以校勘、翻译的方式展开学术研究。1877年，印度学者密多罗（R. L. Mitra）在加尔各答出版历经 24 年校勘翻译的《普曜经》梵文本。② 1882 年，辛纳在巴黎整理出版《大事》（Le Mahāvastu）的第 1 卷，至 1897 年出版第 3 卷，为《大事》的最早校勘本。③ 1933 年，在东京有油印版。《大事》包含大量的内容，从释迦牟尼的前生讲起，直到释迦牟尼现在世的"八相成道"，还涉及释迦牟尼最早的传道活动与僧团的兴起，为解释迦牟尼的生平提供了丰富的研究空间，至今仍然为研究释迦牟尼的重要成果。1892 年，巴黎学者列维发表了《佛所行赞》第一品的梵文本，1893 年由高威尔译出完整的《佛所行赞》。

西方学者普遍认为，巴利语佛典最能反映释迦牟尼时代的佛学思想。巴利语佛典是以释迦牟尼的生平故事贯穿组织起来的，其中包含许多本生故事，这就使得许多学者从释迦牟尼的本生故事着手，了解释迦牟尼的生平。1861 年，丹麦学者傅斯堡（Viggo Fausböll）发表根据巴利原文写出的译注本《五篇本生故事》（Five Jātakas）。④ 1862 年，傅斯堡与韦伯（Albrecht Weber）合作着重研究

---

① 包括南传与北传的《大般涅槃经》、北传《长阿含经》中的《游行经》、西晋白法祖译的《佛般泥洹经》以及失译的《般泥洹经》。

② R. L. Mitra ed. and trans. , *The Lalitavistara*：*Memoirs of the Early Life of Sākya Sinha* (Chs. 1 – 15) (Calcutta：Asiatic Society of Bengal, 1853 – 1877).

③ Emile Senart, *Le Mahāvastu. texte sanscrit*, *publié pour la première fois et accompangné d'introduction et d'un commentaire*, 3 vols (Paris, 1882 – 1897).

④ Viggo Fausböll, *Five Jātakas*：*Containing a Fariy Tale*, *a Comical Story*, *and Three Fables* (Copenhagen：C. A. Reitzel, 1861).

巴利文献中的释迦牟尼的传说故事。① 在以后的几十年中，傅斯堡相继翻译出版了大量的本生故事，成为迄今为止这一领域最权威的专家之一。② 1880 年，英国学者戴维斯（T. W. Rhys Davids）将傅斯堡编选的本生故事译为英语出版。③ 1895 年，同为英国学者的高威尔（E. B. Cowell）编辑出版《本生经或佛陀的前生故事》（*The Jātaka or Stories of the Buddha's Former Births*）一书。④

多保存于梵文佛典中具有教训譬喻意义的譬喻故事，也是研究释迦牟尼生平的重要资料。广义的"譬喻故事"包括譬喻（Avadāna）、本生（Jātaka）、因缘（Nidāna）等故事，这些作品与阿毗达磨对应，与佛传、律藏交错，与赞佛文学有关。⑤ 狭义的"譬喻故事"有《撰集百缘经》（*Avadānasataka*）、《天譬》（*Divyāvadāna*）、《本生鬘》（*Jātakamālā*）、《宝鬘喻》（*Aspkavadāna1mālā*）等文本。西方学者对这些文献都有细致的校勘整理与译注。1886 年，高威尔和奈伊尔（R. A. Neil）精校出版《天譬》。1891 年，荷兰学者克恩（Hendrik Kern）出版《本生鬘》，为哈佛东方丛刊（Harvard Oriental Series）的第 1 卷。1910 ~ 1911 年，巴黎的汉学泰斗沙畹（Edouard Chavannes）以《撰集百缘经》中的故事为中心，又集汉译佛典中的500 个故事将其共同编辑译为法文。⑥

---

① Viggo Fausböll, Albrecht Weber, *Die Pali-legend von der Entstehung des Sākya und Koliya Geschlechtes* (Indische Streifen, 1862).

② 参见〔荷〕狄雍（J. W. de Jong）《世界佛学名著译丛》卷71《欧美佛学研究小史》，第 29 页。

③ Viggo Fausböll ed., *Buddhist Birth Stories: or Jataka Tales*, trans. by T. W. Rhys Davids (London: Trubner, 1880).

④ E. B. Cowell ed., *The Jataka or Stories of the Buddha's Former Births* (Cambridge: Cambridge Unibersity Press, 1895).

⑤ 参见〔日〕山田龙城《世界佛学名著译丛》卷79《梵语佛典导论》，许洋主译，台北，华宇出版社，1988，第 150 页。

⑥ Emmanuel Edouard Chavannes Tom., *Cinq Cents Contes et apologues, extraits du Tripitaka chinois et traduits en Francais*, Ⅰ‐Ⅲ (1910–1911).

不少德语学者也关注释迦牟尼的传记研究，值得注意的成果有以下几种。温迪什（Ernst Windisch）于 1895 年发表的《恶魔与佛陀》（*Māra und Buddha*）① 和 1908 年发表的《佛陀的诞生》（*Buddha's Geburt und die Lehre von der Seelenwanderung*）②。1906 年，毕舍尔（Richard Pischel）出版《佛陀的生平与教义》（*Life and Doctrines of Buddha*）。③ 1916 年，贝克（Hermann Beckh）出版《佛学：佛陀及其教义》（*Buddha und seine Lehre*）。④ 1917 年，施密特（Kurt Schmidt）出版《佛陀的教义》（*Der Buddha und seine Lehre*）。⑤ 1946 年，格拉塞纳普（Helmuth Von Glasenapp）出版编选译注《佛陀思想》（*Die Weisheit des Buddha*）。⑥ 1979 年，赫尔穆特·吴黎熙（Helmut Uhlig）出版的《佛像解说》（*Das Bild des Buddha*）⑦ 以缜密的治学态度，从图像学角度对佛陀造像之肇始、发展以及应有地位进行了客观梳理与评价。

美国关于释迦牟尼的传记研究当首推佛教研究的先驱者瓦伦（Henry Clarke Warren），他从巴利佛典中选编段落，编著《佛教译文》（*Buddhism in Translations*）一书，⑧ 着重论述释迦牟尼的生平经历与教义。20 世纪 70 年代，主要有林格（Trevor Ling）的《佛陀：印度与锡兰的佛教文明》（*The Buddha：Buddhist Civilization in India*

---

① Ernst Windisch, *Māra und Buddha*（Leipzig, 1895）.

② Ernst Windisch, *Buddha's Geburt und die Lehre von der Seelenwanderung*（Leipzig, 1908）.

③ Richard Pischel, *Life and Doctrines of Buddha*（Leipzig, 1906）.

④ Hermann Beckh, *Buddha und seine Lehre*（Leipzig, 1916）.

⑤ Kurt Schmidt, *Der Buddha und seine Lehre*（Leipzig：O. Harrassowitz, 1917）.

⑥ Helmuth Von Glasenapp, *Die Weisheit des Buddha*（Badenbaden：H. Buhler, 1946）.

⑦ Helmut Uhlig, *Das Bild des Buddha*（Berlin：Safari Verlag, 1979）.

⑧ Henry Clarke Warren trans. , *Buddhism in Translations：Passages Selected from the Buddhist Sacred Books and Translated from the Original Pāli into Engligh*（Cambridge：Harvard University Press, 1896）.

and Ceylon）一书，①是美国有一定影响力的佛传新著。1982年，美国密歇根大学南亚与东南亚研究中心出版玛丽·卡明斯（Mary Cummings）的《亚洲艺术与文学中释迦牟尼的生平》（*The Life of the Buddha in the Art and Literature of Asia*）。② 1992年，马里兰美国大学出版的帕特里夏（Patricia Eichenbaum Karetsky）的《佛陀的生平：古代圣典与图像》（*The Life of Buddha：Ancient Scriptural and Pictorial*），③ 是美国20世纪后期研究释迦牟尼生平传记的代表性作品。

　　日本学术界于一百多年前开始热衷于研究和撰写释迦牟尼传记，也取得了丰硕的成果。1901年，井上哲次郎出版《释迦牟尼传》（『釈迦牟尼伝』）。1908年，常盘大定出版同名作，介绍释迦牟尼的生平与经历。④ 1920年，玉村书店出版长井真琴的《释迦牟尼及其教义》（『釈迦牟尼と其教義』），⑤ 结构与内容类似《佛所行赞》。1924年，东京丙午出版社出版常盘大定的《佛传集成》（『仏传集成』），⑥ 此书将三藏中与释迦牟尼传记相关的典籍资料进行了基本总结与汇编。

　　1929年，平等通昭出版《佛陀的生涯》（『梵诗邦译佛陀の生涯』），⑦ 是马鸣《佛所行赞》的日译版，1932年得以再版。1930年，

---

① Trevor Ling , *The Buddha：Buddhist Civilization in India and Ceylon*（Baltimore：Penguin，1976）.

② Mary Cummings, *The Life of the Buddha in the Art and Literature of Asia*（Ann Arbor：University of Michigan，Center for South and Southeast Asian Studies，1982）.

③ Patricia Eichenbaum Karetsky, *The Life of Buddha：Ancient Scriptural and Pictorial*（Lanham：University Press of Amercian，1992）.

④ 井上哲次郎『釈迦牟尼伝』文明堂、1901；常盘大定『釈迦牟尼伝』丙午出版社、1908。

⑤ 长井真琴『釈迦牟尼と其教義』玉村书店、1920。

⑥ 常盘大定『仏传集成』丙午出版社、1924。

⑦ 平等通昭『梵诗邦译佛陀の生涯』大雄閣、1929。

平等通昭出版《大事及其汉译》（『大事とその汉译：梵文佛传文学
の研究』）。① 这两本著作都被收录于其与木村泰贤共著的《梵文佛传
文学》（『梵文佛传文学の研究』）中。1936 年，高楠顺次郎出版的
《释尊的生涯》（『釈尊の生涯』），② 围绕着释迦牟尼的"八相成道"
展开，全面介绍了释迦牟尼的生平经历，引起学术界的广泛关注。
1960 年，水野弘元也有同名著作问世。③

　　1944 年，友松园谛的《亚洲之光——释尊》（『アジアの光：釋
尊』）出版。④ 1946 年，金仓圆照出版《释迦牟尼》，⑤ 是一本依据梵
文《神通游戏》（*Lalitavistara*）而作的佛传。田久保周誉有针对梵文
《神通游戏》中《树下观犁品》（『梵文 *Lalitavistara* 树下观犁品の研
究』）的专门研究。⑥ 1954 年，干泻龙祥出版的《本生经思想研究》
（『本生经类の思想史的研究』），⑦ 是对释迦牟尼前世经历的思想史
方面的研究力作。1976 年，增谷文雄和奈良康明合著的《释尊的话》
（『释尊と』）出版。⑧ 1967 年，高田修出版的《佛像的起源》（『佛
像の起源』）就释迦牟尼佛像最早的起源问题进行探讨。⑨ 时隔二十
年又出版了《佛像的诞生》（『佛像の诞生』）一书，⑩ 依据英国学者
马歇尔的学说，认为释迦牟尼佛像最早起源于犍陀罗地区。

　　日本一些学者就释迦牟尼"八相成道"中的某一个重要经历做
个案研究的也不在少数。宫治昭写于 1973 年的论文《巴米扬 F 洞涅

① 平等通昭『大事とその汉译：梵文佛传文学の研究』岩波书店、1930。
② 高楠顺次郎『釈尊の生涯』大雄閣、1936。
③ 水野弘元『釈尊の生涯』春秋社、1960。
④ 友松园谛『アジアの光：釋尊』潮文阁、1944。
⑤ 〔日〕金仓圆照：《释迦牟尼》，生活社，1946。
⑥ 田久保周誉『梵文 *Lalitavistara* 树下观犁品の研究』，圣语研究第 3 辑。
⑦ 干泻龙祥『本生经类の思想史的研究』东洋文库、1954。
⑧ 增谷文雄，奈良康明『释尊と』日本放送出版协会、1976。
⑨ 高田修『佛像の起源』岩波书店、1967。
⑩ 高田修『佛像の诞生』岩波书店、1987。

槃图》（「バーミヤ F 洞の涅槃圖」）① 与 1982 年的论文《克孜尔石窟
涅槃图像的构成》（「キジル石窟における涅槃の圖像構成」）② 都是
就某一石窟的涅槃图像进行细致的考察与解读。

　　1981 年，日本元兴寺文物研究所编辑出版『涅槃會の研究』，收
录了一些学者的代表性作品，有肥塚隆的论文《印度的涅槃图》
（「インドの涅槃圖」）③ 和菊竹淳一氏的论文《涅槃图像的变迁》
（「涅槃圖像の變遷——中央アジから日本へ一」）④，对以阿玛拉瓦蒂
为代表的印度涅槃图像和东亚丰富多彩的涅槃图像进行了细致研究。

　　值得一提的是，1986 年，水野弘元出版的《佛教的真髓》（『仏
教の真髓』）⑤ 从佛教历史的角度，围绕着释迦牟尼的“证悟与教
化”“说法”“在原始经典中说法的态度”展开论述，清晰地梳理了
佛传文本源流及其背后所体现出的佛教史发展特征。1988 年，山田
龙城的《梵语佛典导论》（『梵语佛典の诸文献』）被收录于台北华
宇出版社出版的《世界佛学名著译丛》中，其中一个篇章对欧美以
及日本学术界关于佛传文学研究进行了综述性总结。1992 年，中村
元出版《乔达摩·佛陀：释尊传》（『ゴータマ·ブッダ：釈尊
伝』）。⑥ 1992 年，林良一氏的《东洋美术的装饰纹样——植物纹样》
（『東洋美術の文様を飾る：植物の文様』）从文本与图像相结合的角
度，对释迦牟尼神话中的“圣树”与“莲花”的来源、发展和文化
内涵进行了分析研究。⑦

---

① 宮治昭「バーミヤ F 洞の涅槃圖」『名古屋大学文学部研究论集』LX'、1973。
② 宮治昭「キジル石窟における涅槃の圖像構成」『オリエント』第 25 卷第 1 号、
　1982。
③ 肥塚隆「インドの涅槃圖」『涅槃會の研究』1981。
④ 菊竹淳一氏「涅槃圖像の變遷——中央アジから日本へ一」『涅槃會の研究』
　1981。
⑤ 〔日〕水野弘元：《佛教的真髓》，香光书乡编译组译，台北，香光书乡，2002。
⑥ 中村元『ゴータマ·ブッダ：釈尊伝』法藏馆、1992。
⑦ 林良一氏『東洋美術の文様を飾る：植物の文様』同朋社、1992。

1992 年，宫治昭的《涅槃和弥勒的图像学：从印度到中亚》（『涅槃と弥勒の図像学——インドから中央アジア』），着重围绕着释迦牟尼"八相成道"中的"涅槃"圣迹展开论述，从印度的窣堵波信仰到南印度阿玛拉瓦蒂的涅槃故事图，再到西北印度犍陀罗的涅槃图像，最后到中亚的涅槃图像，是研究释迦牟尼"涅槃"圣迹文本与图像相结合的力作。① 1993 年，宫治昭的科研报告书《印度帕拉王朝佛陀图像学的研究》（『インドのパラ朝の佛陀像の圖像學的研究』），着重对帕拉王朝佛传图像进行研究。② 印度帕拉王朝统治时期是印度东部文化形成和发展的重要时期，佛教艺术也得以长足发展，但真正的传世之作非常少见，仅见于中国西藏历史学家的记载中。宫治昭的报告书是一份非常难得而有价值的学术报告。

1998 年，宫元启一出版《佛陀：传统释迦牟尼形象的虚构与真实》（『ブッダ（佛陀）：伝統的釈迦像の虚構と真実』）。③ 1999 年，小山一行出版《释尊的道：他的生涯与教诲》（『釈尊の道：その生涯と教え』）。④ 2003 年，前田惠学出版《如何看待释尊》（『釈尊をいかに観るか』）。⑤ 2003 年，栗田功的《犍陀罗美术》第 1 卷《佛传》（『ガンダーラ美術Ⅰ佛傳』）⑥ 和《犍陀罗美术》第 2 卷《佛陀的世界》（『ガンダーラ美術Ⅱ佛陀の世界』）⑦，对犍陀罗地区的佛传图像进行了系统的研究。2005 年，渡边照宏出版《新释尊传》。⑧

① 宫治昭『涅槃と弥勒の図像学——インドから中央アジア』吉川弘文館、1992。
② 宫治昭『インドのパラ朝の佛陀像の圖像學的研究』（科研報告书）、1993。
③ 宫元启一『ブッダ（佛陀）：伝統的釈迦像の虚構と真実』光文社、1998。
④ 小山一行『釈尊の道：その生涯と教え』山喜房佛书林、1999。
⑤ 前田惠学『釈尊をいかに観るか』山喜房佛书林、2003。
⑥ 栗田功『ガンダーラ美術Ⅰ佛傳』二玄社、2003。
⑦ 栗田功『ガンダーラ美術Ⅱ佛陀の世界』二玄社、2003。
⑧ 〔日〕渡边照宏：《新释尊传》，筑摩书房，2005。

2009 年，水野弘元的《原始佛教入门：从释尊的生涯和思想入手进行研究》以释迦牟尼的诞生、教义、布教、救度几个重要方面为主要内容。①

综上所述，国外学术界对释迦牟尼神话及相关问题的研究主要呈现四个主要特点。第一，以巴利语佛典为主，结合梵语以及其他语种佛典对佛传进行专门研究。第二，从释迦牟尼的生平着手，深入而持久地讨论释迦牟尼的历史性和神话性问题。第三，对一些主要的佛传、本生故事和譬喻故事进行校勘、翻译和学术研究。第四，集中对印度、犍陀罗佛传图像进行深入系统研究，对中国新疆等地的佛传图像也有所涉及。

（二）国内关于释迦牟尼神话及相关问题的研究现状

国内学术界对释迦牟尼神话及相关问题的研究始于 20 世纪，此后研究论述不断涌现，成果丰富。最早是梁启超先生在《中国历史研究法》中提出"专传"的概念，从而开启了国内学术界对传记类文体的关注。②

1980 年，博通三藏的印顺法师在《初期大乘佛教之起源与开展》中对释迦牟尼"八相成道"中的"涅槃"圣迹做了初步探讨与研究。③ 1986 年，郭良鋆《佛教神话中的魔罗》一文，对散见于三藏经典中的释迦牟尼降服魔王波旬的情节做了梳理，并对魔王的渊源及来源做出相关性探讨。④ 1997 年，郭良鋆以南传巴利语佛教经典为文本依据写成的《佛陀和原始佛教》一书，是一部对佛陀的生平事迹、

---

① 〔日〕水野弘元：《原始佛教入门：从释尊的生涯和思想入手进行研究》，佼成出版社，2009。
② 梁启超：《中国历史研究法》，上海古籍出版社，1998，第 182 页。
③ 释印顺：《印顺法师佛学著作全集》第 16 卷《初期大乘佛教之起源与开展》，中华书局，2009。
④ 郭良鋆：《佛教神话中的魔罗》，《南亚研究》1986 年第 4 期。

生命历程以及原始佛教中彰显出的神话观、神通观等思想做出深入浅出分析研究的力作。①

2002 年，侯传文的《佛经的文学性解读》一书，从神话原型的角度对佛陀这一具有神话性质的人物进行解读，分析其形象中所蕴含的原型意义。② 2004 年，吴海勇的《中古汉译佛经叙事文学研究》一书，是关于汉译佛传经典的全面概说。③ 2007 年，王孺童的《佛传——〈释迦牟尼如来应化事迹〉注译》一书，对清朝以来广泛流传的《释迦牟尼如来应化事迹》进行注释，从诸多佛教文献中辑取 200 多则与释迦牟尼生平相关的故事，将释迦牟尼诞生、出家修行、成道、说法、涅槃的重要经历进行形象之展示。④

2015 年，陕西师范大学伊家慧的硕士学位论文《佛陀降生神话研究》，主要对释迦牟尼的诞生神话及其象征含义进行深入分析。2017 年，侯传文《佛传与僧传——中印佛教传记文学比较研究》一文，对印度佛传与中国僧传体现出的相同文类特点和不同民族特征进行细致剖析。⑤

敦煌、吐鲁番出土的回鹘文文献中，有一定数量的佛传故事，讲述了释迦牟尼的生平事迹。2006 年，杨富学的《回鹘文佛传故事研究——以 Mainz 131（TⅡY37）〈佛陀传〉为中心》一文，⑥ 与 2007 年的《印度宗教文化与回鹘民间文学》一书，⑦ 以吐鲁番交河故城出

①　郭良鋆：《佛陀和原始佛教》，中国社会科学出版社，1997。
②　侯传文：《佛经的文学性解读》，台北，慧明文化出版社，2002。
③　吴海勇：《中古汉译佛经叙事文学研究》，北京学苑出版社，2004。
④　王孺童：《佛传——〈释迦牟尼如来应化事迹〉注译》，中国人民大学出版社，2007。
⑤　侯传文：《佛传与僧传——中印佛教传记文学比较研究》，《东方论坛》2017 年第 4 期。
⑥　杨富学：《回鹘文佛传故事研究——以 Mainz 131（TⅡY37）〈佛陀传〉为中心》，《中华佛学研究》（台北）2006 年第 10 期。
⑦　杨富学：《印度宗教文化与回鹘民间文学》，民族出版社，2007。

土编号为 Mainz 131 （T Ⅱ Y 37） 的回鹘文《佛陀传》写本残片为例，探讨了回鹘文佛传故事的基本特色。

另外，围绕汉译佛传的某些重要经典展开的学术研究较为普遍。从语言学角度对《佛本行集经》进行的研究是其中成果最为丰富的。2005 年，浙江大学杨会永的博士学位论文《〈佛本行集经〉词汇研究》；2006 年，浙江大学许剑宇的博士学位论文《〈佛本行集经〉定中结构研究》及其一系列相同主题的学术论文；2010 年，四川师范大学李娜的硕士学位论文《〈佛本行集经〉时间介词研究》；2013 年，西北师范大学程晓朝的硕士学位论文《〈佛本行集经〉双音新词新义研究》等诸多论文，都是集中从语言学角度对《佛本行集经》价值进行的研究。2017 年，陕西师范大学成瑶瑶的硕士学位论文《〈佛本行集经〉中的佛陀形象研究》，主要分析研究神性的释迦牟尼形象。

从宗教学角度对《佛所行赞》进行研究。2001 年，觉醒主编的论文集中收录有孙昌武的《艺术性与宗教性的成功结合——佛传：〈佛所行赞〉》一文。① 2015 年，伊家慧的《宗教学视野下解读佛传史诗〈佛所行赞〉的神话特征》以北凉昙无谶的译本为依据，对释迦牟尼的诞生、降魔以及涅槃的神话特征进行分析与研究。②

台湾学术界对释迦牟尼神话及相关问题也有涉及，成果显著。2003 年，台湾辅仁大学李坤寅的硕士学位论文《释迦牟尼传记的神话性初探——以八相成道为例》，对佛传中较具神话性的八个基本情节进行了神话色彩层面的详尽探析。2006 年，台湾中正大学苏世芬的硕士学位论文《汉译佛典佛陀与佛弟子的诞生故事研究——以阿含部、律部为中心》，是对佛陀与佛弟子降生神话问题的专门研究。

---

① 觉醒主编《觉群·学术论文集》，商务印书馆，2001，第 288 ~ 293 页。
② 伊家慧：《宗教学视野下解读佛传史诗〈佛所行赞〉的神话特征》，《中山大学研究生学刊》（社会科学版）2015 年第 2 期。

2010 年，台湾铭传大学学者梁丽玲在"跨文化的佛教神话学研究"国际学术研讨会上提交的论文《汉译佛传经典中的梦兆研究——以入胎梦为例》，对汉译佛传经典中释迦牟尼诞生、入胎梦兆的内容从文献学的角度进行了梳理，并对入胎梦兆的作用和影响进行了学术解析。[①] 2012 年，台湾玄奘大学蔡欣芳的硕士学位论文《佛陀的英雄之旅》，在美国乔瑟夫·坎伯（Joseph Campbell）所提出的英雄旅程以及英国汤玛士·卡莱尔（Thomas Carlyle）对英雄分类与特质分析的两种英雄理论的基础上，分析研究释迦牟尼所具有的丰富的英雄特质。

佛传图像隶属于佛教艺术研究领域，从目前所掌握的研究资料来看，国内学者对佛教艺术的关注始于清道光年间。徐松、陶保廉的游记中有对佛教石窟简单考察的记述。[②] 20 世纪 20 年代至五六十年代，黄文弼、贺昌群、梁思成、夏鼐、何正璜、阎文儒、向达、宿白、常书鸿、周一良、金维诺等学者的不懈努力，弥补了长期以来国外学者在该领域研究不足的缺憾，并且为我国佛教艺术的研究提供了方法范式。随着近现代诸多学者在佛教艺术研究的视角和方法上的不断突破，国内佛传图像研究的著述纷至迭出。根据图像的年代、地域等综合因素，国内佛传图像研究的成果大致可分为以下三类。

第一，从地域以及地域差异性角度对佛传图像进行研究。

克孜尔石窟壁画的题材主要是佛传图和本生图，因此学术界对它的研究也较为集中。丁明夷、姚士宏、马世长、霍旭初、李崇峰、任平山等学者都有针对克孜尔石窟佛传图像的专门研究，为该地区佛传图像的进一步研究奠定了良好基础。

1991 年，周菁葆的《龟兹石窟壁画中的题材与内容》就龟兹石

[①] 王邦维、陈金华、陈明编《佛教神话研究：文本、图像、传说与历史》，2010 年"跨文化的佛教神话学研究"国际学术研讨会论文集，中西书局，2013。

[②] 徐松道光年间撰《西域水道记》，陶保廉光绪年间撰《辛卯侍行记》。

窟壁画中的题材与内容做了较为全面的论述，肯定了佛传故事画在以克孜尔石窟壁画为代表的西域壁画中的重要地位。[①] 2003 年，丁明夷的《克孜尔石窟的佛传壁画》，结合佛传文本，辨析了克孜尔石窟壁画中主要的 62 个佛传图像，是目前学术界研究克孜尔石窟佛传图像的重要文献。[②]

2010 年，李小红的《克孜尔石窟之壁画——佛本生故事画、佛因缘故事画和佛传画》，集中研究了克孜尔石窟第 110 窟的佛传故事画。[③] 2013 年，南京艺术学院于亮的博士学位论文《克孜尔石窟壁画题材研究》，对克孜尔石窟壁画中的佛传图像与本生图像进行了系统研究，总结了图像所蕴含的文化特征。2017 年，华东师范大学闫飞的博士学位论文《克孜尔石窟佛传故事图像研究》，以克孜尔、印度实地考察资料为基础，对克孜尔石窟佛传图像中的艺术传承进行研究。

敦煌莫高窟中表现释迦牟尼生平传说故事的绘画，占有相当的比例。樊锦诗、马世长、赵声良、刘永增、金维诺、王子云、闫文儒、谭树桐、段文杰等学者对敦煌石窟艺术研究都有卓越的贡献。从对敦煌石窟佛传图像的研究来看，主要对第 290 窟的研究较为集中，汇集了一些优秀的硕博士学位论文。

对犍陀罗佛传图像的研究成果丰硕。2012 年，北京大学蔡枫的博士学位论文《犍陀罗雕刻艺术与民间文学关系例考》，采用图像学、叙事学和传播学结合的方法探讨了犍陀罗佛传雕刻与佛传故事之间的关系。2017 年，蔡枫《佛陀：从神格人到人格神——基于犍陀

---

① 周菁葆：《龟兹石窟壁画中的题材与内容》，《西域研究》1991 年第 2 期。

② 丁明夷：《克孜尔石窟的佛传壁画》，佛光山文教基金会《中国佛教学术论典》第 85 册《〈法藏文库〉硕博士学位论文》，佛光山文教基金会，2003。

③ 李小红：《克孜尔石窟之壁画——佛本生故事画、佛因缘故事画和佛传画》，《和田师范专科学校学报》2010 年第 5 期。

罗佛传雕刻的图像学研究》基于上千幅犍陀罗佛传图像，对佛陀具有的人格化与神话化内涵进行了剖析。①

2017年，孙英刚《犍陀罗浮雕中的佛陀与龙》，从文本和图像的双重角度阐释了释迦牟尼与那伽之间的关系。② 2017年，闫飞《犍陀罗佛传图像艺术探究》一文，对在多种文明影响下形成的独具特色的犍陀罗佛传艺术给予了关注。③

耿剑主要关注犍陀罗与克孜尔佛传图像之间的差异性，并发表了一系列相关论文。2005年《犍陀罗佛传浮雕与克孜尔佛传壁画部分图像比较》，④ 对犍陀罗和西域克孜尔石窟中的佛传故事画进行了对比研究。此外，还有2005年《犍陀罗佛传浮雕与克孜尔佛传壁画之"释迦牟尼诞生"图像比较》，⑤ 2008年《克孜尔佛传遗迹与犍陀罗关系探讨》。⑥ 2015年《图像"树下观耕"思维与禅定——犍陀罗与克孜尔相关图像比较谈》，对佛传中释迦太子"树下观耕"图像进行了对比研究。⑦

对国内其他地区佛传图像进行研究的主要有阮荣春、李翎、谢继胜、李静杰、张善庆、白文、冉万里、谢成水等学者。2009年，李翎《西藏佛传绘画中的哺乳太子图》对西藏西部寺院不常见的佛

---

①　蔡枫：《佛陀：从神格人到人格神——基于犍陀罗佛传雕刻的图像学研究》，《南京艺术学院学报》（美术与设计）2017年第1期。

②　孙英刚：《犍陀罗浮雕中的佛陀与龙》，《文史知识》2017年第10期。

③　闫飞：《犍陀罗佛传图像艺术探究》，《中国美术研究》2017年第2期。

④　耿剑：《犍陀罗佛传浮雕与克孜尔佛传壁画部分图像比较》，《民族艺术》2005年第3期。

⑤　耿剑：《犍陀罗佛传浮雕与克孜尔佛传壁画之"释迦牟尼诞生"图像比较》，《美术观察》2005年第4期。

⑥　耿剑：《克孜尔佛传遗迹与犍陀罗关系探讨》，《南京艺术学院学报》（美术与设计版）2008年第5期。

⑦　耿剑：《图像"树下观耕"思维与禅定——犍陀罗与克孜尔相关图像比较谈》，《美术学研究》2015年第4辑。

传图像中的"哺乳太子"图进行研究。① 2009 年，张善庆的《论龙
门石窟路洞降魔变地神图像》分析研究了龙门石窟降魔图像中的地
神因素。②

　　另外，2009 年，孙志虹《山西隰县小西天大雄宝殿壁塑佛传故
事考》；③ 2010 年，李静杰《四川南朝浮雕佛传图像考察》；④ 2012
年，南京艺术学院范泠萱的硕士学位论文《南京栖霞寺舍利塔南唐
佛传浮雕研究》；2012 年，西安美术学院丛锐奇的硕士学位论文《陕
西蓝田水陆庵"降生"主题壁塑构图初探》；2012 年，山西大学李鸣
的硕士学位论文《论太原多福寺佛传壁画的时代特征》；2012 年，山
西大学胡潇泓的硕士学位论文《繁峙岩山寺佛传故事画研究》；2016
年，白文的《安塞大佛寺石窟的佛传图像考察》，⑤ 都是对某个地
域佛传图像的个案研究。

　　2012 年，阮荣春的《蜀道明珠觉苑寺，佛传图典耀寰宇——
剑阁觉苑寺明代佛传壁画艺术探析》运用美术考古学的研究方
法，对四川觉苑寺佛传壁画采用的粉本进行了深入考析、精深论
述。⑥

　　第二，从历史的角度纵向地对佛传图像进行研究。2002 年，李
静杰的《五代前后降魔图像的新发展——以巴黎集美美术馆所藏敦
煌出土绢画降魔图为例》以集美美术馆所藏绢本着色降魔图为例，
论述其图像特征的变迁。⑦ 2004 年，李静杰的《北朝佛传雕刻所见佛

① 李翎：《西藏佛传绘画中的哺乳太子图》，《中国历史文物》2009 年第 2 期。
② 张善庆：《论龙门石窟路洞降魔变地神图像》，《中原文物》2009 年第 1 期。
③ 孙志虹：《山西隰县小西天大雄宝殿壁塑佛传故事考》，《文博》2009 年第 3 期。
④ 李静杰：《四川南朝浮雕佛传图像考察》，《石窟寺研究》2010 年第 6 期。
⑤ 白文：《安塞大佛寺石窟的佛传图像考察》，《艺术工作》2016 年第 2 期。
⑥ 阮荣春：《蜀道明珠觉苑寺，佛传图典耀寰宇——剑阁觉苑寺明代佛传壁画艺术探
析》，《中国美术研究》2012 年第 Z1 期。
⑦ 李静杰：《五代前后降魔图像的新发展——以巴黎集美美术馆所藏敦煌出土绢画降
魔图为例》，《故宫博物院院刊》2002 年第 6 期。

教美术的东方化过程——以诞生前后的场面为中心》，讨论了佛传诞生场面在印度经新疆向中原北方传播的路径。[①] 2011 年，李静杰的《佛足迹图像的传播与信仰（上）——以印度与中国为中心》，探讨了从纪元前后一直至 12 世纪佛足迹图像以及信仰的发展与演变。[②]

2012 年，山东大学赵鹏的博士学位论文《北朝佛传故事图像研究》是对北朝佛传故事画的系统研究。2014 年，刘连香的《北朝佛传故事龙浴太子形象演变》[③] 以及赵鹏和江南合写的《北朝佛传故事图像艺术研究考析》[④] 一文，均是对特定历史时期佛传图像的深入研究。2017 年，华东师范大学马兰的硕士学位论文《北朝造像碑"释迦诞生"图像研究》，对北朝造像碑上的佛传诞生故事进行了历史纵向上的系统研究。

第三，从地域研究与历史研究相结合的角度对佛传图像进行研究。刘永增《敦煌莫高窟隋代涅槃变相图与古代印度、中亚涅槃图像之比较研究》[⑤] 和白文《造像碑的佛传图——以药王山碑林为中心》[⑥]，以时空为背景，探讨了佛传图像的差异和演变过程。

2008 年，中央美术学院邢莉莉的博士学位论文《明代佛传故

---

① 李静杰：《北朝佛传雕刻所见佛教美术的东方化过程——以诞生前后的场面为中心》，《故宫博物院院刊》2004 年第 4 期。

② 李静杰：《佛足迹图像的传播与信仰（上）——以印度与中国为中心》，《故宫博物院院刊》2011 年第 4 期。

③ 刘连香：《北朝佛传故事龙浴太子形象演变》，《敦煌研究》2014 年第 6 期。

④ 赵鹏、江南：《北朝佛传故事图像艺术研究考析》，《南京艺术学院学报》（美术与设计版）2014 年第 6 期。

⑤ 刘永增：《敦煌莫高窟隋代涅槃变相图与古代印度、中亚涅槃图像之比较研究》，《敦煌研究》1995 年第 1 期。

⑥ 白文：《造像碑的佛传图——以药王山碑林为中心》，《敦煌学辑刊》2008 年第 2 期。

事画研究》，以不同地域的七例佛传故事画为范例，探讨明代佛传故事画图像流变过程中的规律性因素。2010 年，张丽香《从印度到克孜尔与敦煌——佛传中降魔的图像细节研究》，分析了从印度南部、西北部犍陀罗到中国新疆克孜尔和甘肃敦煌降魔图像的流变。①

2014 年，王慧慧《佛传中的洗浴太子：从经文到图像的转变》，从佛传文本与图像的流传上对犍陀罗的二龙灌顶和中国的九龙灌顶进行了辨析研究。② 2015 年，东南大学莫磊的硕士学位论文《5 至 8 世纪中国的涅槃图像研究》，探讨了 5 至 8 世纪早期印度窣堵波发展到中国涅槃图像的特点及演变过程。

2015 年，闫飞《北朝佛传故事涅槃图像的 "本土进化"》以北朝时期佛陀涅槃图像为例，分析研究了佛教东传与南朝文化回流的历史脉络。③ 2017 年，华东师范大学李雯雯的博士学位论文《中印 "初说法" 图像研究》，对中印佛传图像中的 "初说法" 场景进行了深入而系统的研究。

综上所述，国内学术界对释迦牟尼神话及相关问题的研究呈现三个主要特点。第一，从巴利文等佛典着手对佛传进行研究的成果不多，诸多学者主要是基于 13 部汉译佛传进行文本研究。第二，对佛传文本的研究主要以历史文献学、语言学、文学等学科方法为主，宗教神话学的研究方法并不常见，因此忽略了释迦牟尼具有的神话性。第三，佛传图像的研究成就斐然，以历史纵向研究结合地域横向分析，拓宽了佛传图像的研究视野。

---

① 张丽香：《从印度到克孜尔与敦煌——佛传中降魔的图像细节研究》，《西域研究》2010 年第 1 期。
② 王慧慧：《佛传中的洗浴太子：从经文到图像的转变》，《敦煌研究》2014 年第 6 期。
③ 闫飞：《北朝佛传故事涅槃图像的 "本土进化"》，《学术论坛》2015 年第 12 期。

三 本书概况

（一）本书研究的主要内容、基本思路、研究方法

1.研究的主要内容

第一，对释迦牟尼神话的文本与图像源流进行系统梳理。

从文本源流来看，佛传是释迦牟尼神话的内容主体。受希腊神话与希腊传记文学的影响，佛传基本形成于部派佛教晚期、大乘佛教初期，从而进入佛教典籍。佛教东传后，经千年之久由历代高僧孜孜不倦译出的 13 部汉文传记，从时间纵向上表现出不同的内容特点，是十分宝贵的研究资料。中国人编撰的佛传在思想与内容上与汉译佛传相一致，体系更为完整。

从图像源流来看，早在释迦牟尼在世之时，佛典中就有了佛像制作传说的详细记载，但目前学界并无考古实物可以证实。从印度早期仅以佛法、菩提树、佛足迹等标记象征佛陀的图像，到汲取了希腊雕像艺术的犍陀罗图像，再到汉化后的佛传图像，是释迦牟尼神话的图像发展史。佛传文本与图像相互印证，相辅相成，形成了完整的蕴藏象征含义与文化内涵的释迦牟尼神话资料体系。其不仅是佛教义理最形象化的解释，也是沟通佛教义理和信仰者思维的重要介质。

第二，通过对佛传文本与图像的纵向梳理，探讨释迦牟尼神话的特征及其与佛教思想演变的关联性。

释迦牟尼创立佛教之初，佛教仅仅是一种建立在反对婆罗门教的创世论和有神论基础上的、以"四谛"和"三法印"为理论核心的学说体系。而在亚欧多元文明的相互碰撞与交流中形成的佛传与图像，对释迦牟尼从觉悟者的"人性"层面逐渐过渡到"神性"层面、

从历史人物转变为神话人物，对趋向于信仰化与世俗化发展的大乘佛教的兴起，以及佛教成为真正意义上的以信仰主义为核心的世界性宗教起到了决定性的作用。

第三，诠释释迦牟尼神话中具有标志性特征的神话阶段与名物意象，并分析其产生与发展的深层原因。

以"八相成道"的过程为线索，释迦牟尼神话可分为诞生神话、降魔成道神话、初转法轮神话、涅槃神话四个主要内容，并涉及多个核心情节。通过对上述内容的诠释，不仅可以分析释迦牟尼神话产生与发展的深层原因，并且可以论证释迦牟尼神话存在的作用与意义。

第四，探讨释迦牟尼神话的神话学意义。

佛传文本与图像确立了释迦牟尼的神格形象，捍卫了信仰者心目中崇拜对象的形象。释迦牟尼以自身经历修持佛法、践行佛法，证明了佛教义理的普遍性、真理性和永恒性，在一定程度上就是佛法的象征。其形象与佛教义理之间的融合与互证是释迦牟尼神话的价值所在。因此，释迦牟尼神话文本与图像的互证模式具有一定的范式作用和原型意义。部派佛教晚期逐渐勃兴的大乘佛教趋于世俗化和大众化的发展，以释迦牟尼为核心的神话开始扩展为三世佛与三身佛的神话体系；同时，脱胎于释迦牟尼神话模式的菩萨和高僧的形象也逐渐被神化，并最终使得佛教的万神殿扩展为"恒河沙数"的无穷境地。随着佛教的东传，中亚地区与中国本土的民间宗教的神话体系，尤其是关于宗教人物的神话叙事，也受到释迦牟尼神话的影响。

2. 研究思路

本书试图廓清释迦牟尼从人性形象到神性形象质的转变原因、过程及其在文本和图像上的表现，进而以神话诠释学的理论，宏观上对释迦牟尼诞生神话、降魔成道神话、初转法轮神话与涅槃神话，微观上对与释迦牟尼相关的名物意象所蕴含的宗教文化的深层象征意义进行全面而系统的研究，力求以一个文本和图像结合、共时和历时交叉的视野了解、探讨释迦牟尼神话。并在此基础上进行可能性的比较研究，深入探讨在多元文明碰撞与交融之下产生的释迦牟尼神话在神话学中的意义，为构建神话学研究体系贡献微薄力量。

3. 研究方法

第一，佛传文本与图像相结合的方式。纵向上梳理出释迦牟尼神话在文本与图像中的发展史，横向上对比释迦牟尼神话在文本与图像上的区别与联系。梳理出在文本与图像双重维度下释迦牟尼形象从"人性"层面到"神性"层面的流变，对释迦牟尼神话的形成、内容以及特点进行系统分析和总结。

第二，宏观与微观相结合的方式。在神话学理论的指导下，从宏观上思考和探究释迦牟尼神话所蕴含的深层宗教文化象征意义及释迦牟尼神话的神话学意义。与此同时，结合比较神话学的方法，在相关内容方面展开释迦牟尼神话与其他宗教神话和远古神话的比较，从根源上探究人类文化与文明的共性因素，为神话学的研究拓展新的视野。

（二）研究的基本观点、难点和创新之处

本书主要从佛传文本与图像两个维度，对释迦牟尼神话进行系统研究。一方面，通过相关文本的对比和对图像史的考察，对释迦牟尼从"人性"层面向"神性"层面的形象流变，释迦牟尼神话的形成、内容以及特点进行系统分析和总结。另一方面，对释迦牟尼神话以及与释迦牟尼神话相关的名物意象所蕴含的象征意义进行深入分析与探讨，力求揭示释迦牟尼神话深层而独特的宗教文化内涵。

因释迦牟尼神话还未形成一个完整、清晰的系统，此类研究也没有现成的样板可以参考，具有理论和实际操作上的众多难处。所以，本书的创新之处主要表现在以下四个方面。

第一，释迦牟尼神话主要文本的形成以及图像的成熟都离不开与

亚欧多种文明的碰撞和融合。结合佛教发展的历史背景来看，尤其与希腊文化的影响密切相关。形成于部派佛教晚期、大乘佛教初期的释迦牟尼神话的文本和图像与希腊神话、传记文学和雕塑艺术之间呈现千丝万缕的联系。佛传显然是在希腊神话与希腊传记双重影响下形成的一种长于叙事、神话色彩极其浓厚、偏向于借助人物生平表达信仰观念的文学样式。写实性的佛像与线性叙事的佛传图像明显与希腊雕塑艺术息息相关。

第二，以释迦牟尼"八相成道"为线索，释迦牟尼神话可分为诞生神话、降魔成道神话、初转法轮神话以及涅槃神话四个重要的部分，且相互之间有着紧密的内在逻辑。降神母胎、树下诞生、七步宣言、行灌浴礼的诞生神话使释迦牟尼初具神性特质。成道是释迦牟尼八相的核心，降魔成道神话是释迦牟尼从人格化形象向神格化形象过渡的重要阶段。觉悟成道后的释迦牟尼在鹿野苑初转法轮，意味着佛、法、僧三宝具足，释迦牟尼教化的婆娑世界有了新的秩序。初转法轮神话是释迦牟尼神格化形象的完成阶段，佛教由此有了完备的形态，具备了一个宗教所需的基本要素，成为正式的宗教。涅槃意味着释迦牟尼完全脱离三世轮回，达到永远寂灭的境界。窣堵波象征性地表现了这种佛教理想的终极境界。窣堵波塔身覆钵象征着具有孕育可能性的卵或者母胎，舍利被盛装在舍利盒中埋藏在覆钵的中央，象征着变现万法的种子。因此，释迦牟尼涅槃神话是释迦牟尼神话中最精华的部分，是佛教宗教性最集中的反映，是佛教的宗教作用发挥至极致的重要体现。

第三，神话的文本与图像赋予了释迦牟尼神性，对释迦牟尼从觉悟者的"人性"层面逐渐过渡到"神性"层面，从历史人物转变为神话人物起到了决定性作用。部派佛教晚期逐渐勃兴的大乘佛教趋于世俗化和大众化的发展，以释迦牟尼为核心的神话开始扩展为三世佛与三身佛的神话体系；同时，脱胎于释迦牟尼神话模式的菩萨和高僧的形象也逐渐被神化，使得佛教的万神殿最终扩展为"恒河沙数"的无穷境地。这也是佛教从释迦牟尼创立之初，仅仅以"四谛"和"三法印"为理论核心的学说派别，演变为真正意义上的以信仰主义为核心的世界性宗教的关键所在。

第四，佛学研究以及释迦牟尼研究历来偏重以历史学方法为主，以剔除蕴意丰富的神话的方式还原历史客观事实。基于上述几点的阐述，本书以宗教学理论为指导，以神话学的方法对以标志性神圣事件为依据的神话内容做宏观性的研究，结合细微之处的名物意象挖掘其表象后的宗教文化的象征意义，不仅体现了释迦牟尼神话研究的本质意义，为认识释迦牟尼在佛教乃至世界文明体系中的特殊地位与价值提供了广阔的思路；而且可以从根源上探究人类文化与文明的共性因素，为神话学的研究拓展新的视野，注入新的内容，在一定程度上推动神话学学科的发展。

第一章
释迦牟尼神话的形成

"神话"（Myth）一词源于希腊语 Mouthos 或者 Mythos，原意为"词语、故事、叙事"等。美国学者阿兰·邓迪斯曾言，神话的意味是神圣性的，所有形式的宗教都以某种方式与神话结合。① 英国著名宗教学家尼尼安·斯马特（Ninian Smart）在其著作《世界宗教》中明确地将"叙事与神话"作为构成宗教本质的八个层面中的一个重要层面。② 纵观世界上的宗教信仰体系，神话大多是构成其信仰观念和教义的基础。佛教亦然。

　　释迦牟尼是佛教创始人，原名乔达摩·悉达多。"乔达摩"（Gautama），"若毁之曰泥土种、牛粪种"，③ 意为"最好的牛"；"悉达多"（Siddhārtha），又作"悉达""悉多"等，"即名太子，号为悉达，汉言财吉"。④ 佛教典籍记载，王子诞生之时，国中同日诞生五百释迦牟尼种姓男婴，厩中象马各生五百驹子，宫中五百伏藏现海中，五百商人采宝归，各献珍琛。"父王见其瑞事，故立此名。"⑤ 因此，"悉达多"意为"一切义成"，即一切目的或者意义全部实现。

---

① 参见〔美〕阿兰·邓迪斯编《西方神话学论文选》，朝戈金等译，上海文艺出版社，1994，第 1 页。
② 参见〔英〕尼尼安·斯马特《世界宗教》，高师宁等译，北京大学出版社，2004，第 15 页。
③ （唐）窥基：《妙法莲华经玄赞》卷9，《中华藏》第 100 册，中华书局，1996，第 545 页中。
④ （东汉）竺大力译《修行本起经》卷上，《中华藏》第 34 册，中华书局，1988，第 426 页上。
⑤ （唐）王勃：《释迦牟尼如来成道记》卷1，（宋）道诚注，《大藏新纂卍新续藏》第 75 册，河北省佛教协会，2006，第 1 页中。

乔达摩·悉达多大约生活于公元前 565 年至公元前 486 年,[1] 是喜马拉雅山麓下迦毗罗卫国（Kapilavastu，约在今印度、尼泊尔边境，靠近尼泊尔一侧）释迦牟尼族净饭王（Śuddhodana）的太子，其母摩耶（Mahāmāyā）是与迦毗罗卫国隔河相望天臂国善觉王的第八个女儿。因觉悟成道，被尊称为释迦牟尼（Śākyamuni），简称为"佛"或者"佛陀"（buddha），"buddha"意指"intelligent"、"clever"、"wise"（智慧、聪慧），[2] "释迦牟尼"意为"释迦牟尼族的贤者"或"觉悟者"。

1898 年，英国人佩普在印度北方邦的庇浦拉瓦发掘出释迦牟尼族供养释迦牟尼骨灰的舍利壶，确认了释迦牟尼的历史真实性。[3] 关于释迦牟尼的生平及活动，有许多与神话夹杂在一起的传说与故事；加之，古代印度有轻历史意识而重宗教意识、轻历史事实记录而重神话传说书写的传统。因而这些神话传说与历史事实一样，都反映了凝聚着古代印度人思想与情感的观感，表现了他们心目中佛与佛教的形态。因此，对释迦牟尼神话系统研究的意义与影响深远而宏大，对认识佛教的起源、了解佛教的思想，都将有所助益。

---

[1] 南传与北传佛教对于释迦牟尼的生卒年月有不同说法，此处按照我国学术界的传统说法。

[2] Monier Williams, *Sanskrit-English Dictionary*（Oxford University Press，1899），p. 733.

[3] 参见方广锠《渊源与流变：印度初期佛教研究》，中国社会科学出版社，2004，第 74 页。

第一节　释迦牟尼神话的文本

释迦牟尼神话的文本主要由契经文本、传记文本与本生故事三部分构成。契经（Sūtra）是经、律、论三藏中"经"的专称，亦即九分教、十二分教，总称"阿含经"。阿含经类的诸多经典中可见释迦牟尼牟的生平记录，如《长阿含经·大本经》就是释迦牟尼神话传记文本内容的主要来源与依据，但是阿含经文的神话色彩并不浓厚。释迦牟尼神话的传记文本与本生故事最初被排除在经、律、论之外，隶属于杂藏类，却是释迦牟尼神话文本的重要构成。佛传的产生明显受希腊传记文学的影响，主要围绕"八相成道"侧重讲述释迦牟尼现在世的经历与事迹。本生故事是围绕着"六度"，主要记述释迦牟尼在过去世经历的无数次轮回之世和累世修行的经典。

一　释迦牟尼神话的契经文本

契经（Sūtra）总称"阿含经"。阿含，梵文 Āgama 的音译，意为传承的教说，或结集教说的经典。"容受聚集，义名阿含。"① 阿含经实为释迦牟尼涅槃之后，佛弟子将释迦牟尼在世时口头宣说的佛法结集成的成文经典。"在佛教范围内，完全可以将尼伽耶和阿含视为

———————

① （萧齐）伽跋陀罗译《善见律毗婆沙》卷 1，《中华藏》第 42 册，中华书局，1990，第 434 页上。

同义词"，所以根据篇幅之长短和内容分编的"四部阿含"——《长阿含经》、《中阿含经》、《杂阿含经》和《增一阿含经》可以与巴利文经藏《长尼伽耶》、《中尼伽耶》、《杂尼伽耶》和《增一尼伽耶》相对应。

1. 阿含经类传记

释迦牟尼从兜率天宫降胎到涅槃被格式化的"八相成道"是在《长阿含经》中的《大本经》的基础上加工而成的。《大本经》详述了释迦牟尼从诞生到觉悟成道以及传教诸事。

《游行经》同属阿含经类，与西晋竺法护《佛般泥洹经》、东晋法显《大般涅槃经》以及失译《般泥洹经》为同本异译。《游行经》以释迦牟尼的涅槃为主体，以释迦牟尼与阿难问答的方式展开，侧重记述释迦牟尼在阿难的陪伴下在罗阅城（王舍城）耆阇崛山中开始说法，路经摩揭陀国巴陵弗城（华氏城）至竹园，从跋祇游历至拘利村等地，而后至毗舍离国、波婆城、拘夷城，最后至拘尸城止于"本生处末罗双树间"的一生。《游行经》用大幅笔墨描述释迦牟尼因病涅槃前身体的疼痛感受和对生的依恋以及众弟子处理涅槃后事等，充满悲怆感。《大本经》与《游行经》共同构成了完整的释迦牟尼一生之传记。

《长阿含经·世记经》共5卷12品，可视为佛教的《创世纪》，是释迦牟尼神话世界的建构文本。其中的《阎浮提品》将世界四大洲之一的南赡部洲的"七宝阶道"光怪陆离之须弥山、"其边广远，杂色间厕"的须弥山边山、大海水、"埵出高百由旬"之雪山及山顶的阿耨达池"其水清冷，澄净无秽，七宝砌垒、七重栏楯、七重罗网、七重行树，种种异色，七宝合成"以及毗舍离城的格局景致详尽叙述，建构了一个释迦牟尼降生于此、成道于此、教化于此、涅槃于此的立体的"有情"众生世界。

《转轮圣王品》与《转轮圣王修行经》塑造了理想的"成就七宝，有四神德"的转轮圣王。《四天王品》与《忉利天品》对须弥山

上的四天王和三十三天城进行了极为详尽的描述。《三灾品》中"一
名刀兵劫,二名谷贵劫,三名疾疫劫"的"三中劫"与火、水、风
"三灾"的大循环和"三千大千世界"共同构建了完整的释迦牟尼神
话世界的结构体系,展现的是释迦牟尼教化其中,与"有情"众生
共生死无常、永恒轮转的宏伟画卷。

《阎浮提州品》对释迦牟尼神话的世界以及诸神祇居住的天宫有
着详细的描述,并采用同样的"宫墙七重、栏楯七重、罗网七重、
行树七重,乃至无数众鸟相和而鸣"的程式化语句,不仅表现了诸
天宫美好的同一性,而且表现了其宽阔广大及环境的无限优美。

2. 尼伽耶类传记

"尼伽耶"(Nikāya),是巴利文经藏的统称,是释迦牟尼宣传教
义的言论汇编。"巴利"(Pāli)原意为"圣典",即三藏经典或原
典,以示与经典的注疏(义疏)相区别。按摩揭陀精通吠陀和婆罗
门教经典的觉音为律藏作的注疏《普喜》(Samantapāsādikā)的说
法,南传三藏经典使用的是当时释迦牟尼所使用的摩揭陀国语
(Māgadhī)。[1] 同时,巴利语是佛教史上第一次结集时所用的语言,
是记录南传佛教经典的语言,季羡林先生根据巴利语的特点,经过反
复研究与思考,认为巴利文是摩揭陀语的一种形式。[2] 因此,巴利语
文本佛教典籍是现存各种语言典籍中最为古老的文本。巴利语文本的
"三藏"(Tipitaka)是现存完整,也是最系统的佛教经典。西方学者
最初就是从这些经典文献入手,研究印度早期佛教,并认为巴利语佛
典最能反映释迦牟尼时代的佛学思想。[3] 但巴利语佛典中没有一部系
统而完整的佛传,现存巴利语文本"犍度"与"尼伽耶"都只存有

---

① 参见郭良鋆《佛陀和原始佛教思想》,中国社会科学出版社,2011,第2页。

② 参见郭良鋆《佛陀和原始佛教思想》,第5页。

③ 参见李四龙《欧美佛教学术史:西方的佛教形象与学术源流》,北京大学出版社,
2009,第121页。

释迦牟尼生平之片段。由《长尼伽耶》（*Dīghanikāya*，《长部》）、《中尼伽耶》（*Majjhimanikāya*，《中部》）、《杂尼伽耶》（*Samyuttanikāya*，《相应部》）、《增一尼伽耶》（*Anguttaranikāya*，《增支部》）和《小尼伽耶》（*Khuddakanikāya*，《小部》）五部分构成。除《小尼伽耶》为独立整体外，其余四部分与汉译佛经经典中的"四部阿含"相对应。①

"犍度"（Khandhaka），汇集了佛教僧团的种种教规和戒律，分为《大品》和《小品》两部分。为了说明教规和戒律的源起，加入了许多神话传说与故事。其中的故事形式成为大多数汉译佛传的原型。《大品》记述了释迦牟尼获无上正觉成佛之后的种种事迹，包括初转法轮与度化三迦叶等重要情节。

《长尼伽耶》中的《大本经》，详细记述了过去佛毗婆尸（Vipassi）太子的出家故事，实为汉译佛传中释迦牟尼"四门出游"的譬喻说法。②《大般涅槃经》主要记载了释迦牟尼涅槃前的最后一段生活历程。

《中尼伽耶》中的《未曾有法经》主要讲述释迦牟尼的降生过程，入胎、住胎、降生、接生、灌浴以及七步预言等情节都有详细描述，并且充满了神话色彩。《圣求经》和《萨遮迦大经》讲述了释迦牟尼出家苦行的经历。《梵天请佛经》《鸯掘利摩罗经》描述了释迦牟尼所具有的"神通"能力。《增一尼伽耶》中有释迦牟尼为太子时，在王宫中过着奢华生活的记载。

位列《小尼伽耶》第五部的《经集》（*Suttaipāta*），是巴利语本三藏中重要的一部经典，保存了佛教中的许多古老经文。采用偈颂的体例，是一部诗体文学。共 5 品 72 部经，第 3 品《大品》中的《出家经》讲述释迦牟尼出家后的事宜，详细讲述了释迦牟尼在尼连禅

① 参见郭良鋆《佛陀和原始佛教思想》，第 8 页。
② 参见郭良鋆《佛陀和原始佛教思想》，第 46 页。

河优楼频罗村（Uruvelā）边的菩提树下悟道后，在附近几处地方经历了四周的禅定故事；《精进经》讲述释迦牟尼降魔的故事；《那罗迦经》讲述释迦牟尼的降生以及仙人占相。三者为传记性文本，被视为释迦牟尼史诗型传记的滥觞之作。《彼岸道品》和《长尼伽耶》中的《相记经》均记述了释迦牟尼在外貌形体上所具有的三十二相的神性特征。

《因缘记》（Nidānakathā）是巴利文中记述佛传故事的经典，为觉音所作。从释迦牟尼的过去世一直记述到从兜率天降生、结婚生子、出家修行、降魔成道，最后初转法轮、度化弟子。"弥补了巴利语三藏中没有释迦牟尼传记的缺憾。"[1]《〈本生经释义〉序》属于巴利语本三藏的注释文献，也是一篇佛传。

二　释迦牟尼神话的传记文本

早期三藏并没有释迦牟尼传记的任何全面而完整的记载，其生平片段散见于各经藏与律藏之中。随着部派佛教的发展，小乘佛教和大乘佛教的演变，为了顺应对释迦牟尼教主崇拜的信仰和感情的需要，开始出现并形成系统描述释迦牟尼生平事迹的传记。佛经中记载的释迦牟尼在世时周游说法的活动，是其传记资料的主要来源。[2] 传记（Carita）本意为"行走""行动"，引申为"生平""传记"。"佛传是记述佛陀生平的经典，是典型的宗教传记作品……有的从佛陀前生写起，有的从释迦牟尼祖先写起，有的从佛陀降生写起。"[3] "佛传"乃释迦牟尼之传，是记述释迦牟尼现在世经历与事迹的经典，构成释迦牟尼神话的主要内容。

---

[1]　参见郭良鋆《佛陀和原始佛教思想》，第25页。
[2]　参见郭良鋆《佛陀与原始佛教思想》，第21页。
[3]　参见孙昌武编注《汉译佛典翻译文学选》，南开大学出版社，2005，第89页。

1. 汉译佛传文本

佛教传入中国后，历代高僧孜孜不倦地翻译出了数量惊人的佛教文献。皇皇巨著的汉译佛传文本译出年代从东汉直至宋代，其内容除了历史性的传记记述外，多以释迦牟尼"八相成道"为主线，结合印度民间有关诸神佛迹等神话传说，叙述释迦牟尼蕴意丰富的一生。现存于世的佛教典籍以多种文字书写，"其中不论从量来说，或就质而观，最殊胜且最有名的莫非汉译佛典"。① 由于古代印度和古代中亚地区缺少文字形式的佛教典籍，因此，这些汉译经典成为十分宝贵的资源。

如表 1-1 所示，汉译佛传文本从最早的东汉时期至宋代共计 13 部。除去迦留陀伽《佛说十二游经》与僧伽跋澄《僧伽罗刹所集经》外，其余 11 部经典都保存了律典"受戒犍度"（Khandhaka）② 以来的古老形式，记述释迦牟尼在过去世和现在世之种种事迹。

表 1-1　13 部汉译佛传文本一览

经名	卷数	译者	原籍	译经朝代
《修行本起经》	2 卷	竺大力	天竺	东汉
《中本起经》	2 卷	昙果	天竺	东汉
《太子瑞应本起经》	2 卷	支谦	大月氏	三国吴
《普曜经》	8 卷	竺法护	大月氏	西晋
《异出菩萨本起经》	1 卷	聂道真	中国	西晋
《佛说十二游经》	1 卷	迦留陀伽	中国（西域）	东晋
《僧伽罗刹所集经》	3 卷	僧伽跋澄	罽宾	前秦
《佛所行赞》	5 卷	昙无谶	中印度	北凉
《佛本行经》	7 卷	释宝云	中国	刘宋
《过去现在因果经》	4 卷	求那跋陀罗	中印度	刘宋
《佛本行集经》	60 卷	阇那崛多	捷达国	隋
《方广大庄严经》	12 卷	地婆诃罗	中印度	唐
《众许摩诃帝经》	13 卷	法贤	中国	宋

① 〔日〕水野弘元：《佛教文献研究》，许洋主译，"中华佛学研究所论丛"之 22，台北，法鼓文化事业股份有限公司，2003，第 75 页。
② "犍度"，相当于"品""章"，意译为"蕴""聚""阴""众"等，是佛教经典中分别篇目的名目。一犍度即为一篇章。

　　根据隋代费长房所撰《历代三宝记》,《过去现在因果经》对应汉世竺大力、三国吴世支谦所出《本起》(《修行本起经》)、《瑞应》(《太子瑞应本起经》)等本。因此,虽然《修行本起经》《太子瑞应本起经》《过去现在因果经》三者为同本异译,都从过去世之燃灯佛(Dipaṃkara)授记开始,但是结尾略有不同,分别以成道、三迦叶皈依释迦牟尼和舍利弗、大迦叶出家为止。《异出菩萨本起经》也以燃灯佛授记开始,以初转法轮为止。

　　在亲聆释迦牟尼教诲的众多弟子中,迦叶与阿难常立于释迦牟尼之两侧,成为左右侍者。迦叶为"头陀第一","头陀"为苦行派,注重严格戒律,禁欲苦行;阿难为"多闻第一","多闻"为学院派,注重探究人生之真谛。迦叶代表佛教中严于律己、重视践行的传统;阿难则代表佛教中理性义学之方向。事实上是佛教三藏之"律"与"法"的分歧,孕育和决定了后来佛教发展中的两个倾向和部派分裂的因素。

　　地婆诃罗译《方广大庄严经》与竺法护译《普曜经》为同本异译。[①] 从过去世释迦牟尼在兜率天宫讲到释迦牟尼访问释迦牟尼国为止。二者与梵文《神通游戏》(*Lalitavistara*,《方广游戏经》)在内容上相当。

　　印度的语言起源久远,《吠陀》(*Veda*)、《梵书》(*Brāhmāna*)、《奥义书》(*Upanisad*)等古老的印度经典都采用名为"阐陀"(Chanda)的语言。后来随着政治的扩张,所辖区域日渐辽阔,民族更为复杂,形成了更加多样化的方言。但是印度古代主要以口耳相传的方式叙述经典,迄今为止,发现最早的书面文字是阿育王铭文。[②]阿育王时代之后,随着部派佛教的发展,学者根据《吠陀》《梵书》

---

① (唐)智升撰《开元释教录》卷9,《中华藏》第55册,中华书局,1992,第184下~185页上。

② 参见郭良鋆《佛陀和原始佛教思想》,第4页。

中的古语，整理出了一种结构与语法更为精密完整、讲求韵律的语言文字——梵语（Saṃskṛtā），佛教典籍日益趋于梵文化。梵文佛传《神通游戏》、《大事》（Mahāvastu）以及《佛所行赞》，是现存最早的释迦牟尼传记作品。

《神通游戏》共 27 章，采用偈颂与散文相结合的方式，虽然也记述了释迦牟尼施展"神通"，将魔王的三个女儿变成老妇的情节，但没有将记述的重点放在释迦牟尼的"神通"之上，而是以七章的篇幅详述了释迦牟尼的降生神话。结构严谨，叙述层次清晰明了。第一个层次："世界因燃烧着痛苦的火焰"而劝请"信赖的良医"释迦牟尼降凡于人间，释迦牟尼应允，并选择了适合的国家和家族得以降生。第二个层次：释迦牟尼化身六牙白象，由摩耶右胁进入母胎，结跏趺坐于母胎中的宝石宫殿。第三个层次：入胎之夜，从地下泉水中长出一朵含有甘露的莲花，梵天盛此甘露供奉释迦牟尼，释迦牟尼在母胎中即为圣众说法。第四个层次：释迦牟尼降生后即可站立，向着南北东西以及上下六方各行七步并宣言，行走之处皆生莲花。第五个层次：净饭王携王子拜谒神庙，诸天神起身相迎，并礼拜和赞颂释迦牟尼。可见，《神通游戏》已形成体系化的释迦牟尼降生神话。在巴利语三藏中，没有关于释迦牟尼比武娶妻的记述，而《神通游戏·比艺品》专章详述了释迦牟尼王子与五百多位技艺高强的释迦牟尼族青年比武娶亲的故事，情节跌宕起伏。释迦牟尼王子以供奉在神庙中的祖传之弓射中十拘卢舍远的铁鼓，穿透七棵棕榈树和铁猪，最终，耶输陀罗的父亲答应将女儿嫁给王子。①

《大事》全称为《大事譬喻》，虽然是大众部出世部的律藏，但从内容上来看，主要是一部描写释迦牟尼生平传说的经典，杂糅了佛传以及佛本生故事和譬喻。内容主要分为三个部分，第一部分叙述释

---

① 参见黄宝生译注《梵汉对勘神通游戏》，中国社会科学出版社，2001。

迦牟尼在过去世的生活经历。第二部分主要叙述释迦牟尼在兜率天以及降生为释迦牟尼家族王子后的两段生活经历，在第二段生活经历中还叙述了释迦牟尼逾城出家和在菩提树下获无上正觉的经历。第三部分叙述释迦牟尼初转法轮、度化弟子的经历。

《佛所行赞》（*Buddhacarita*）为马鸣（A śvaghoṣa）所作。马鸣为婆罗门名学者，多罗那他（Tāranātha）在《印度佛教史》中说，马鸣又名毗罗，毗罗意为"勇"，并称其为"大勇菩萨"。现存有鸠摩罗什译《马鸣菩萨传》。马鸣精于当时日渐兴盛的梵语文学，梵语与音韵有着密切关系，所以马鸣的作品以偈颂（Gāthā）见长，"偈颂"与"长行"（散文）是经典文学形式的两大类别，昙无谶与宝云的译本也保留了偈颂的体式。偈颂可作音乐歌唱，《出三藏记集》记载："天竺国俗，甚重文制。其宫商体韵，以入弦为善。凡觐国王，必有赞德。见佛之仪，以歌叹为贵。经中偈颂，皆其式也。"[①] 马鸣的《佛所行赞》结构严谨，内容连贯，以偈颂的体例赞颂释迦牟尼现在世的重要事迹，化严肃的宗教于趣味之文学中，引发了信众对释迦牟尼的仰慕之情与皈依之意，是释迦牟尼从"人性"层面到"神性"层面转变的重要文本依据。

梵文原本仅存前 14 品，主要叙述的是释迦牟尼从兜率天降生在释迦牟尼族，早年在王宫中过着奢华的生活；后来四出城门深感人生无常，决定离家出走，修行成道；最终在菩提树下觉悟成佛的人生历程。北梁昙无谶与刘宋释宝云的译本在内容上均保存完整，前者共分28 品，后者共分 31 品。根据汉译本可知，《佛所行赞》第 14 品以后的篇章从释迦牟尼初转法轮一直记述到释迦牟尼般涅槃为止。

隋代阇那崛多译《佛本行集经》称为"本行集"，汇集大众部之

---

① （梁）释僧祐：《出三藏记集》，苏晋仁、萧炼子点校，中华书局，1995，第100 页。

《大事》、说一切有部之《大庄严》、饮光部（迦叶部）之《佛生因缘》、法藏部之《释迦牟尼本行》和化地部之《毗尼臧根本》五部派佛传而成，共60卷。叙述内容从释迦牟尼过去世到访问释迦牟尼国为止。《中本起经》叙述释迦牟尼从成道到涅槃为止，被日本学者水野弘元视为《佛本行集经》的续集，两者可以合二为一，形成一部更为完整的佛传文本。[①]

北凉昙无谶译《佛所行赞》（一云《佛本行经》）与刘宋释宝云译《佛本行经》（一云《佛本行赞传》）为同本异译。从释迦牟尼诞生讲起，直到佛般涅槃后分舍利为止。关于释迦牟尼的降神入胎，昙无谶译本中无此情节，释宝云译本中提及六牙白象。

法显译《众许摩诃帝经》是义净译《根本说一切有部毗奈耶破僧事》（《根本律破僧事》）前9卷的同本异译，为根本说一切有部的佛传。从世界的创立、王族的次第、释迦牟尼家族的源起开始，直到提婆达多（Devadatta，调达）出家为止。昙果译《中本起经》的上卷也是从释迦牟尼家族的种姓来源开始叙述，到提婆达多出家为止，虽然详略不同，但与前者大意相同。

2. 中国人编撰的佛传文本

13部汉译佛传文本译出时代的差异性以及佛经记述的口述性特点，造成了佛传文本的多样性。因此，南朝梁代释僧祐、唐代道宣、南宋志磐、明代释宝成和清代永珊在汉译佛传的基础上编撰了思想与内容相对一致、体系较为完整的释迦牟尼传记。

释僧祐鉴于"群言参差，首尾散出"而"敬述释迦牟尼谱，记列为五卷"。[②] 因此，释僧祐所撰《释迦牟尼谱》，从释迦牟尼的世俗与宗教世系完整记述至释迦牟尼涅槃。释迦牟尼的世俗与宗教世系基

---

① 参见〔日〕水野弘元《佛教的真髓》，第360页。
② （梁）释僧祐：《释迦牟尼谱》第1卷并序，《中华藏》第52册，中华书局，1992，第477页中。

本是在《长阿含经》《增一阿含经》《普曜经》《十二游经》的基础上编撰的。"八相成道"中着重记述的是释迦牟尼诞生与涅槃两个部分，并涉及释迦牟尼的父亲净饭王、母亲摩耶夫人、姨母大爱道、儿子罗云以及弟子生平经历。其中还讲述了优填王、波斯匿王、阿育王的弟弟善容为释迦牟尼造像的故事。涅槃部分则从释迦牟尼于双树下般涅槃开始记述，八国分舍利、天上龙宫建舍利塔、阿育王造八万四千塔等情节均有所涉及。基本是在摘录《过去现在因果经》《佛升切利天为母说法经》《佛母泥洹经》《中本起经》《贤愚经》《大般涅槃经》《求离牢狱经》《观佛三昧经》《杂阿含经》等散见佛传故事的基础上，间附按语的方式编撰而成。情节丰富，结构完整。唐初有十卷本的《释迦牟尼谱》产生，与五卷本一并流传后世。

唐初麟德元年（664），道宣编撰《释迦牟尼氏谱》，本名《释迦牟尼略谱》，只有 1 卷。分为"所依贤劫"、"氏族根源"、"所托方土"、"法王化相"和"圣凡后胤" 5 个部分。其中"法王化相"又名"明法王下降迹"，依据《普曜经》完整而翔实地叙述了释迦牟尼于兜率天宫降凡入胎、诞生、降魔成道、转法轮、涅槃等"八相成道"的全部过程。

南宋咸淳五年（1269），志磐按照中国史书之纪传体和编年体方式编撰而成《佛祖统纪》，共 54 卷。征引近 200 种内外文献，分为释本纪、释世家、释列传、释表、释志五大类，体例完备，内容繁杂。据陈士强考证，"《佛祖统纪》是由北宋末年以来天台宗撰写的教派史发展而来的"。① 因此，可谓一部包罗万象的佛教百科全书。本纪部分，从释迦牟尼的世系族谱开始记述，关于兜率天降凡、诞生、转法轮，直到入涅槃、分舍利、集三藏都有所记述。

明代永乐年间（1403～1424），释宝成作 4 卷本《释氏源流》，洪熙元年（1425）得以刊行，现存最早、最完整的刻本为成化二十

---

① 陈士强：《〈佛祖统纪〉脉络》，《法音》1988 年第 4 期，第 19 页。

二年（1486）刊行的内府本。该书在近百种汉译佛典和一些梵文佛典的基础上编撰而成，在明代广为流传，宪宗皇帝亲自作序。《释氏源流》记述了释迦牟尼从诞生到涅槃的传奇经历，整理辑录 400 个相关故事。值得注意的是，《释氏源流》将文字与图画相结合，将原本抽象的内容用阳刻的图画方式形象化，在一定程度上影响了明代释迦牟尼神话图像的基本走向。

清代永珊，鉴于明代刊行的《释氏源流》"经像间有未符，稍不尽意"① 而作《释迦牟尼如来应化事迹》。与此同时，永珊认为，《释氏源流》所配图像都是按照印度的风格样式绘制而成，不符合中国人的审美，不利于佛教的中国化。因此，历时 7 年之久，永珊完成《释迦牟尼如来应化事迹》，其中的图像完全严格按照中国式样重新绘制，并对佛传的图像做了一些程式化的改造。比如，在释迦牟尼脚下绘制"莲花"以示其悟道成佛之相；释迦牟尼住世时，只可在其脑后绘制圆形的"金项光"等。

上述五部中国僧人编撰的佛传文本最具代表性，不仅表明继汉译佛传之后，佛传的发展更为系统化和成熟化，而且也表明佛教东传后，与中国文化碰撞交流形成相伴相生的融合局面。

3. 释迦牟尼神话传记文本形成的缘由

公元前 2 世纪中叶，佛教已经开始从印度本土传播到其他地区。著于东汉的《四十二章经序》最早记述了永平年间（58 ~ 75），汉明帝因梦见释迦牟尼而派遣使者去西域求法的传说，史称"东汉明帝感梦遣使求法说"，被历代史学家作为佛教正式开始传入中国的标志。② 贵霜王朝在迦腻色迦王（约 78 ~ 120）统治时期，逐渐成为横跨中亚、印度广大领土的大帝国，此时佛教得以更快地向外传播与发

---

① 王孺童：《佛传——〈释迦牟尼如来应化事迹〉注译》，第 9 页。
② 参见任继愈主编《中国佛教史》第 1 卷，中国社会科学出版社，2014，第 95 页。

展，印度、中亚各国佛教僧侣经西域陆续来到中国内地译经传法。汉代的汉译佛传文本有《修行本起经》、《中本起经》与《太子瑞应本起经》三种。前两种的译经者是原籍为天竺的竺大力与昙果，于汉献帝建安年间（196～220）所译。《太子瑞应本起经》是《修行本起经》的同本异译，由大月氏人支谦于三国吴黄武年间（222～229）所译。

由古代社会交通工具尚不成熟、信息传播系统尚不发达的事实来看，经典文本形成、传播与最终被其他文明圈所接受的整个过程大致需要上百年的时间。以此推算，佛传文本最初形成于1世纪左右的印度，并由此进入佛教文献，成为佛教信仰的重要内容和相关依据。1世纪左右正是佛教历史发展中的部派佛教晚期、大乘佛教形成的早期阶段。

释迦牟尼神话文本的形成受到希腊文学的深刻影响。英语"Mythology"（神话学）一词，是希腊语"Mythos"（想象的故事）和"Logos"（记述）两个词语的复合。可见"神话"一词本身就包含了以记述为主的传记性质，与希腊民族精神有着深厚的渊源关系。希腊文学与精神滥觞于希腊神话，希腊神话见于《荷马史诗》以及赫西俄德的《神谱》。公元前6世纪左右就有一批具有理性头脑的哲学家将希腊神话纳入研究视野，柏拉图是众学者之一，是第一位使用"神话体系"的人，被称为西方神话学的奠基者。希腊神话以清晰的神谱体系、深刻的哲学思想以及浓郁的人文主义精神而彪炳于世，是西方文化的重要来源之一，也是希腊艺术创作题材的重要来源。

古代希腊人长于叙事，很早就开启了传记文学的写作传统。生活于1世纪被称为"世界传记之王"的古希腊人普鲁塔克（Plutarch，约46－120）出生于希腊中部的查洛尼亚城（Chaeronea），其父就是一位著名的传记作家。普鲁塔克的著述非常丰富，但是部分已经散佚。著有流传甚广的《列传集》，亦名《希腊、罗马名人合传》

（*Parallel Lives*），包括一位希腊名人搭配一位罗马名人的传记共 46 篇，另有 4 篇单独传记，共有传记 50 篇。普鲁塔克还是一位道德学家，因此，他在著作中往往借用历史人物的生平事迹，有些甚至是未经考证的奇闻逸事来表达自己的道德思想和主张，不能完全作为信史。普鲁塔克生活的时代，是罗马以武力控制着整个地中海区域，维持着"罗马式和平"的帝国初期。此时距离希腊地区并入罗马已经过去了两个世纪，罗马已经深受希腊思想浸染。普鲁塔克的著作中充满了对世道人心的关怀，洋溢着浓郁的人文主义情怀。

古代印度没有作传记的传统，这是由古代印度的时空观所决定的。人类自脱离野蛮和蒙昧，走向文明之时起，就有了对时间与空间的思考。印度思想的一个基本特点就是蔑视无常，追求无限。他们认为周围的一切都处于无常变化与不断的生生灭灭之中，唯独在现实世界之外，神祇的世界中存在永恒和无限，这个世界的时空观念也迥异于现实世界。因此，古代印度人创造了天文数字来表达他们对神祇世界时空的思考，这也成为佛教时空理论的有机组成部分。[1] 这也就决定了古代印度重宗教意识轻历史意识、重神话传说轻历史事实的文化传统。

中国是传记文学成熟最早的国家，国内外现有的一些学术成果虽然也都讨论过佛传文学，但都没有把佛传视为中国古代传记文学的一部分。[2] 显然，佛传有别于中国古代偏重纪实的传记文学。佛传是受到希腊神话与希腊传记双重影响形成的一种长于叙事、神话色彩极其浓厚、偏向于借助人物生平表达信仰观念的文学样式，它的形成和产生具有重要的历史意义。

---

① 参见方广锠《渊源与流变：印度初期佛教研究》，第 246～248 页。
② 参见韩兆琦《中国古代传记文学略论》，《北京师范大学学报》1997 年第 4 期，第 16 页。

三　释迦牟尼神话的本生故事

"本生"（Jākata）梵文为阇陀伽。"Jākata"由动词词根"Jān"（降生）演化而来，释迦牟尼在成佛之前是在过去世经历了无数次的轮回之世和累世修行，并修满布施、持戒、忍辱、精进、禅定及智慧"六度"才得以降生于现在世成长、出家、修道、成佛的。因此"本生"主要是记述释迦牟尼过去世的种种经历与事迹的经典。

《大般涅槃经》云："何等名为阇陀伽经？如佛世尊，本为菩萨，修诸苦行……我于过去作鹿、作罴、作獐、作兔，作粟散王、转轮圣王、龙、金翅鸟，诸如是等，行菩萨道时，所可受身，是名阇陀伽。"①

《阿毗达磨大毗婆沙论》云："本生云何？谓诸经中，宣说过去所经生事，如熊、鹿等诸本生经。如佛因提婆达多，说五百本生事等。"②"本生"与"譬喻"被称为"律藏"之眷属，即附属部分。本生的故事性极强，在形成过程中吸收融合了古代印度的各种民间传说、醒世箴言、先贤故事、处世格言等。流传于世的释迦牟尼本生故事，数目众多，总数超过五百。本生故事散见于很多佛教文献之中，梵语文学中本生故事较为集中，如《五卷书》（Panchatantra）及印度诗人圣勇（Ārya śūra）的《本生鬘》（Jātakamālā）等。据考证，南传之五百本生经有巴利文传世。汉文曾有译本，惜已不传。北传之本生经，汉文译本从东汉到宋代经历了上千年的发展，如表1-2所示。

---

① （北凉）昙无谶译《大般涅槃经》卷15，《中华藏》第14册，中华书局，1985，第159页上。

② （唐）玄奘译《阿毗达磨大毗婆沙论》卷126，《中华藏》第46册，中华书局，1991，第152页中。

表 1 - 2　汉译本生经典文本一览

经名	卷数	译者	译经朝代
《太子慕魄经》	1 卷	安世高	东汉
《大方便佛报恩经》	7 卷	失译	东汉
《六度集经》	8 卷	康僧会	三国吴
《九色鹿经》	1 卷	支谦	三国吴
《月明菩萨经》	1 卷	支谦	三国吴
《生经》	5 卷	竺法护	西晋
《太子墓魄经》	1 卷	竺法护	西晋
《德光太子经》	1 卷	竺法护	西晋
《过去世佛分卫经》	1 卷	竺法护	西晋
《鹿母经》	1 卷	竺法护	西晋
《前世三转经》	1 卷	法炬	西晋
《长寿王经》	1 卷	失译	西晋
《菩萨睒子经》	1 卷	失译	西晋
《菩萨本行经》	3 卷	失译	东晋
《大乘悲分陀利经》	8 卷	失译	后秦
《一切智光明仙人慈心因缘不食肉经》	1 卷	失译	后秦
《太子须大挐经》	1 卷	圣坚	西秦
《睒子经》	1 卷	圣坚	西秦
《师子月佛本生经》	1 卷	失译	十六国
《悲华经》	10 卷	昙无谶	北凉
《菩萨投身饴饿虎起塔因缘经》	1 卷	法盛	北凉
《大意经》	1 卷	求那跋陀罗	刘宋
《银色女经》	1 卷	佛陀扇多	元魏
《金色王经》	1 卷	般若流支	元魏
《大乘本生心地观经》	8 卷	般若	唐
《佛说妙色王因缘经》	1 卷	义净	唐
《佛说师子素驮娑王断肉经》	1 卷	智严	唐
《菩萨本生鬘论》	16 卷	绍德	宋
《顶生王因缘经》	6 卷	施护	宋
《福力太子因缘经》	4 卷	施护	宋
《月光菩萨经》	1 卷	法贤	宋

三国吴时期（3 世纪），康僧会译的 8 卷《六度集经》① 是现存
汉译本生经中最重要的文献。依佛教修持之六度（六波罗蜜②，
pāramitās）分为布施度无极章、持戒度无极章、忍辱度无极章、
精进度无极章、禅定度无极章以及智慧无极章六章，共收集以佛
本生故事为主体的故事 91 则。其中，"布施"主题 26 则，"持
戒"主题 15 则，"忍辱"主题 13 则，"精进"主题 19 则，"禅
定"和"智慧"主题各 9 则，分别以通俗易懂的故事表达佛教六
度之义理。

刘宋时期，求那跋陀罗所译的《大意经》和西秦圣坚所译《太
子须大拏经》相当于康僧会布施度无极章中的《普施商主本生》和
《须大拏经》。东汉安世高所译《太子慕魄经》和西晋竺法护所译
《太子墓魄经》相当于持戒度无极章中的《太子墓魄经》。宋代施护
所译《顶生王因缘经》相当于《顶生圣王经》。西秦失译的《菩萨睒
子经》和西秦圣坚所译《睒子经》相当于忍辱度无极章中的《睒道
士本生》。三国东吴时期支谦所译《九色鹿经》相当于精进度无极章
中的《修凡鹿王本生》。

西晋译经家竺法护（Dharmarakṣa，音译"昙摩罗刹"），因僧徒
数之多，译经数之众，③ 遍学 36 种语言，被称为"敦煌菩萨"。所译

① 又名《六度无极经》《六度无极集》《六度集》《杂无极经》。
② "度"为"波罗蜜"（pāramitā）的意译，也被译作"度（到）彼岸""度无极"。
"六度"（"六波罗蜜"，pāramitās），分别是布施（dānapâramitā，施波罗蜜）、持
戒（śīlapâramitā，尸罗波罗蜜）、忍辱（kṣāntipāramitā，羼提波罗蜜）、精进
（vīryapâramitā，精进波罗蜜）、禅定（dhyānapâramitā，静虑波罗蜜）、智慧
（prajñāpâramitā，般若波罗蜜），是佛教使众生由生死此岸度到涅槃彼岸的六种
途径。
③ 关于竺法护译经之数目，各家说法不同。如吕澂先生校勘认为竺法护译经 85 部
192 卷，参见吕澂《新编汉文大藏经目录》，齐鲁书社，1981，第 7 页。方广锠先
生校勘认为竺法护译经 88 部 212 卷，参见方广锠《佛教大藏经史》，中国社会科
学院出版社，1991，第 415~510 页。

5 卷本《生经》主要辑录释迦牟尼以及弟子之本生经共 55 个。东晋失译的 3 卷本《菩萨本行经》、东汉失译的 7 卷本《大方便佛报恩经》以及宋代绍德、慧询等译的 16 卷本《菩萨本生鬘论》均为以本生故事为主题的汉译本生经典，而且其中有多个本生故事。《长寿王经》《金色王经》《月光菩萨经》等都是一部经中仅包含一个主题的本生故事。

第二节　释迦牟尼神话图像的源流

每一种宗教神话都会以独特的造像与象征（或形象或抽象）符号表现其意识形态。博大精深的释迦牟尼神话一方面表现在文字典籍之中，另一方面表现在大量的图像之中。图像"这种方法的目的不是确定这些艺术品作者的意图，而是确定其意义生成过程"。[①] 图像对释迦牟尼神话的主要意义就在于，突破了文本书写的限制，经千百年的历史变迁，仍可谓通过释迦牟尼神话"丛林"的显性路标，应被理解为一种高级形式化的图像与符号语。

一　释迦牟尼神话图像的初创：中印度模式

1. 佛像制作的起源

从文本经典来看，早在释迦牟尼在世之时，就有了佛像制作的详细记载。东晋瞿昙僧伽提婆译《增一阿含经》记载，释迦牟尼成道后上三十三天为其逝去已久的母亲说法，拘睒弥国的优填王（Udayana）[②] 和拘萨罗国的波斯匿王（Prasenajit）因多日不见释迦牟

---

① Lowell Eddmunds, *Approaches to Greek Myth* (Baltimore: Johns Hopkins University Press, 1990), p. 394.

② 中文旧译为优填或于阗，是古印度神话中月亮王族的王子、伐陀婆国国王，因此也常常被称为伐陀婆王。

尼而心急如焚。优填王思念佛陀心切，便发布文告，诏请国内能工巧匠速集京师，制造佛的雕像，以解相思之苦。"是时，优填王即以牛头栴檀，作如来形像，高五尺。……波斯匿王纯以紫磨金，作如来像，高五尺。"① 东晋佛陀跋陀罗译《观佛三昧海经·观四无量心品》中也有此段故事，并详细记述了优填王以金铸佛像后，听闻世尊欲来，便以象载金像恭迎世尊的事迹。优填王所铸金像栩栩如生，当金像从象背上拿下时，金像合掌为佛行礼，世尊也长跪迎向金佛。

从中唐至宋代，莫高窟第 231 窟西壁佛龛内西坡（如图 1-1 所示）、第 237 窟西坡北角（如图 1-2 所示）、第 9 窟甬道顶部（如图 1-3 和图 1-4 所示）以及第 454 窟甬道顶部（如图 1-5 所示）的

图 1-1　旃檀木像跪迎释迦牟尼　莫高窟第 231 窟　中唐

资料来源：孙修身主编《敦煌石窟全集·佛教东传故事画卷》，商务印书馆（香港）有限公司，1999，第 23 页。

---

① （东晋）瞿昙僧伽提婆译《增一阿含经》卷 28，《中华藏》第 32 册，中华书局，1987，第 327 页下。

图 1-2　旃檀木像跪迎释迦牟尼　莫高窟第 237 窟　中唐

资料来源：孙修身主编《敦煌石窟全集·佛教东传故事画卷》，第 24 页。

图 1-3　旃檀木像跪迎释迦牟尼　莫高窟第 9 窟　晚唐

资料来源：孙修身主编《敦煌石窟全集·佛教东传故事画卷》，第 22 页。

图 1-4　旃檀木像跪迎释迦牟尼　莫高窟第 9 窟　晚唐

资料来源：孙修身主编《敦煌石窟全集·佛教东传故事画卷》，第 25 页。

图 1-5　旃檀木像跪迎释迦牟尼　莫高窟第 454 窟　宋代

资料来源：孙修身主编《敦煌石窟全集·佛教东传故事画卷》，第 24 页。

画面都表现了这一场景。释迦牟尼从三十三天回来时，旃檀木释迦牟尼佛像跪迎释迦牟尼。如果这则故事内容属实，那么佛像雕刻可谓历史悠久。然而，历史学家至今尚未找到一件能够证明佛教艺术早在释迦牟尼时代便已产生的实物，因而还不敢对经律所传的情况做出肯定的判断。

2. 宇宙之轴理念的确立

自公元前 6 世纪末释迦牟尼创建佛教起，他与弟子就以组建僧团、建造寺院的方式致力于佛法的弘扬和佛教的传播。至公元前 4 世纪，佛教传播的范围主要集中在印度恒河中游一带，规模与范围相对较小，因此这期间存留下来的佛教遗迹很少，有关释迦牟尼神话的图像也无迹可寻。从真正有关佛教美术的造作史实来看，应该始于阿育王（Aśoka）[①] 时代（公元前 269 ~ 前 232）。

孔雀王朝（Mauryan dynasty）[②] 的阿育王不仅极大地拓展了祖父旃陀罗笈多一世奠定的王国疆域，而且大力推广佛教，使佛教开始稳定传播，从而成就了印度史上空前强盛的时代。这为释迦牟尼神话图像的产生以及早期形态确定了时代背景。

约公元前 249 年，阿育王在国师的带领下朝拜释迦牟尼诞生地迦毗罗卫（Kapilavastu），在蓝毗尼园（Lumbinī）留下了著名的石柱铭刻。石柱铭刻是阿育王为推行佛教所颁布的敕令，内容多是提倡佛法，推行佛教，劝导行善。敕令用语随地方不同而有所差别。因敕令被铭刻在石头上而得名石柱铭刻或石柱敕令。

其中一类被刻在崖壁上，称为摩崖法敕，这种法敕所刻敕文称为十四章法敕。[③] 另一类被刻在石柱上，刻好后被掩埋在某地，也被称为阿育王柱。石柱法敕所刻敕文有七章法敕和普通法敕两种。释迦牟尼诞生、成道、初转法轮和涅槃之地——蓝毗尼、佛陀伽耶、鹿野苑和拘尸城都存有阿育王法敕石柱。

[①] 阿育王登基的年代常被用来推断释迦牟尼的生卒年月，足以表明这位最伟大的佛教君主在历史中的重要地位。传统认为，释迦牟尼涅槃后 218 年阿育王登基，但目前学界倾向于认为，释迦牟尼涅槃与阿育王登基仅相距 100 年。

[②] （约公元前 324 ~ 前 188），为释迦牟尼住世时古印度十六国之一的摩揭陀国（Magadha）著名的奴隶制王朝，在公元前 3 世纪阿育王统治时期最为强大，疆域广阔，佛教兴盛并开始向外传播。

[③] 〔日〕水野弘元：《佛教文献研究》，第 81 页。

鹿野苑阿育王柱（如图 1 - 6 所示）保存较为完整，造型壮观，"碧鲜若镜，光润凝流"。[①] 石柱柱身采用希腊砂岩作为建筑和雕刻的材料，石柱没有接缝，表面高度磨光，柱面光滑圆润，初显释迦牟尼神话图像初创时期的特点及其象征性。石柱顶端柱头的狮背上原是 32 根辐条的法轮，暗示着佛法广布四方，也象征着阿育王因推行佛法而王风遐被、威震四方。四头两两背合的狮子，神态威严，颈部和胸部的鬣毛如火焰般排列，眼睛呈三角形，头部分别朝向四方，显然受到波斯阿契美尼德王朝狮子雕刻技法的影响。圆平盘侧面浮雕分别是来自雪山阿耨达池（Anavatapta）的狮子、大象、瘤牛和马四神兽，分别代表着宇宙四方。狮子代表北方，大象代表东方，瘤牛代表西方，马代表南方。马在印度与波斯神话中，是驾驶着太阳神天车巡行诸天的天骏。其间均以象征着"转轮圣王"轮宝的法轮相隔。平盘之下是倒垂的莲花或者钟形托座，莲花的花瓣光洁明净。

图 1 - 6　鹿野苑阿育王柱

资料来源：〔巴基斯坦〕穆罕默德·瓦利乌拉·汗：《犍陀罗：来自巴基斯坦的佛教文明》，陆水林译，五洲传播出版社，2009，第 67 页。

孔雀王朝是印度文化和波斯以及希腊文化最初交流碰撞的时代，阿育王石柱，体现了古印度神话中"宇宙之轴"（Yupa Skambha）或"宇宙之柱"的理念，可以追溯到印度文化中圣树与圣柱崇拜的传统。

---

① （唐）玄奘：《大唐西域记》，季羡林等校注，中华书局，1985，第 561 页。

3. 覆钵式佛塔的象征意义与图像的符号叙事

阿育王弘传佛教最有力的方法是广建佛塔（Stūpa），即"窣堵波"①。据记载，释迦牟尼曾指出佛塔是最适合珍藏遗骨的建筑。释迦牟尼涅槃之后，其遗骨付之荼毗，随后佛的舍利被八国平分，建塔供养，随之出现了印度最早的八座佛塔。

唐代义净《根本说一切有部毗奈耶杂事》载："时波咤离邑无忧王，便开七塔，取其舍利，于赡部洲，广兴灵塔，八万四千，周遍供养。由塔威德，庄严世间。"② 明代弘赞在犙《四分律名义标释》载："无忧王（旧云阿育），便开七塔，取其舍利，于赡部洲，广兴灵塔，八万四千，周遍供养。由塔威德，庄严世间。"③ 阿育王皈依佛教后，因为八座佛塔中的一塔由龙王看守，阿育王便只开取了七塔中的舍利，将其分成了八万四千份，并为之建起同样数目的佛塔。

据考证，位于中印度恒河流域的桑奇第一塔的内核以及西北印度犍陀罗旁遮普地区（阿育王年轻时代父亲统治的地区）塔克西拉的达摩拉吉卡大塔和斯瓦特地区的布特卡拉一号窣堵波均为孔雀王朝时期建造的。④ 到巽伽王朝⑤时期，桑奇（Sanchi）大塔得到进一步的修葺和扩建，巴尔胡特（Bharhut）大塔又新增了一些佛塔。⑥

公元前 3 世纪，阿育王用中印度最古老的文字书写佛教敕令，巴

① "窣堵波"为"塔"的音译词，意译为"圆冢"、"方坟"或"灵庙"等。"高积土石，以藏遗骨者"，最早的佛塔是用来安置佛舍利和其他遗物的。
② （唐）义净译《根本说一切有部毗奈耶杂事》卷 39，〔日〕大藏经刊行会编《大正新修大藏经》第 24 册，台北，新文丰出版股份有限公司，1996，第 402 页中。
③ （明）弘赞在犙辑《四分律名义标释》卷 37，《大正新修大藏经》第 44 册，第 681 页中。
④ 参见晁华山《印度与中亚佛教胜迹》，文物出版社，2001，第 26 页。
⑤ （公元前 185～73），普什亚米特拉·巽伽（Pushyamitra Shunga）谋杀孔雀王朝的统治者布里哈达拉萨（Brihadratha）后建立。
⑥ 参见〔德〕赫尔曼·库尔克、施特玛尔·罗特蒙特《印度史》，王立新、周红江译，中国青年出版社，2008，第 86 页。

尔胡特大塔上的大部分浮雕都附有用这种文字书写的铭文。这意味着早在公元前 3 世纪，以巴尔胡特为代表的印度佛塔已经是一个固定的砖或石头建筑。① 其主要特征是一个被称为"安达"（Anda，意为卵）的半球形屋顶——覆钵，象征着印度创世神话中宇宙生成的金卵。覆钵建在一个名为"诃密迦"（Harmika）的平台上，覆钵顶上是一层或者几层的相轮（即伞盖），以示尊敬。② "可能是从栏楯圣树演化而来，象征着宇宙之柱和诸天。"③ 覆钵周围的右旋绕道象征着生命之路，绕道外边的一圈栏楯界定着圣域，栏楯四周的四座塔门象征着宇宙的四个方向。整座佛塔构成了一个立体的宇宙图式。

佛塔的这种构造符合释迦牟尼神话中立体世界的构造。立体世界是以须弥山为中心的圆盘，在大海之上看到的仅仅是须弥山的一半，犹如半球状的覆钵。行星围绕着须弥山由东向西旋转，与右旋巡礼的方向一致。因此，佛塔有别于埃及的金字塔、中国古代皇帝的陵墓，佛塔的建造象征着释迦牟尼达到了佛教理想的终极境界——涅槃。"缚解得涅槃"，涅槃意味着摆脱了生死之轮回，到达了完全寂灭的至福境界。因此，在这个意义上佛塔也象征着佛教的理想境界。

公元前 2 世纪末至 1 世纪，随着对佛塔的崇拜，巴尔胡特大塔和桑奇大塔的塔门、栏楯之处开始出现各种有关释迦牟尼神话的雕刻画面。画面内容既有本生故事，又有佛传。

巴尔胡特大塔栏楯上布满了浮雕，以释迦牟尼本生故事的雕刻最为常见，而且这些形象化的刻录远远早于《本生经》现存的文本。巴尔胡特大塔栏楯的浮雕，有铭文可辨认的本生故事多达 32 个，还有一些未辨认出的本生故事。有铭文可辨认的佛传场景有：托胎灵

---

① 参见〔法〕阿·福歇《佛教艺术的早期阶段》，王先平、魏文捷译，甘肃人民出版社，2008，第 28 页。

② 参见〔法〕阿·福歇《佛教艺术的早期阶段》，第 28 页。

③ 王镛：《印度美术史话》，人民美术出版社，1999，第 47 页。

梦、逾城出家、降魔成道、从三十三天降凡、阿阇世王访佛等 16 个。
"从三十三天降凡"讲述，释迦牟尼诞生 7 天后，母亲摩耶夫人就去
世，释迦牟尼成道后升至三十三天为母说法，人世间 3 个月后，踏着
金、银、水精三道宝阶降凡于人间。"从三十三天降凡"图像（如图
1-7所示）中，竖立于画面中央的宝阶最上一层和最下一层都有两
个足心中刻有法轮的足迹，暗示释迦牟尼的降凡。宝阶的左右两侧为
随侍释迦牟尼的梵天与帝释天，其余为双手合十礼佛的众天神和信
徒。

　　塔门（Torana），音译为"陀
兰那"，繁复精美的塔门雕刻因此
也被称为陀兰那艺术。桑奇大塔
的塔门雕刻虽然略晚于巴尔胡特
的栏楯浮雕，但与巴尔胡特栏楯
浮雕的雕刻风格一致。其中的佛
传故事浮雕，题材大概涉及 28
种，而本生故事题材与巴尔胡特
大塔相比，相对减少。

　　桑奇大塔的四座塔门按照
南、北、东、西的顺序依次建
造。南门刻有释迦牟尼诞生、
鹿野苑说法和八王争舍利；北
门刻有四门出游和降魔成道；

**图 1-7　从三十三天降凡　巴尔胡特
公元前 2 世纪**

资料来源：Anil de Silva-vigier, *The Life of The Buddha: Retold From Ancient Sources* (The Phaidon Press, London, 1955), p. 53。

东门刻有逾城出家、涉过尼连禅河、三迦叶皈依和重返迦毗罗卫；西
门刻有初转法轮、降魔成道和争分舍利。桑奇大塔的浮雕采用的仍然
是巴尔胡特一图多景的构图方式。"降魔成道"图像（如图 1-8 所
示）中，魔王波旬共出现三次，代表了释迦牟尼降魔成道过程中的
三个不同阶段。图像左侧魔王与魔女一起出现，双手合十，表达对释

迦牟尼的礼敬之意；菩提座右前方魔王高举右臂，与图像右上方以几只动物为象征的魔众，表示对释迦牟尼的进攻；浮雕下半部出现的魔王与另外两个男子，表示的是"魔子劝谏"的情节。位于浮雕上半部画面中央的菩提座，象征性地表现了释迦牟尼的"在场"。

图 1 - 8 降魔成道桑奇
大塔西门

资料来源：张丽香：《从印度到克孜尔与敦煌——佛传中降魔图像细节研究》，《西域研究》2010年第 1 期，第 58 页。

综上所述，巴尔胡特大塔栏楯浮雕与桑奇大塔塔门雕刻，都有一个共同的特点，就是释迦牟尼人格化形象的"缺席"。凡是应该有释迦牟尼出现的场景，均以菩提树、法轮、伞盖、足迹、窣堵波等象征物代替，以此暗示释迦牟尼的"在场"。"佛座是空的，至多只有一个标志象征不可看见的佛的存在……桑奇大塔东门中楣正面表现的是太子坐在马上出家的情景：其骏马上用镶有花边的皮毡做的马鞍上是空的……"[1] 19 世纪，欧洲有学者就桑奇大塔的四塔门上出现的象征符号的次数做了数据统计，圣树67 次，佛塔 32 次，法轮 6 次。这三者是出现次数最多的象征物。在以佛塔为代表的印度古遗迹中少量存有的方形铜币或银币上，莲花、公牛、圣树、法轮和佛塔也是经常出现的象征性图案，图案选择的是与释迦牟尼诞生、成道、转法轮或者涅槃相关的象征物。莲花是释迦牟尼出生后行走七步时每个脚步中自然生长出来的莲花。公牛总是与黄道十二宫一同出现，表现释迦牟尼的生辰日期。

---

① 参见〔法〕阿·福歇《佛教艺术的早期阶段》，第 4 页。

究其原因，一是古印度认为雕画佛像乃是冒渎神圣之事。《增一阿含经》载："世尊告诸比丘：'……所谓贤圣戒，不可觉知，不见、不闻，经历生死，未曾瞻睹，我及尔等，曾不见闻。'"[①] 二是与原始佛教追求的理想境界——涅槃有关。释迦牟尼涅槃指熄灭贪欲、愚痴等一切烦恼之火，进入平静、永恒、快乐的伦理和心理的最高境界，意味着永远脱离了生死轮回之痛苦，进入了舍弃肉身永不再生的"无余涅槃"之境界。从这个角度来讲，也就意味着释迦牟尼不再以人格化的形象出现。"佛身虽逝，佛法永存"，释迦牟尼表现为符号而非肉体，以此强调其永恒不变的本体，暗示其"不在之在"。

因此，释迦牟尼神话图像初创时期的这种象征性符号叙事的方式，不仅是区别于以后神话图像形态的最主要的特征之一，而且标志着印度真正佛教艺术之滥觞，初显佛教以义理与艺术相结合的传播方式。

二 释迦牟尼神话图像的成熟：犍陀罗模式

关于释迦牟尼造像产生的真正时间、地点与缘由，许多学者做过详细而深入的探讨。以阿·福歇为代表的学者认为，最早的释迦牟尼造像是在西北印度犍陀罗之旁遮普地区发现的，如1世纪以来的浅浮雕上呈站姿的形象，这种形象从未在巴尔胡特和桑奇大塔的栏楯或大门上出现。[②] 公元前1世纪至1世纪期间，正是部派佛教晚期、大乘佛教形成初期的贵霜王朝统治前后，以犍陀罗为中心的西北印度受希腊文化的影响尤为显著。与初创时期的释迦牟尼神话图像比较而言，这一时期的特点表现为：受到希腊艺术的浸染，释迦牟尼人格化形象占据了构图的中心；以时间线性的叙事方式传达佛传故事之主旨；缺

[①] （东晋）瞿昙僧伽提婆译《增一阿含经》卷12，《中华藏》第32册，中华书局，1987，第122页上。

[②] 参见〔法〕阿·福歇《佛教艺术的早期阶段》，第87页。

少本生故事题材的图像。

1. 历史视野中的"芳香之国"犍陀罗

犍陀罗（Gandhāra），"Gandh"意为"芳香"，印度河以东地区四季常青，流芳溢香，即为"芳香之国"。"犍陀罗"之名于公元前6世纪初被首次使用，印度教经典《梨俱吠陀》（Rig Veda）曾提到过犍陀罗人的优质羊毛。"犍陀罗"作为一个地区或者国家，出现于古典佛教经典巴利语的《增支部经典》和梵文的《大史》中。[①]汉译佛教经典中亦有关于"犍陀罗"的记载，《法显传》中称为"揵陀卫国"，"从此东下五日，行到揵陀卫国。是阿育王子，法益所治处。佛为菩萨时，亦于此国，以眼施人。其处亦起大塔，金银校饰"。[②]《北魏僧惠生使西域记》记述，"至正光元年四月中旬，入干陀罗国，土地与乌场国相似，本名业波罗，为嚈哒所灭"。[③]指出犍陀罗最终被匈奴所灭，8世纪末，印度教取代佛教，佛教从犍陀罗地区消失。玄奘在《大唐西域记》中称其为"健驮逻"，"健驮逻国，东西千余里，南北八百余里。东临信度河。国大都城号布路沙布逻，周四十余里"。[④]

狭义的犍陀罗指印度次大陆西北部，今巴基斯坦白沙瓦平原地区。广义的犍陀罗还包括其东部旁遮普地区的塔克西拉、西部今阿富汗的大部分地区（贾拉拉巴德、迦毕试地区）以及北部斯瓦特地区，即现在巴基斯坦西北部。[⑤]此地区处在高温潮湿的印度以及干燥的中亚诸国之间，从西向北有兴都库什山脉、帕米尔山脉和喀喇昆仑等险

---

① 〔巴基斯坦〕穆罕默德·瓦利乌拉·汗：《犍陀罗：来自巴基斯坦的佛教文明》，第39页。

② （东晋）释法显：《法显传》，章巽校注，中华书局，2008，第235页。

③ （北魏）惠生：《北魏僧惠生使西域记》卷1，《大正新修大藏经》第51册，第867页上。

④ （唐）玄奘：《大唐西域记》，第232页。

⑤ 本书论述均采用广义的犍陀罗概念。

要山脉，是古丝绸之路的三岔路口，因此在历史上始终是东西方民族冲突与交融的要地。自公元前 6 世纪起，安息人、希腊人、塞人、帕提亚人和贵霜人相继入侵。

到古波斯帝国大流士（Darius I the Great）① 统治时期，犍陀罗是其统辖的 23 个州中的一个（如图 1-9 所示），位列第 12。"当今君主大流士说：在阿胡拉·玛兹达的庇护下，我征服了外波斯诸国，统治了他们。他们向我纳贡，执行我的命令。我的法律牢牢地控制着他们：米地亚、巴克特里亚、犍陀罗……"

图 1-9　波斯统治下的犍陀罗人　德国考古所藏

资料来源：M. A. 丹达马耶夫：《米底亚和阿黑门尼德伊朗》，〔匈牙利〕雅诺什·哈尔马塔主编《中亚文明史》第 2 卷，徐文堪、芮传明译，中国对外翻译出版公司，第 34 页。

从公元前 327 年开始，亚历山大大帝东征入侵印度次大陆西北部，一年后，亚历山大大帝灭波斯萨珊王朝，将其领土纳入马其顿版图。公元前 326 年渡过印度河，抵达犍陀罗的塔克西拉。由于马其顿士兵严重的厌战情绪和恒河流域王国的顽强抵抗等，亚历山大大帝于公元前 325 年撤兵。公元前 323 年，亚历山大大帝在巴比伦去世。"犍陀罗的历史有很长一段时间同亚历山大的这次入侵及其影响密切相关。"② 亚历山大在被称为"希腊三贤"之一的哲学家亚里士多德的教育下获得了出色的知识、军事谋略和指挥才能。他的这段短暂的

---

①　在位时期（公元前 521~前 486），发动过 18 次大的战役统一古波斯帝国。

②　〔巴基斯坦〕穆罕默德·瓦利乌拉·汗：《犍陀罗：来自巴基斯坦的佛教文明》，第 51 页。

入侵是西北印度历史上的转折点，同时也为希腊文化的渗入创造了良好的条件。兴都库什山脉南侧旁遮普（Punjab）① 地区在不久之后就被旃陀罗笈多（Candragupta，即月护王）推翻强大的难陀王朝（Nanda dynasty）而建立的孔雀王朝纳入版图。孔雀王朝第三代君王阿育王留下的石刻上的敕令就是由希腊语、阿拉米语（Aramaic language）② 和印度语镌刻而成。由此可以推测，当时在这一地区，三种语言是并存的，佛教也是在这一时期开始传入印度西北部。现存摩崖铭文中多次提到犍陀罗。"彼等〔法大官〕于一切宗派之间为法之树立，为法之增长，或臾那人、柬埔寨人、犍陀罗人、罗提迦人、美提尼加人，或凡其它西方邻邦人之间，专心于法者为利益安乐。"③ 现存巴基斯坦马尔丹县夏巴兹格里的阿育王铭文与上述内容一致。④

公元前 3 世纪中叶，在兴都库什山脉北侧，巴克特里亚（今阿富汗北部地区）的希腊人从塞琉古王朝独立出来，于公元前 200～前 190 年在国王德米特里（Demetrius）的带领下，南下翻越兴都库什山脉入侵犍陀罗地区，建立了印度—希腊王国。自此，巴克特里亚希腊人的领地被分为两个部分，即北部的希腊—巴克特里亚地区和南部的

---

① 意为五河流域地区，是人类早期文明的发祥地之一。公元前 2000 年至前 1000 年，雅利安部落在此写出了最古老的吠陀经典，早期梵文也形成于此，印度史诗《摩诃婆罗多》中的"俱卢之野大战"（Kurukshetra War）就发生在此处的东部地区。公元前 327 年亚历山大大帝东征之后，旁遮普成为诸多文化交汇之地。

② 阿拉米或亚兰这个词来自挪亚的孙子、闪的儿子亚兰（Aram），也译为阿拉姆语、亚兰语，属闪米特语族西支。阿拉米语是世界上少数使用了上千年的古老语言之一，是古代中东的通用语言和波斯帝国的官方语言。近代通常指叙利亚的一种语言。

③ 《阿育王刻文》（Dhamma-lipi），《大正新修大藏经》第 70 册，第 205 页上。

④ "全体人员分族而居，他们为人们的友好与欢乐保持着良好的道德，他们熟知道德，以至希腊人、犍陀罗纳姆人（Gandharanam）……以及所有在我的西北边境上的人们也都如此。"参见〔巴基斯坦〕穆罕默德·瓦利乌拉·汗《犍陀罗：来自巴基斯坦的佛教文明》，第 65 页。

印度—希腊地区。① 此时的西北印度已然成为古代波斯、古代希腊和古代印度文化的交汇之地。

公元前 1 世纪，塞人和帕提亚人相继入侵西北印度。自 20 世纪 50 年代由图奇启动的意大利斯瓦特考古项目，经长达半个世纪的发掘与研究认为，犍陀罗艺术的萌芽可推至塞人统治时期，即公元前 1 世纪至 1 世纪初。② 在帕提亚人统治时期发展至顶峰。

被大月氏人驱赶、从中亚南下并建立政权的第一批波斯游牧民族被印度人称为塞人。塞人成功入侵西北印度，预示着印度—希腊统治的危机，希腊人被彻底击溃，他们完全放弃了旁遮普西部地区。

帕提亚人在公元前 312 年至前 248 年一直受希腊人的塞琉古王朝统治，长约 64 年。他们在文化、服饰、官方语言以及统治方式上都深受希腊人影响，在很大程度上接受了希腊文化和文明。"正是帕提亚人在西北印度复活了希腊文明……在来自中亚的各入侵民族中，帕提亚人是继希腊人之后最富有文明的民族。"③ 在帕提亚人的统治时期，犍陀罗的佛教艺术得以全面发展。

1 世纪中期，贵霜人势力日渐强大，约于 60 年，贵霜部落首领结束了帕提亚人的统治。至迦腻色迦王在位期间，④ 贵霜王朝已经成为统治着从巴克特里亚到犍陀罗，乃至中印度的大帝国，并与罗马政权建立了非常密切的政治和商业关系。

北枕喜马拉雅山的印度次大陆的西北部是一个频频受到外族入侵的地区，战乱频繁、民不聊生，这也是佛教在此得以发展的重要原

---

① 参见〔意〕卡列宁等编著《犍陀罗艺术探源》，魏正中、王倩编译，上海古籍出版社，2015，第 58 页。

② 〔意〕卡列宁等编著《犍陀罗艺术探源》，第 54 页。

③ 〔巴基斯坦〕穆罕默德·瓦利乌拉·汗：《犍陀罗：来自巴基斯坦的佛教文明》，第 135 页。

④ 关于迦腻色迦王在位时间，史学界尚无定论，时间跨度从 1 世纪到 3 世纪。即位时间较有说服力的是 78 年、128 年和 144 年。

因。约翰·马歇尔认为从阎膏珍（V′ima Kadphises）到韦苏提婆一世（Vāsude va I）① 的贵霜统治早期是犍陀罗佛教艺术的繁盛期。②

贵霜韦苏提婆王朝的迦腻色迦王时期，佛像已经出现确定无疑。迦腻色迦王是一位伟大的君主，被称为"犍陀罗王"，其统治时期疆土从木鹿扩展至于阗和鹿野苑（Sarnath，萨尔纳特），从锡尔河流域至安曼海，包括了康居和迦湿弥罗。迦腻色迦王信奉佛教，有"阿育王第二"之称。《大庄严论经》中提及"真檀迦腻咤"（Chandan Kanike）："我昔曾闻，拘沙种中有王名真檀迦腻咤，讨东天竺，既平定已，威势赫振福利具足，还向本国，于其中路有平博处，于中止宿。"③ 有学者认为"Chandan"与"Gandah"同义，即指"犍陀罗之迦腻色加王"。

玄奘在《大唐西域记》中详述了犍陀罗各处的佛教圣地，其中提到堪称世界奇迹之一的迦腻色迦王以石建成的窣堵波——贝格拉姆赡部洲的窣堵波，"卑钵罗树南有窣堵波，迦腻色迦王之所建也……周一里半，层基五级，高一百五十尺……以如来舍利一斛而置其中"。大窣堵波南面有高一丈六尺的释迦牟尼画像；向西南百余步有高一丈八尺的释迦牟尼石像；西面又有迦腻色迦王所建伽蓝，"重阁累榭，层台洞户，旌召高僧，式昭景福"。④ 只是玄奘于629～630年达到此地时，此窣堵波已经是第四次被毁。

虽然贵霜王朝的统治于230年因萨珊统治者的进攻而结束，萨珊王朝的统治于390年因寄多罗贵霜人的入侵而结束，但有的史学家将寄多罗贵霜称为小贵霜时期。因为此期间完全效仿祖先，犍陀罗佛教

---

① 韦苏提婆王朝为贵霜王国的第三个奴隶制王朝，统治时间为226～375年，曾分裂为若干小国，据说共有7个王中之王。
② 〔英〕约翰·马歇尔：《塔克西拉Ⅰ》，秦立彦译，云南人民出版社，2002，第4页。
③ （后秦）鸠摩罗什译《大庄严论经》卷6，《大正新修大藏经》第4册，第287页上。
④ （唐）玄奘：《大唐西域记》，第238～244页。

艺术十分兴盛，直到 460 年白匈奴入侵为止。

2. 斯瓦特与塔克西拉

斯瓦特与塔克西拉是 1 世纪前后犍陀罗地区佛教文化和艺术异常活跃之地，代表了释迦牟尼神话图像的成熟形态。基本围绕"八相成道"，将释迦牟尼现在世的种种生平事迹加以完整表现。

斯瓦特（Swat），西邻波斯，位于犍陀罗最北部，是犍陀罗地区与中亚及中国商贸往来的必经之地，曾经繁荣富庶。这一地区的文化既带有印度和波斯文化的色彩，同时深受继希腊—巴克特里亚和印度—希腊征服者之后的统治者——土著居民达尔德人（Dards）的影响。达尔德人在文化上具有典型的希腊化特征。

诸多汉藏佛教经典中，斯瓦特被描绘成景色壮丽、佛法兴盛的圣地，"佛教遗址中发现的考古资料，尤其是公元 1 世纪开始兴建的围绕着大窣堵波的众多小型建筑，以及佛教寺院的骤增，皆证明了佛教在斯瓦特地区与其它西北印度地区同样兴盛"。[1]

斯瓦特是玄奘《大唐西域记》中的乌仗那国（Uddiyanna），法显所到之乌苌国。"乌仗那国，周五千余里，山谷相属，川泽连原……土产金、铁，宜郁金香，林树翁郁，花果茂盛。寒暑和畅，风雨顺序。人性怯懦，俗情谲诡。好学而不功……语言虽异，大同印度……"[2]玄奘到达此地时，斯瓦特地区的寺院多有荒芜，僧徒亦有减少。

包括说一切有部在内的部分经典保留着一些源于斯瓦特的古方言词语。[3]《高僧传》中收录了许多将此地区描绘成圣地的传奇，将其作为释迦牟尼生平众多重要事迹的发生地。乌仗那国河内的恶龙——迦梨加（Kalika，迦罗迦龙王），两目皆盲。"暴行风雨，损伤苗稼"，释迦牟尼"愍此国人独遭斯难，降神至此"。不仅降服恶龙，使其皈

---

① 〔意〕卡列宁等编著《犍陀罗艺术探源》，第 40 页。
② （唐）玄奘：《大唐西域记》，第 270 页。
③ 〔意〕卡列宁等编著《犍陀罗艺术探源》，第 35 页。

依佛法，而且将这里灾难性的洪水泛滥限制为每十二年一次。① 迦罗迦龙王被释迦牟尼调伏度化后，重见光明（如图1-10所示）。

图1-10 释迦牟尼受迦罗迦龙王礼拜

资料来源：〔巴基斯坦〕穆罕默德·瓦利乌拉·汗：《犍陀罗：来自巴基斯坦的佛教文明》，第197页。

释迦牟尼还使得一个贪得无厌的麻脸食人女妖皈依了佛教。释迦牟尼涅槃后，分得舍利的八王之一的上军王就是乌仗那国国王。当地民间有一种习俗是母亲为了避免自己的孩子传染到可怕的流行病，会将装有取自佛塔土的护身符戴在孩子的脖子上。

8世纪藏传佛教的祖师莲花大师诞生于此，图奇开启的意大利斯瓦特考古项目最初的目的就是寻找莲花大师的降生圣地。

塔克西拉（Takshashila），希腊古地志作Taxila或Taxiala，中文

---

① 参见（唐）玄奘《大唐西域记》，第290~291页。

旧译为呾叉始罗、竺刹尸罗等，今均译作呾叉始罗。[①] 从公元前 2 世纪至 1 世纪，一直是犍陀罗的首府。《法显传》记述了竺刹尸罗一名的由来："竺刹尸罗，汉言截头也。佛为菩萨时，于此处以头施人，故以为名。"[②] 据推测，法显所指之处为塔克西拉之西尔卡普城。玄奘在《大唐西域记》中描述："呾叉始罗国，周二千余里。国大都城，周十余里。酋豪力竞，王族绝嗣，往者役属迦毕试国，近又附庸迦湿弥罗国。地称沃壤，稼穑殷盛，泉流多，花草茂。气序和畅，风俗轻勇，崇敬三宝。"[③]

《罗摩衍那》中提及呾叉始罗的财富和荣耀，并且提及吉迦伊（Kaikeyi）之子、罗摩（Rama）的弟弟婆罗多（Bharata）的两个儿子塔克沙（Taksa）和布色格拉（Pushkar）。塔克沙建立呾叉始罗，布色格拉建立布色羯逻伐底（Pushkaravati）。"布色格拉"一词意为"荷花或池"，"布色羯逻伐底"则意为"荷花之城"，而且该地至今盛产荷花。

据史学家推断，布色羯逻伐底是《法显传》中的"弗楼沙"国，也即《大智度论·释出品》中所言的"弗迦罗"城。法显在文中还提及释迦牟尼化缘之佛钵。"从揵陀卫国，南行四日，到弗楼沙国。佛昔将诸弟子，游行此国……佛钵即在此国，昔月氏王，大兴兵众，来伐此国，欲取佛钵，既伏此国已。月氏王等，笃信佛法，欲持钵去，故大兴供养，供养三宝毕，乃挍饰大象，置钵其上，象便伏地，不能得前，更作四轮车载钵，八象共牵，复不能进。"[④] 佛教神话中的佛钵是四天王看到树下冥思的释迦牟尼没有盛食的器皿，于是每个天王布施了一个石钵，释迦牟尼将四个石钵合而为一。释迦

---

① 本文采用塔克西拉的译法。依据最新世界地名录工作室编著《最新世界地名录》，北京学苑出版社，1997，第 664 页。

② （东晋）释法显：《法显传》，第 845 页。

③ （唐）玄奘：《大唐西域记》，第 300 页。

④ （东晋）释法显：《法显传》，第 858 页。

牟尼在将要离开毗舍国而去拘尸那揭罗城入涅槃时，由于当地梨车部族追逐相随不舍离去，释迦牟尼于是化大深壑以隔阻，留下佛钵以追念。

《大唐西域记·犍陀罗国篇》记述："迦腻色迦王伽蓝，东北行五十余里，渡大河，至布色羯逻伐底城。周十四五里，居人殷盛，间阎洞连。"① 400 年后的《往世书》也表明呾叉始罗和布色羯逻伐底是犍陀罗的两大城市。根据马歇尔的判断，大象象征着呾叉始罗，湿婆的欢喜牛则象征着布色羯逻伐底。②

英国学者约翰·马歇尔在三卷本的著作《塔克西拉》的前言中掩饰不住内心的激动写道："在刚刚结束了希腊的考古挖掘后，在旁遮普的偏远的一角，似乎又突然之间看到了希腊。石坡上的野橄榄树丛，遥远的小山和宜人的凉风，都和希腊的土地一样。"③ 塔克西拉与希腊有着紧密的历史渊源，亚历山大大帝在与波斯交战之前，就是在塔克西拉修整自己的军队的。此后的希腊国王在这里统治了一百多年，留下了旷日持久的希腊文化遗产。

因此，塔克西拉以寻求学问而著称于世。"呾叉始罗国人也，幼而颖悟，早离俗尘，游心典籍，栖神玄旨，日诵三万二千言，兼书三万二千字。故能学冠时彦，名高当世，立正法，摧邪见，高论清举，无难不酬，五印度国，咸见推高。"只是 7 世纪玄奘到达此地时，"伽蓝虽多，荒芜已甚，僧徒寡少，并学大乘"。④

3. 希腊文化的渗入和与印度文化的互动

释迦牟尼神话图像的真正出现、形成与成熟离不开其他文化因素对犍陀罗当地文化的浸染与影响。希腊文化是诸多因素中重要的一种。

---

① （唐）玄奘：《大唐西域记》，第 250 页。
② 〔英〕约翰·马歇尔：《塔克西拉Ⅰ》，第 38 页。
③ 〔英〕约翰·马歇尔：《塔克西拉Ⅰ》，第 1 页。
④ （唐）玄奘：《大唐西域记》，第 300 页。

（1）钱币与神像

钱币是理解犍陀罗地区的宗教现象与希腊文化融入当地传统的珍贵线索。[1] 从塞琉古王朝独立出来、入侵犍陀罗地区巴克特里亚的希腊人发行的钱币是在犍陀罗地区发现的最早的钱币。虽然这一时期币面的图像上还没有出现释迦牟尼佛像图案，但钱币的主题均涉及神话题材。

当时犍陀罗地区的佛教经典通常采用流行于北印度的婆罗米文（brāhmī）[2]，但钱币的正面铭文为希腊语，背面为犍陀罗俗语。犍陀罗俗语是采用佉卢文字体拼写而成的，佉卢文也被称为驴唇文，起源于波斯帝国阿契美尼德王朝，是通行于古代西亚的阿拉米文的一个变种。币面图像虽然有大象（如图 1-11 所示）、瘤牛（如图 1-12 所示）等典型的印度图案，但更多的是希腊传统图像——希腊类型的神：主要为太阳神赫利俄斯（Helios）[3]、月女

图 1-11　方形银币（大象）
约 2 世纪

资料来源：〔意〕卡列宁等编著《犍陀罗艺术探源》，第 61 页。

图 1-12　方形银币（瘤牛）
约 2 世纪

资料来源：〔意〕卡列宁等编著《犍陀罗艺术探源》，第 61 页。

---

① 〔意〕卡列宁等编著《犍陀罗艺术探源》，第 70 页。
② 印度最古老的字母，是婆罗米系文字如天城文、泰米尔文、孟加拉国文、藏文的来源。一般学术界认为婆罗米文来自阿拉米文。
③ 在《荷马史诗》中，赫利俄斯是除了统治大地、天空和水域三位神祇之外的无所不见的阳光之神，他既可以使盲者重见光明，又可以用失明惩罚人。自公元前 5 世纪起，他同阿波罗混为一体。他的崇拜中心是罗德斯岛，在艺术作品中的形象是驾驭着太阳车，头上或是光芒四射，或是一轮圆日。参见〔苏〕M. H. 鲍特文尼克等编著《神话辞典》，黄鸿森、温乃铮译，商务印书馆，2015，第 146 页。

神塞勒涅（Selene）[1]、火神赫淮斯托斯（Hephaestus）[2] 和大力神赫拉克勒斯（Heracles）[3]（如图 1 - 13 所示）等。这似乎表明，希腊文化与波斯文化对犍陀罗地区的影响首先表现在钱币图像上。

公元前 155 年左右执政的米南德王（公元前 155 ~ 前 130 年在位）声名显赫。以寓言形式记载印度历史上重大事件而闻名的《瑜伽往事书》记述了米南德王征服印度的事实，他是诸多希腊国王中唯一见于印度文献者。这一时期，米南德王发行的钱币依然遵循希腊古典传统，钱币的正面为向左、戴头饰、持皮制标枪的国王半身像和意为"属于米南德王，救世主"的希腊铭文；背面为左向、右手持盾作投掷状的雅典娜·阿尔西德莫斯（Athena Alkidemos）像（如图 1 - 14 所示）。

塞人统治犍陀罗时期的钱币也只是用犍陀罗君主的骑马像取代希腊的国王半身像，折射出塞人浓厚的游牧特色。

图 1 - 13　赫拉克勒斯　约公元前 3 世纪

注：图 1 - 11、图 1 - 12、图 1 - 13，均为意大利罗马国家东方艺术博物馆"朱塞佩·图奇"藏。

资料来源：〔意〕卡列宁等编著《犍陀罗艺术探源》，第 59 页。

---

① 希腊语 selas 即为光明、辉煌之意，有时名叫墨娜。月亮的圆缺被看作月女神面貌的变化。在古希腊罗马的艺术作品中，她的形象被描绘成骑马的或是驾着马车的。参见〔苏〕M. H. 鲍特文尼克等编著《神话辞典》，第 265 页。

② 宙斯与赫拉之子，也是锻冶之神。起初在活火山地区被奉为地下火神，在雅典，对他的崇拜同对阿西娜的崇拜关系异常密切，以致两位神祇有合祀的神庙和共同的节日。宙斯的神盾、狄俄尼索斯的酒神杖、阿喀琉斯的甲胄、赫利俄斯的太阳车都是他锻造的。参见〔苏〕M. H. 鲍特文尼克等编著《神话辞典》，第 136 页。

③ 希腊民间英雄，完成 12 件功绩，作为缪斯九神的首领，经常以弹奏七弦琴的形象出现。在艺术作品中，他的形象或是扼杀两条大蛇的婴儿，或是肌肉异常发达的青年，更常见的是成年男子，作立功后的休息状。参见〔苏〕M. H. 鲍特文尼克等编著《神话辞典》，第 143 ~ 145 页。

图 1 – 14 米南德王（公元前 155 ~ 前 130 年在位）德拉克马银币

注：意大利罗马国家东方艺术博物馆"朱塞佩·图奇"藏。
资料来源：〔意〕卡列宁等编著《犍陀罗艺术探源》，第 62 页。

如阿瑟斯一世（约公元前 57 ~ 前 35 年在位）银币，钱币的正面为右向、持矛骑马的国王和意为"诸王之王，伟大的阿瑟斯王"的希腊铭文（如图 1 – 15 所示）。

图 1 – 15 阿瑟斯一世（约公元前 57 ~ 前 35 年在位）德拉克马银币

注：意大利罗马国家东方艺术博物馆"朱塞佩·图奇"藏。
资料来源：〔意〕卡列宁等编著《犍陀罗艺术探源》，第 68 页。

根据赫西俄德的《神谱》记述，宙斯（Zeus）是希腊新辈神谱中的众神和万民的君父，是希腊人崇奉的最高天神。尼刻（Nice）是提坦神帕拉斯（Pallas）和斯堤克斯（Styx）的女儿，在希腊宗教神话中，宙斯和阿西娜的手中持有尼刻的雕像，象征着胜利，她是宙斯和阿西娜的标志。公元前 1 世纪左右出现的钱币币面图像多以宙斯为主。其中有代表性的图像是宙斯以"胜利者"的姿态坐在象头宝座上，一手持权杖，一手托胜利女神（如图 1 – 16、图 1 – 17、图 1 – 18 所示）。

图 1 - 16　瑟斯二世（约公元前 15/5 ~ 17/20 年在位）德拉克马银币

注：意大利罗马国家东方艺术博物馆"朱塞佩·图奇"藏

资料来源：〔意〕卡列宁等编著《犍陀罗艺术探源》，第 69 页。

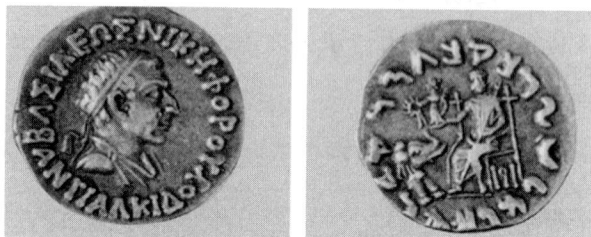

图 1 - 17　赫尔迈欧斯（约公元前 90 ~ 前 70 年在位）德拉克马银币

注：意大利罗马国家东方艺术博物馆"朱塞佩·图奇"藏

资料来源：〔意〕卡列宁等编著《犍陀罗艺术探源》，第 71 页。

图 1 - 18　安提奥西达斯（约公元前 115 ~ 前 95 年在位）德拉克马银币

资料来源：〔意〕卡列宁等编著《犍陀罗艺术探源》，第 71 页。

　　塞人统治时期发行的一枚银币上出现宙斯与因陀罗（Indrah）融合的图像，表现出希腊文化与当地印度文化的互动关系。因陀罗是印度神话中的雷电之神，宇宙之王。吠陀时期，因陀罗主要的业绩是斩杀蛇妖弗粟多，劈山释水，因此被称为"殛杀弗粟多者"，被视为战斗之神。后被赋予创世的职能，宇宙、太阳、朝霞都由因陀罗创造，太阳也被视为因陀罗的一只眼睛。有关因陀罗的神话，大多与宇宙万有的造化紧密相关。至吠陀以后时期，因陀罗的职能有所变化，作用也远非昔比。

　　相关出土实物以及史料研究表明，涉及释迦牟尼形象的钱币铸造始于贵霜王朝迦腻色迦王时期，不仅有金币，而且有铜币。在阿富汗一座佛教遗址中出土的迦腻色迦金币，正面为释迦牟尼正面站立像，像旁有希腊字母铭文"Boddo"（佛陀），有拉长的耳垂、头光、肉髻和举身光，释迦牟尼身着僧伽蒂（Sanghati），右手作施无畏印，左手提僧伽蒂的折边，被认为是最早出现在钱币上的释迦牟尼形象。反面为国王侧身站立像，头戴头盔和王冠，身着及膝战袍，左手持一把长矛站立于火祭坛旁，火焰从肩部升起（如图 1 - 19 所示）。由此说明，迦腻色迦王不仅皈依佛教，同时也信奉波斯拜火教。

图 1 - 19　迦腻色迦金币　大英博物馆藏

　　资料来源：〔美〕罗伊·C. 克雷文：《印度艺术简史》，王镛、方广羊、陈聿东译，中国人民大学出版社，2004，第 68 页。

制于 1 世纪、现藏于波士顿美术馆的另一枚迦腻色迦金币，由头光和身光环绕的释迦牟尼立佛，左手持莲花，右手作施无畏印（如图 1－20 所示），整个币面造像特征与上述金币几乎相同。只是保存得更加完好，图像也更为清晰。同样的造像特征也见于迦腻色迦铜币（如图 1－21 所示）。

图 1－20　迦腻色迦金币　波士顿美术馆藏

资料来源：〔巴基斯坦〕穆罕默德·瓦利乌拉·汗：《犍陀罗：来自巴基斯坦的佛教文明》，第 217 页。

图 1－21　迦腻色迦铜币　大英博物馆藏

资料来源：Ingholt, Harald, *Gandharan Art in Pakistan* (Pantheon Books, New York. 1957), p. 25。

（2）化妆盘：希腊精神的载体

公元前 1 世纪至 1 世纪盛行于犍陀罗地区的化妆盘，是希腊文化渗入的证明。早在公元前 7 世纪左右，希腊就出现了描绘特洛伊（Troy）战争场景的耶波鲁博斯盘（如图 1－22 所示）。公元前 5 世纪末的酒神的狂女化妆盘（如图 1－23 所示），表现的是围绕着酒神狄俄尼索斯崇拜展开的狂欢活动的场景。

图 1 - 22　耶波鲁博斯盘　约公元前 600 年　大英博物馆藏

资料来源：邵大箴：《古代希腊罗马美术》，中国人民大学出版社，2010，第 48 页。

图 1 - 23　酒神的狂女　公元前 5 世纪末　英国不列颠博物馆藏

资料来源：邵大箴：《古代希腊罗马美术》，第 35 页。

犍陀罗塔克西拉之西尔卡普共发现 69 件化妆盘。西尔卡普平面图呈棋盘状，是公元前 2 世纪左右巴克特里亚统治者德米特里征服犍陀罗地区后，以塔克西拉为都城，在塔姆拉河对岸新建的一座城市，并筑有带堡垒的石墙。棋盘式布局是当时希腊化世界流行的城市布局，与这一地区那些弯曲的街巷、无规划的布局形成鲜明对比。①

西尔卡普的化妆盘中除了混有印度图案和风格的制品外，大部分是纯粹希腊化风格的制品，镌刻的图案多表现希腊神话中的内容。最常见的有阿波罗（Apollo）与达芙妮（Daphne）（如图 1 - 24 所示）、喝醉的狄俄尼索斯（Dionysus）或狄俄尼索斯与阿里阿德涅（Ariadne）的婚礼（如图 1 - 25 所示）、阿佛洛狄忒（Aphrodite）与帕里斯（Paris）、阿佛洛狄忒惩罚厄洛斯（Eros）以及海洋女神涅瑞伊得斯（Nereids）骑海兽（如图 1 - 26 所示）等。

图 1-24　阿波罗与达芙妮　犍陀罗西尔卡普出土　卡拉奇巴基斯塔国家博物馆藏

资料来源：〔意〕卡列宁等编著《犍陀罗艺术探源》，第 77 页。

① 〔英〕约翰·马歇尔：《塔克西拉 I》，第 2 页。

图 1 – 25　狄俄尼索斯婚礼　犍陀罗西尔卡普出土　新德里国家博物馆藏

资料来源：〔意〕卡列宁等编著《犍陀罗艺术探源》，第 77 页。

图 1 – 26　涅瑞伊得斯骑海兽　伦敦大英博物馆藏

资料来源：〔意〕卡列宁等编著《犍陀罗艺术探源》，第 77 页。

涉及上述内容的神话最能体现原欲与理性相互制约平衡的希腊精神。厄洛斯，意为"爱情"或者"情欲"，是爱情的化身，是阿佛洛狄忒的伙伴和使者。厄洛斯挽弓射向神祇和凡人的金箭，百发百中，能唤起他们心中的爱情，使其难以自拔，而与欢乐、幸福的爱情一同而来的还有忧愁和痛苦。在俄耳普斯教中，厄洛斯是宇宙的创造者，在希腊化时期，成为痛苦的安慰者，他的雕像成为墓上纪念物。其形象常常是长着金翅膀的顽皮孩子。太阳神阿波罗就是因为批评了厄洛斯而身中金箭，以致无可救药地爱上了月桂女神达芙妮。

酒神狄俄尼索斯与太阳神阿波罗在希腊神话中分别象征着原欲与理性两种不同特质的精神。在希腊化时期，阿里阿德涅象征着人类的灵魂，狄俄尼索斯把阿里阿德涅从冥府带回人间，并且娶她为妻。意味着狄俄尼索斯不仅把灵魂从死亡中挽救出来，而且还在神秘的婚礼中与它结合。狄俄尼索斯象征着超越理性的冲动力——原欲，这一力量能使人得到升华，给人以力量和幸福，并使不朽的灵魂脱离肉体的羁绊。

阿波罗代表着理性的精神，他的标志是七弦琴和金箭。在希腊化时期，阿波罗的形象是坐着弹奏七弦琴的裸体少年。随着希腊宗教的发展，对阿波罗的崇拜淹没了对希腊古典时期太阳神赫利俄斯的崇拜，与对酒神狄俄尼索斯的崇拜相对立。原因是：俄耳普斯（Orpheus）是太阳神阿波罗与女神卡利俄珀（Calliope）之子，因为每天清晨都会登上潘加斯山（Pangaeus）膜拜太阳神，而激怒了酒神狄俄尼索斯；狄俄尼索斯便派遣一群疯女前去阻挠，并将俄耳普斯撕成碎片。但由俄耳普斯创立的俄耳普斯教的神话与全部教义却与狄俄尼索斯崇拜密切相关。俄耳普斯教完全是希腊化时期的产物，关于死后报应是俄耳普斯教教义的主要内容。

阿波罗最终还是与狄俄尼索斯讲和，狄俄尼索斯也被奥林匹斯诸神所接纳。这两个对立神灵的和好"会不会是希腊精神想通过两神共存的权宜之计，来表达他们希望解决荷马宗教价值观的没落所引发的宗教危机呢？"[1] 答案是肯定的，这也意味着原欲与理性这两种对立相异的精神在希腊宗教与神话中得到了和谐的统一与共存。

4. 释迦牟尼佛像：写实人形与超人内涵相结合

"希腊人"这个希腊各部族的统称，最早出现在公元前 8 世纪至前 7 世纪，正是在这个历史时期，"希腊艺术开启了主宰西方艺术的传统并延续至今，尤其是古希腊的雕塑……古风时期和古典时期的五百年间，希腊艺术家开创性地实验了一种再现人体的方法，从此成为西方自然主义造型艺术的基本参照"。[2] 希腊艺术家的作品大多以希腊神话为题材，希腊神话不仅是希腊艺术取之不尽的宝库，也是希腊艺术产生的土壤。希腊神话在历史的进程中冲破了巫术的桎梏，虽然还不可能完全否定超自然力量的存在，但其成功地将这种超自然的能力转化为人的形象，并赋予神祇以人性。因此，希腊神话最重要的特征是"神、人同形同性"。希腊神话中的神祇除了具有神祇的特殊能力——长生不老，随意变形，其好恶态度对人类的生杀祸福起着决定性作用之外，他们和人一样，有情欲，有善恶，有计谋，互有血缘关系，是人格化了的形象。制作雕像本身就是个人或者集体表达共同信仰的最直接的方式。释迦牟尼佛像的出现也恰好印证了这一点。

为了打破"不表现释迦牟尼形象的传统"，经历了漫长的犹豫、尝试和发展，在吸收希腊雕塑艺术之精髓的基础之上，出现的释迦牟尼佛像具有高度的写实性。约制作于 1 世纪末，现藏于白沙瓦博物馆的"祇园布施"，被约翰·马歇尔认为是最早的人形佛像。在这幅浮雕作品中，释迦牟尼完全以凡人的形象出现，与其他五个人物等高站成一排，以圆形头光显示其神圣的身份（如图 1-27 所示）。

---

① 〔美〕米尔恰·伊利亚德：《宗教思想史》第 2 卷，晏可佳译，上海社会科学院出版社，2016，第 593 页。

② Robin Osbourne, *Archaic and Classic Greek Art* （Oxford University Press1998），p. 17.

图 1－27　祇园布施　约 1 世纪末　白沙瓦博物馆藏

资料来源：Anil de Silva-vigier, *The Life of The Buddha：Retold From Ancient Sources*, p. 45。

　　制于 3 世纪、犍陀罗地区出土的"从三十三天降凡"浮雕中，释迦牟尼完全以人形佛的形象从三道宝阶上拾级而下，其身形大小与普通人物相同，身着罗马长袍"托格"（Toge）（如图 1－28 所示）。

图 1－28　从三十三天降凡　犍陀罗地区　2～4 世纪
伦敦维多利亚和阿尔伯特博物馆藏

资料来源：Anil de Silva-vigier, *The Life of The Buddha：Retold From Ancient Sources*, p. 53。

为了表现释迦牟尼超凡脱俗的圣者形象，突出象征光明的圆形头光，像头部多呈现阿波罗式的希腊美男子特征：波浪式的头发、挺直的鼻梁、轮廓清晰的嘴唇、微微突出的下巴。同时兼具亚洲人的面部特征：略微突出的眼睛、弓形眉毛、圆形脸庞、长长的耳垂（如图1-29所示）。这是受希腊艺术浸染的犍陀罗模式佛传图像中释迦牟尼的形象特征，并直接影响了于阗地区释迦牟尼神话图像的风格。

释迦牟尼佛像通常大于其他人像，分立像和坐像两种。释迦牟尼立像采用希腊罗马式的双脚微微分开，置于地面或莲花之上，重心近乎一条垂直的且类似圆柱的站立方式，如同穿过并支撑宇宙的理想轴（如图1-30所示）。①

图1-29　不朽的释迦牟尼　犍陀罗
3世纪　巴黎吉美博物馆藏

图1-30　释迦牟尼立像　犍陀罗地区
3~4世纪　印度昌迪加尔
国家博物馆藏

资料来源：Jeannine Auboyer Buddha, *A Pictorial History of His Life and Legacy* (New York：The Crossroad Publishing Company, 1983)，No. 126。

资料来源：*Jeannine Auboyer Buddha, A Pictorial History of His Life and Legacy*, p. 129, pic. No. 78。

---

① 〔巴基斯坦〕穆罕默德·瓦利乌拉·汗：《犍陀罗：来自巴基斯坦的佛教文明》，第265页。

　　释迦牟尼的坐姿（Asana）往往是莲花坐（Padmasana），按照古代印度人沉思的习惯结跏趺坐，双脚交叉，足心向上，平放于盘屈的大腿上（如图1-31、图1-32所示），呈现近乎完美的三角形，这也是明显的希腊雕像风格。

图1-31　释迦牟尼坐像　犍陀罗地区　2～3世纪　德国柏林国立博物馆亚洲艺术馆藏

图1-32　释迦牟尼坐像　犍陀罗地区　3世纪　美国加州旧金山亚洲艺术博物馆藏

资料来源：星云大师总监修《世界佛教美术图说大辞典》（雕塑），佛光山宗委会，2013，第511页。

资料来源：星云大师总监修《世界佛教美术图说大辞典》（雕塑），佛光山宗委会，2013，第511页。

　　释迦牟尼佛像不仅具有凡人的形体，而且兼具超人的内涵。其艺术的表现方式就是：将印度传说中圣人所具有的"三十二大人相"（dvātriṃśadvaralakṣaṇa）中的几种瑞相用于释迦牟尼佛像的造型上。其中最为突出的就是"眉间白毫相"（ūrṇā-keśa）和"顶成肉髻相"（usṇīsa-siraskatā）。"白毫相"为"两眉之间有白毫，右旋常放光也"。造像中，眉间白毫常用凸雕的小圆点（如图1-33所示）或者凹雕的小圆洼（如图1-34所示）表示，意为智慧的光源。其头后的光环谓之头光（Halo），也被称为背光或圆光，是白毫辐射的光辉晕圈，象征着光明。"肉髻相"也被称为"无见顶相"，以一切有情皆不能见，故也。肉髻被认为是释迦牟尼头顶的肉或者是顶骨隆起，天生为戴王冠而长，象征着释迦牟尼超乎凡人的智慧圣者形象。造像中，顶上肉髻常常覆盖着希腊式的波浪卷发。释迦牟尼面部表情庄严而高贵，平淡而冷静，强调沉思内省的精神因素，给予观者安慰和鼓舞。可以说，这一时期的释迦牟尼形象是希腊化艺术的写实人体与印度佛教的象征标志的结合。

图 1 - 33　释迦牟尼头像
白沙瓦博物馆藏

资料来源：〔巴基斯坦〕穆罕默德·瓦利乌拉·汗：《犍陀罗：来自巴基斯坦的佛教文明》，第 139 页。

图 1 - 34　释迦牟尼头像
白沙瓦博物馆藏

资料来源：〔巴基斯坦〕穆罕默德·瓦利乌拉·汗：《犍陀罗：来自巴基斯坦的佛教文明》，第 152 页。

5. 犍陀罗佛传图像：线性叙事

贵霜王朝时期虽然出现了佛像，但是在整个印度，佛像并没有占据释迦牟尼信仰的中心，各种各样的装饰纹样以及佛传故事图像依然是释迦牟尼崇拜与信仰的最主要表现，并且形成了鲜明的线性连贯叙事的表现方式。

佛传故事最早被雕刻于巴尔胡特窣堵波的栏楯以及桑奇窣堵波的塔门上。窣堵波与希腊神庙在宗教意义上的功用是非常相似的。希腊神庙最早是神祇居住的场所，也是希腊人重要的议事场所，具有宗教和政治的双重功用。"古希腊艺术中大部分或全部作品最早都是一种宗教的表达形式。"① 从公元前 6 世纪初开始，希腊的雕塑就开始被刻在神庙的山花上。② 著名的帕特农神庙位于雅典卫城，雅典卫城是雅典娜的庇护所，帕特农神庙是她的圣殿。神庙东侧山花上讲述的是雅典娜出生的故事，西侧山花上讲述的是雅典娜与波塞冬之间的一场比赛。

意大利巴基斯坦考古队负责人法切那，根据考古发现将犍陀罗地区一处窣堵波做了场景复原（如图 1 - 35 所示）。场景完全按照释迦牟尼"八相成道"的序列构图，基本可以分为：诞生场景——"乘象入胎""太子诞生"；宫廷生活场景——"竞赛""宫廷宴乐"；出家场景——"与爱马诀别""车匿返回王宫""路遇猎人"；传法场景——"难陀皈依"；涅槃场景——"八王争舍利""上军王载回舍利"。涉及的佛传题材多达 110 个，与马鸣所作的《佛所行赞》的内容几乎完全吻合。

塔克西拉的达摩拉吉卡窣堵波由砂岩雕成，"达摩拉吉卡"即为"达摩（法）的卫士"，是阿育王的称号。塔身上面是希腊科林斯式柱子，最下层是各种动物和希腊神话中能够肩扛天宇的提坦神阿特拉斯（Atlas）（如图 1 - 36、图 1 - 37 所示）。阿特拉斯是普罗米修斯（Prometheus）的兄弟，因为参加了提坦神反对奥林波斯诸神的斗争，被罚支撑天宇。在这里，阿特拉斯和各种动物用

---

① 〔美〕马克·D. 富勒顿：《希腊艺术》，李娜、谢瑞贞译，中国建筑工业出版社，2004，第 34 页。

② 参见〔美〕马克·D. 富勒顿《希腊艺术》，第 27 页。

涅槃
- 载回舍利（S241，S589，S678，S1036）
- 八王争舍利（S708）
- 八王争舍利（S1166）
- 准备荼毗（S89）

- 骑士出城门（S709，S621S，A361）
- 僧侣（A282）

诞生
- 乘象入胎（S998）
- 诞生（S920）
- 摩耶夫人返回王宫（S248）
- 宴请苦行者（A339）

宫廷生活
- 选新娘？（S676）
- 杀死大象（S1088）
- 竞赛（S1124，S246）
- 竞赛（S792，S1128）
- 竞赛（S387，S298，S1069）
- 大象赠礼（S1112）
- 奏乐（S1137）
- （S1175，S1450，S1176，S1310）

传法
- 难陀的皈依（S1246，S501）

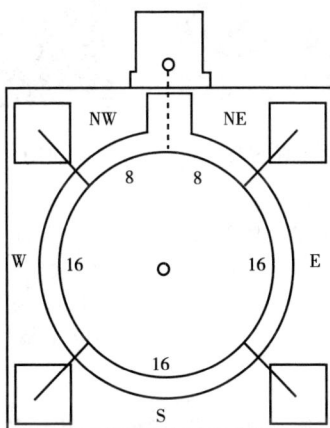

通向觉悟
- 太子还宫（S20）
- 太子还宫（S129）
- 出家之前（S898，S1152）
- 出家（S1341）
- 出家（S1158）
- （S472，S1116，S1389）

- 与爱马犍陟诀别（S132）
- 车匿返回（S622）
- 车匿返回？（S420）
- 路遇猎人（S48，S163）
- 接受吉祥草（S1412）

图 1-35　犍陀罗地区窣堵波场景复原示意图

资料来源：〔意〕卡列宁等编著《犍陀罗艺术探源》，第 128 页。

尽力气支撑佛塔。在释迦牟尼神话图像中，阿特拉斯常常被用作建筑物的柱础和屋檐之间的装饰浮雕，与印度神话中身材短小、态度友善的夜叉混同。

　　窣堵波周围的装饰图像大部分也以佛传故事为题材，花环常常被当作窣堵波的装饰浮雕。装饰花环由花瓣和树叶组成，呈波浪状，夹杂着葡萄卷叶，底部有茂盛的葡萄叶和果实。葡萄，在希腊神话中是

图 1-36　窣堵波局部　犍陀罗出土

资料来源：〔巴基斯坦〕穆罕默德·瓦利乌拉·汗：《犍陀罗：来自巴基斯坦的佛教文明》，第 183 页。

**图 1-37　阿特拉斯像
日本私人藏**

资料来源：〔日〕栗田功：《大美之佛像：犍陀罗艺术》，唐启山、周昀译，文物出版社，2017，第 17 页。

酒神狄俄尼索斯的象征物，象征着丰饶和再生。"扛花环的童子"中的童子形象来自希腊艺术，意味着"胜利""庆祝""乐园"。裸体童子一般头戴花环，胸前戴有串珠，有的还有双翼（如图 1-38 所示）。葡

图 1-38　窣堵波局部　裸体扛花环的童子

资料来源：〔意〕卡列宁等编著《犍陀罗艺术探源》，第 179 页。

萄藤往往与酒具以及爱神厄洛斯一同出现（如图 1 - 39 所示），都表现了异于理性的层面。以丰饶的乐园和再生图像修饰释迦牟尼的永恒世界——窣堵波，极具代表意义。

图 1 - 39　窣堵波局部　以葡萄藤分隔的饮酒场面

资料来源：〔意〕卡列宁等编著《犍陀罗艺术探源》，第 179 页。

窣堵波上镌刻着纯属希腊风格的浮雕。如图 1 - 40 所示，浮雕中有两位裸露着脊背和臀部的女子，左边男子的前额佩戴着一条装饰性的带子，被认为是萨堤洛斯（Satyrus）。希腊神话中，虽然萨堤洛斯是最低级的林神，司丰收的精灵，但他是酒神狄俄尼索斯的随从，呈半人半羊状，长着山羊的耳朵，往往喝得半醉，象征着淫欲，与森林中的神女们一起跳着欢快的圆舞。发现于犍陀罗地区的门框残段，上面刻有一对被意大利学者菲利真齐称为令人困惑的狄俄尼索斯场景的

图 1 - 40　窣堵波局部　男女宴饮场面

资料来源：〔巴基斯坦〕穆罕默德·瓦利乌拉·汗：《犍陀罗：来自巴基斯坦的佛教文明》，第 159 页。

**图 1 - 41　窣堵波局部
欢爱男女与
站立的释迦
牟尼**

资料来源：〔意〕卡
列宁等编著《犍陀罗艺术
探源》，第 179 页。

欢爱男女，下面刻有呈站立姿态的释迦牟尼
（如图 1 - 41 所示）。

如前文所述，希腊神话中酒神狄俄尼索斯与
太阳神阿波罗的和解，恰好象征着希腊精神中原
欲与理性的制约与平衡。19 世纪，巴黎著名的梵
语、巴利语学者辛纳运用"历史神话学"的方法
分析与解读释迦牟尼神话时就提出释迦牟尼是
"太阳神"的重要观点，其后有一些辛纳观点的
追随者。我们是否可以大胆地认为，犍陀罗地区
用释迦牟尼崇拜取代了狄俄尼索斯崇拜，旨在表
达理性与非理性制约与平衡之后的动态和谐。

另外，从具体的佛传图像来看，很明显采
用了线性的连贯叙事方式。如图 1 - 42 所示，
这块浮雕的下半部分自右至左是由建筑元素分
隔的太子诞生和占梦两个场景，但是上半部分
刻画的却是着装各异的世俗人物，或是将礼物
呈献给端坐的人物，或是具有狄俄尼索斯风格
的饮酒与情色场景。再如图 1 - 43，浮雕上部
自右至左依次为礼拜窣堵波、两侧供养人之间
的坐佛，又连贯着摩耶夫人之梦，标志着释迦
牟尼以乘象入胎为起点的世间生活。在叙事循
环的终点（涅槃）和起点（诞生）之间，释迦牟尼成为进入历史又
超越世间的永恒本质的图像符号。

关于上述场景，意大利学者法切那曾言，以建筑元素分隔佛传场
景的构图颇值得关注，此种构图在印度既无原型，也无近似可考。[①]

---

① 〔意〕卡列宁等编著《犍陀罗艺术探源》，第 133 页。

图 1 - 42　窣堵波局部　线性叙事的佛传场景

资料来源：〔意〕卡列宁等编著《犍陀罗艺术探源》，第 178 页。

图 1 - 43　窣堵波局部　线性叙事的佛传场景

资料来源：星云大师总监修《世界佛教学术图说大辞典》（雕塑），佛光山宗委会，2013，第 511 页。

桑奇窣堵波的塔门、巴尔胡特窣堵波的栏楯上均雕刻有表现不同内容的佛传故事，但未发现以建筑元素分隔、按时间顺序连贯叙事的释迦牟尼生平场景。

线性连贯叙事的方式很容易让人联想到希腊艺术对希腊神话故事的安排方式。《荷马史诗》之《伊利亚特》描述了希腊联军与有"富丽的伊利昂"之称的特洛伊之间十年之久的战争。起因是一个"不和的金苹果"，史诗主要围绕着海神涅柔斯（Nereus）的女儿忒提斯

（Thetis）与人间国王佩琉斯（Peleus）之子阿喀琉斯（Achilles）的
两次愤怒展开。

公元前 6 世纪希腊德尔斐西弗尼安宝库保存完好的浮雕"阿喀
琉斯与门农的对峙"（如图 1 - 44 所示），展现了特洛伊战争中的一
个战争场景。画面的左半部为奥林匹斯诸神围绕的天神之父宙斯，他
正在权衡阿喀琉斯与门农（Mernnon）①的灵魂，看谁将在战斗中死
去。画面的右半部展示的是阿喀琉斯和门农，希腊和特洛伊的战士与
战车环绕着他们，他们的脚下则躺着刚刚被门农杀死的、阿喀琉斯的
朋友安提罗科斯（Antilochus）。

图 1 - 44　阿喀琉斯与门农的对峙　约公元前 525 年
希腊德尔斐西弗尼安宝库藏

资料来源：Robin Osbourne, *Archaic and Classic Greek Art*（Oxford University Press,
1998），p. 147。

希腊德尔斐西弗尼安宝库还有一幅展现阿喀琉斯和门农最终命运
的浮雕"阿喀琉斯与门农的决斗"（如图 1 - 45 所示）。画面的左半
部以酒神狄俄尼索斯和司法女神忒弥斯（Themis）的马车队伍为中
心，狮子拉车，众神自左向右行进。画面的右半部展现了门农最终被
阿喀琉斯杀死的场景。

---

①　埃塞俄比亚人的国王，是特洛伊战争中的英雄之一。赫克托耳在战争中被阿喀琉
斯杀死后，门农便去支援特洛伊，并杀死了阿喀琉斯的朋友安提罗科斯。参见
〔苏〕M. H. 鲍特文尼克等编著《神话辞典》，第 195 页。

图1-45　阿喀琉斯与门农的决斗　约公元前525年
希腊德尔斐西弗尼安宝库藏

资料来源：Robin Osbourne, *Archaic and Classic Greek Art*, p. 148。

罗马埃斯奎利诺山（Esquilino）发现的壁画中有奥德修斯（Odysseus）故事场景。公元前1世纪中期至1世纪中期罗马共和国时期，有题材取自《伊利亚特》《奥德赛》和特洛伊史诗《埃涅阿斯纪》的小画面或长卷式壁画和雕刻。约公元前350~前325年马其顿"菲利浦之墓"的外部壁画，再现了墓主菲利浦一生中从出生到受教育、玩耍、打猎、做农活直到死亡的重要时刻。存留的壁画主要展现或赤脚或骑马的年轻男人，在冬季的树林中猎捕动物的场景（如图1-46所示）。

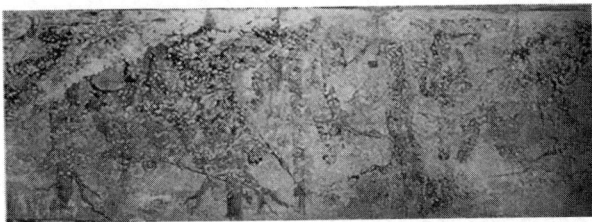

图1-46　菲利浦之墓外部壁画　马其顿

资料来源：Robin Osbourne, *Archaic and Classic Greek Art*, p. 258。

2世纪下半叶见于西方的密特拉（Mithras）神像有时也表现在由建筑元素分隔的浮雕上，描述密特拉神从诞生到被尊崇的重要场景。[1] 密特拉是古老的印度—波斯宗教系统的神，亚历山大大帝东征

---

① 参见〔意〕卡列宁等编著《犍陀罗艺术探源》，第134~136页。

后的希腊化时期进入希腊人的视野，希腊人把他等同于希腊神话中的太阳神赫利俄斯。大约在 4 世纪，类似的构图还出现在刻有希腊神话中的英雄阿喀琉斯生平场景的银盘中。

在犍陀罗地区鲜有关于释迦牟尼过去世的图像，换言之，几乎不存在以本生故事为题材的图像。这是因为阿毗达磨重究理，对于为律藏之眷属的本生部分持非常谨慎之态度，"凡本生、因缘，不可依也"。本生与譬喻的相同点在于：从现在世倾向于过去世。区别在于：本生讲"同类因果"，譬喻讲"异类因果"。但终究是讲因果之义理，与古老的大众部思想相吻合，所以在大众部的经典中有着丰富的本生故事。

在那个已逝的神话世界中，图像作为宣扬、传播和凝聚文化的理想工具，其社会价值远远超过于当下。释迦牟尼神话图像的成熟形态或许源于犍陀罗地区以希腊文化为主的多元因素的碰撞和融合，或许是希腊文化以人为中心的特性和佛教中"人文主义"因素在犍陀罗地区得以融合的结果，但也得益于希腊神话历史观念和再现历史能力的浸染。叙事与象征互为表里，相辅相成。释迦牟尼神话图像之成熟形态中，时间线性的叙事与建筑结构以及时间循环、永恒象征的圆形相结合，保持着一种动态的平衡。

6. 释迦牟尼神话图像与佛教义理的并行发展

释迦牟尼神话图像的发展既离不开各种不同文化的影响和浸染，同时也离不开佛教义理的发展。公元前 261 年的战争，阿育王皈依佛教，"现在只致力于通过传播的通行之道——达摩（Dhamma）进行精神征服"。阿育王为了"达摩"理念的贯彻，设置了"正法官"（Dharman Mahāmatra），不仅向犍陀罗地区派出使者，而且派遣了一位名叫末阐提（Majjhantika）的传教士，佛教已开始在犍陀罗地区传播。[①] 初期的佛教及其义理都比较简单，随着社会的不断发

---

① 〔德〕赫尔曼·库尔克、迪特玛尔·罗特蒙特：《印度史》，第 79~80 页。

展，从阿育王到公元前后一段时期内，印度佛教已经从早期佛教进入部派佛教时期，宗教法规、传统和仪式急剧发展，出现了新的思想和倾向。

1世纪中叶随着大月氏贵霜王朝的建立，部派佛教中的说一切有部（Sarvâstivāda）思想得到贵霜王朝的大力支持，得以在犍陀罗地区繁荣发展。此一时期名家辈出，著作繁多，并形成以犍陀罗①和迦湿弥罗为中心的学术僧团，从而形成完整的佛教哲学体系。有部主张"一切有"，"有"的主要特征是单一性的、不可分的；"空"与之相对，是可分的、多样性的复合。"有"是绝对的、无条件的存在；"空"则是相对的、有条件的存在。任何现实的具体事物，始终处于普遍联系和发展变化之中，是多因素的复合，因此"空"是世间众生的本质。并由此派生出"生、住、异、灭"为"有为四相"，"虚空、涅槃"为"无为法"，即永远不会发生变化的现象。

柏拉图在《理想国》中以生动而形象的"洞喻说"表达了自己关于"理念论"的哲学观点。"理念"是永恒不变的客观实在，独立于具体事物和人的意识之外，是现实事物与人格的原型。因此，柏拉图将世界分为双重——理念世界与现实世界，现实世界是理念世界的"影子"或者"摹本"，也因此奠定了西方哲学的基本思路。说一切有部甚为独特的思想，尤其是将世界双重化为"有"和"空"，与"古希腊三贤"之一柏拉图的"理念论"非常相似，似乎显示出希腊文化在犍陀罗地区产生影响的端倪。

佛灭后，佛教历史上最重大的事件就是佛典的四次大结集。第一次和第二次结集是佛教根本经典《阿含经》的奠基时期。第三次结集为阿育王在位时期，旨在佛教的弘布。随着佛教义理的发展，出现

----

① 相对于本书采用的广义犍陀罗而言，此处指狭义的犍陀罗。

了解释《阿含经》教义的论书，名为《阿毗昙》。阿毗昙（abhidharma），意为对法、无比法，常被译为"论"，玄应《一切经音义》曰："阿毗昙，或言阿毗达磨，或云阿鼻达磨，皆梵言转也。此译云胜法，或言无比法，以诠慧故也。"① 道安《阿毗昙八犍度论·序》曰："阿毗昙者，秦言大法也。"② 《大乘义章》曰："阿毗昙者，此方正翻，名无比法。阿谓无也，毗谓比也，昙摩名法。解释有二。一就教论，二据行辨。言就教者，三藏之中毗昙最，为分别中胜，故曰无比。言就行者，毗昙诠慧，慧行最胜，故曰无比。"③

因此，"阿毗昙"也被称为"阿毗达磨"或"论学"。到公元前4世纪中叶至前3世纪中叶，释迦牟尼逝世一二百年之时，阿毗昙进一步发展，用以表示教理的系统研究，成为三藏中的第三个部分，即"经、律、论"中的"论"。

佛教历史上的第四次结集发生在贵霜王朝迦腻色迦王在位时期，旨在解释三藏。此次结集完成了200卷的《阿毗达磨大毗婆沙论》，实际上是说一切有部的结集，是部派佛教理论的总结，并由此形成部派佛教的理论体系之"毗昙学"。说一切有部哲学思想为其理论指导，成为佛教思想的新思潮。

犍陀罗地区长期盛行的说一切有部派，是释迦牟尼弟子阿难"多闻说法"的继承者，推测可能是在阿育王在位期间脱离于上座部，④ "他们特别愿意采用阿毗昙的形式发挥佛教的思想"，⑤ 是特别

---

① （唐）玄应：《一切经音义》卷17，《中华藏》第57册，中华书局，1993，第13页上。

② （东晋）道安：《阿毗昙八犍度论》卷1，《中华藏》第43册，中华书局，1990，第1页中。

③ （隋）慧远：《大乘义章》卷1，《大正新修大藏经》第44册，第467页上。

④ 〔英〕渥德尔：《印度佛教史》，王世安译，商务印书馆1995，第14页。

⑤ 杜继文主编《佛教史》，江苏人民出版社，2008，第61页。

重视阿毗达磨的部派，因此也是创作阿毗昙最多的部派。印顺在《说一切有部为主的论书与论师之研究》中，将一切有部称为阿毗达磨。犍陀罗地区出土的一件佛舍利盒上刻写着"米南德"（Milinda），① 以其命名的《弥兰王问经》（*Milindapanha*）记载了他对佛教的赞赏，"全书分为 7 章，前 3 章的内容相当于汉译《那先比丘经》（东晋佚名译）"。② 以"智者"为其态度，"慧学"为其法门，与法救的《法句经》都是说一切有部的著名论著，亦是有部思想在希腊—巴克特里亚（大夏）的支持下在西北印度得以发展的标志性著作。

"时，弥兰王到尊者那先之处。至已，与尊者那先问候，交谈亲爱殷之语后，坐于一方。尊者亦答礼，令弥兰王满足。"③ 此经典中的希腊国王弥兰王在印度高僧那伽犀那（Nāgasena，"那先"为其简称）的开导下皈依佛法的故事，尽管不足为信，但释迦牟尼学说的基本特点是注重伦理道德，而且富有说服人的逻辑推理，强调自由意志，恪守中庸之道，这必然会对希腊人产生极大的吸引力。而且希腊人在宗教方面是非常开化的。

饶有趣味的是，弥兰王与那伽犀那就轮回业报论、涅槃解脱论、灵魂观、佛身观等一系列佛教理论问题进行讨论，弥兰王豁然开朗的原因竟然是长老采用了阿毗达磨的形式，"是故，长老以阿毗达磨相应之语，令弥兰王理解"。④ 与这个地区在希腊文化影响下一贯重视智慧的作用有密切关系。《法句经》以犍陀罗语写成，后秦竺佛念译

① 为佛经中舍竭城之弥兰王。希腊名为 Menandros，被音译成梵语 Milinda。公元前 2 世纪后叶，统治阿富汗、印度，从旁遮普地区扩张疆域至恒河流域一带，定都于萨卡拉（Sagala），拥有颇大势力。
② 郭良鋆：《佛陀和原始佛教思想》，第 16 页。
③ 郭哲彰译《弥兰王问经》卷 2，《汉译南传大藏经》第 63 册，高雄，元亨寺妙林出版社，1994，第 38 页上。
④ 郭哲彰译《弥兰王问经》卷 3，《汉译南传大藏经》第 63 册，第 74 页上。

《出曜经》为其同本异译。主要采用"法句"的形式阐释佛说，这种形式是从"譬喻、因缘、议论"等体例中发展起来的，强调具体分析，也是希腊智者探索真理的主要方式。

《佛所行赞》为说一切有部的重要传人马鸣所作，杜继文先生根据鸠摩罗什的《马鸣传》推测，马鸣恰为迦腻色迦王时期的人，并传与《大毗婆沙论》的编集有关。值得一提的是，美易于流逸，"更增其缚"，是原始佛教精神中不为提倡和重视的。因此，凡高声唱诵，过度的长引声韵，都是被禁止的。《佛所行赞》采用的是"偈颂"的形式，偈颂中最为重要的是音韵格调，重吟咏。而"音韵歌咏"是歌舞伎乐的重要组成部分。"偈颂"的形式与希腊文学的表现形式有或多或少的联系。希腊古风与古典时期以叙事诗见长，戏剧形式成熟很早，无论悲喜剧在幕与幕之间都有歌队咏唱。

说一切有部的汉译资料最为丰富，其论著在4世纪后期开始被大量译为汉文，译者多来自罽宾。译著多达30余部630多卷，在中国流传达700年，"如果缺失对有部的认识，很难对中国的佛教哲学有更深厚的理解，对于域外的佛教哲学就更不容易如实把握了"。① 说一切有部是影响西北印度犍陀罗地区与中国佛教发展的重要部派。于阗的佛教就直接来自迦湿弥罗。

用世俗可理解的语言文字论述佛教之义理的阿毗昙的兴起和发展，突破了纯粹以禅思的方式理解佛教义理的格局，阿毗昙主张的立论和争辩的方式，是世人理性可以理解的、接受的思维形式。随着说一切有部思想的深入和希腊文化的侵染，犍陀罗地区释迦牟尼神话的图像逐渐突破了最初遵循的释迦牟尼的教诲："今生之后，再无来

---

① 杜继文：《汉译佛经经典哲学》上卷，江苏人民出版社，2008，第722页。

世。此身灭后，神、人皆不见。"① 仅仅以荷花、足印、佛座和菩提树等作为佛的象征加以表现的方式，在很大程度上促使一种全新的表现释迦牟尼神话的图像体系应运而生——犍陀罗佛教艺术，很多学者将其作为希腊艺术的支派。

《新约》中圣保罗亦言，无形之物要通过有形之物才能被人理解。对于目不识丁的信徒来说，图像成为更为直接有效的理解佛教义理的方式。对于佛教诸神及其义理，图像具有根本的宗教意义。说一切有部延续至 5 世纪，走向了衰落和分化，也正是在 5 世纪，犍陀罗艺术亦趋于衰亡。

三　释迦牟尼神话图像的发展：秣菟罗与阿玛拉瓦蒂模式

在贵霜王朝迦腻色迦王的积极推动之下，西北印度的犍陀罗和北印度的秣菟罗、南印度的阿玛拉瓦蒂，完全打破了印度早期佛教雕刻只用象征手法（法轮、足迹、宝座等）表现释迦牟尼的方式。三者成为贵霜时代的三大艺术流派，互相融合、共同发展，将印度本土之传统与外来之因素融会贯通，最终迎来印度令人称赞的笈多时代（Gupta Period）。

1. 秣菟罗模式：与犍陀罗模式之间的交流与影响

秣菟罗（mathurā，现译为马图拉，或马土腊）位于北方邦恒河支流耶木纳河（Yamuna）西岸，地处连接印度中部与西北部的交通要冲，曾是古印度十六列国之一的苏罗森那（Surasena）的都城、贵霜王朝的东都。此地恰在犍陀罗、华氏城与西海岸之间商路的交叉点上，因此，不仅是繁荣的商业重镇，而且是东西方文化的交汇之地。传说，秣菟罗是毗湿奴的第八个化身黑天（Krsna）诞生的圣地，释

---

① Smith V. A. , *The Oxford History of India*（Oxford，1970），p. 45.

迦牟尼的弟子曾在此地说法。玄奘在《大唐西域记》中记述，秣菟罗国"土地膏腴，稼穑是务"，盛产两种大小不一的青色芒果，出产细班氎及黄金，"气序暑热，风俗善顺，好修冥福，崇德尚学"，并有二十余所伽蓝和阿育王所建的三座窣堵波。①

秣菟罗素以雕刻艺术著称，经过进一步的发展，成为北印度的一大艺术流派——秣菟罗派（Mathura School），并与犍陀罗并列成为贵霜时期的两大中心。犍陀罗艺术研究专家、巴黎学者阿·福歇认为，最早的释迦牟尼佛像是在希腊阿波罗像的影响之下发展起来的，并间接影响了秣菟罗的佛像。印度艺术研究权威、斯里兰卡学者 A. K. 库马拉斯瓦米则认为，最早的释迦牟尼佛像是在秣菟罗的药叉像的基础上创造的。秣菟罗在历史上也曾受到孔雀王朝、希腊—巴克特里亚人以及塞人的统治，日本学者宫治昭认为，在贵霜王朝的迦腻色迦时代，释迦牟尼佛像在两地都已存在。② 这些争论都间接地表明了秣菟罗与犍陀罗艺术之间的密切关系。

制于 2 世纪前半叶，于秣菟罗地区卡特拉（Katrā）出土的释迦牟尼坐像（如图 1 - 47 所示），释迦牟尼结跏趺坐于刻有狮子的台座上，左右胁侍帝释天和梵天手持拂尘站立于两侧。释迦牟尼的身后为菩提树，他右手做施无畏印，左手扶住左腿，充满雄豪霸悍的气概。此尊造像将秣菟罗地区孔武有力的早期药叉像的风格与狂烈彪悍的贵霜王侯肖像风格相融合，是贵霜时期秣菟罗佛像的典型。

大约制于 5 世纪后叶，出土于秣菟罗地区的释迦牟尼立像（如图 1 - 48 所示），释迦牟尼配有圆而大的头光，整体构造线条简洁明了，犹如行云流水，明显区别于犍陀罗地区释迦牟尼佛像的风格。林

---

① 参见（唐）玄奘《大唐西域记》，第 379 ~ 381 页。

② 参见〔日〕宫治昭《佛像的起源和秣菟罗造像》，谢建明译，《东南文化》1992 年第 5 期，第 129 页。

保尧认为，秣菟罗的释迦牟尼佛像已经脱出了佛传图的世界，开始出现教义性的身形像式，并成为后来"如来像"造作的规式。[①]

图 1-47　释迦牟尼坐像　卡特拉出土
2 世纪前半叶　秣菟
罗政府博物馆藏

资料来源：王镛：《印度美术》，中国人民大学出版社，2010，第 137 页。

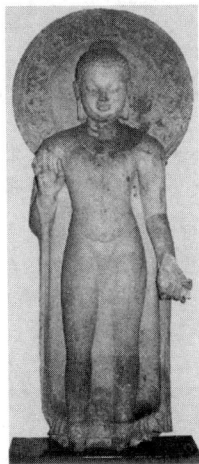

图 1-48　释迦牟尼立像
秣菟罗出土
5 世纪后叶

资料来源：林保尧编著《佛教美术全集·佛像大观》，第 22 页。

　　关于佛传故事浮雕，秣菟罗仅有少量出土。现藏秣菟罗政府博物馆的佛传故事浮雕断片"五相"图（如图 1-49 所示），从右至左依次刻画了释迦牟尼诞生、降魔成道、从三十三天降凡、说法以及涅槃五个重要场景。5 世纪后期，在鹿野苑出土的"佛传"图（如图 1-50 所示），清晰地表现了释迦牟尼诞生、降魔成道、初转法轮以及涅槃寂灭四个重要场景，值得注意的是，四场景的边侧极有可能是舍卫城大神变的千佛化现场景。严格来说，这也是一个"五相图"的世界。

　　这种将重要的情节表现在同一浮雕的不同场景的线性表现方式与犍

────────────

① 参见林保尧编著《佛教美术全集·佛教美术讲座》，文物出版社，2009，第 14 页。

图 1-49　五相　2 世纪上半叶 秣菟罗政府博物馆藏

资料来源：星云大师总监修《世界佛教美术图说大辞典》（雕塑），佛光山宗委会，2013，第 566 页。

图 1-50　佛传　鹿野苑出土 5 世纪后叶加尔 各答印度博物馆藏

资料来源：林保尧编著《佛教美术全集·佛像大观》，第 19 页。

陀罗地区的表现方式一致，从而在一定程度上说明，贵霜时期两大艺术流派中心秣菟罗与犍陀罗之间存在艺术上的交流与影响。

2. 阿玛拉瓦蒂模式：对印度本土图像特点的继承

阿玛拉瓦蒂（Amarovatf）位于距今印度安得拉邦贡土尔（Guntur）县城约 29 公里处，今天的安得拉邦是贵霜时代与北方贵霜王朝南北对峙的南印度安达罗国（Andhra Pradesh）。此地形成了与西北印度之犍陀罗和北印度之秣菟罗呈三足鼎立局面的阿玛拉瓦蒂派（Amaravati School）。早在孔雀王朝时代，阿育王就曾派遣高僧摩诃提婆（Mahadeva）来此弘传佛法。2 世纪中期，随着萨多婆诃那（Satavahana）王朝迁入此地，佛教文化兴盛起来。安达罗国拥有辽阔的海域，与坐拥北方的贵霜王朝乃至和罗马、埃及等国均有贸易往来。尽管安达罗国亦受到外来文化的影响，但这里是印度民族精神的庇护所，是印度本土达罗毗荼文化最稳固的根据地。因此，南印度的阿玛拉瓦蒂派不仅比秣菟罗派更纯粹地保留了印度本土的文化传统，而且也没有出现犍陀罗派的希腊化倾向。

　　阿玛拉瓦蒂附近的龙树山（Nagarjuna konda），即纳加尔朱纳康达，也被称为龙树穴，因龙树晚年居住在此而得名，在阿玛拉瓦蒂以西约 110 公里处。3 世纪时，南印度极为繁华的伊克什瓦克王朝（Ikshvaku Dynasty）的都城，就设在纳加尔朱纳康达附近的维杰耶普里（Vijayapuri）。出土于此处的窣堵波（如图 1 - 51 所示），与制于 150 ~ 200 年，出土于阿玛拉瓦蒂的窣堵波（如图 1 - 52 所示）相比，由于其形制特殊，被学者称为"方牙四出"。[①]

图 1 - 51　窣堵波　3 世纪　阿玛
拉瓦蒂出土
大英博物馆藏
资料来源：林保尧编著《佛教
美术全集·佛像大观》，第 10 页。

图 1 - 52　窣堵波　2 世纪
阿玛拉瓦蒂出土
印度清奈博物馆藏
资料来源：林保尧编著《佛教美术
全集·佛像大观》，第 13 页。

　　佛传故事常被刻于其上，对于释迦牟尼形象的刻画一般采用象征性与写实性相结合的手法。换言之，既有雕刻象征释迦牟尼存在的空宝座和佛足印（如图 1 - 53 所示），表现释迦牟尼归乡说法的场景；又有雕刻人格形象的释迦牟尼坐像，如图 1 - 54 所示，坐在严饰台座上的释迦牟尼正向五位比丘伸出右手作说法之势。这种表现方式或可

---

　　① 　参见王镛《印度美术》，第 365 页。

说明，当时的南印度处于保守的小乘佛教与革新的大乘佛教并存、混杂的时期。

图 1-53　释迦牟尼说法　阿玛
拉瓦蒂出土　2 世纪
后期　阿玛拉瓦蒂
考古博物馆藏

资料来源：林保尧编著《佛教美术
全集·佛像大观》，第 17 页。

图 1-54　释迦牟尼说法　龙树
山出土　3 世纪
吉美博物馆藏

资料来源：林保尧编著《佛教美术全
集·佛像大观》，第 17 页。

四　释迦牟尼神话图像的传播：新疆敦煌模式

中国是世界四大文明古国之一，魏晋南北朝时期对佛教文化的吸收以及隋唐时期通过丝绸之路接受西方和中亚文明，是其形成悠久历史和深厚文化积淀过程中两个必不可少的重要环节。佛教文化对中国的影响，彻透骨髓、沁入心脾。佛教东传至中国，不仅是一个宗教事件，也是一个古印度、希腊、波斯和中亚文化传入中国的过程。

处于东西文明之间的西域，在东传西渐的文明交往中，成了东西文明的交汇点。丝绸之路由长安出河西走廊，进入西域后，沿塔里木盆地的南缘和北缘向西，分作南道和北道。古代西域，最初指玉门关以西、葱岭以东的地区，相当于今天的新疆南部。佛教于公元前后传入中国，丝绸之路是最主要的传播路线。传播，不仅意味着地理上的传播，而且意味着其支持和培育之土壤发生了变化，是释迦牟尼神话图像形成一些新特质的过程。

佛教传至西域的确切年代没有历史记载，史学家认为东汉年间，中原地区困于羌乱，无暇顾及西域，笃信佛教的月氏人由莎车、疏勒进入于阗，佛教也随之传入。不久，西域出现两个佛教中心，一为于阗，二为龟兹。之后，佛教经于阗、龟兹等国，进玉门关、阳关而传入中国内地。佛教传入西域初期，经典的传译与寺院的兴建，促进了文化艺术的进一步发展。

1. 于阗

和田是古代于阗所在地，《史记·大宛列传》载："于阗之西，则水皆西流，注西海；其东，水东流，注盐泽，盐泽潜行地下；其南则河源出焉，多玉石，河注中国。"[①] 于阗位于昆仑山北麓、塔里木盆地南缘，玉龙喀什河和喀拉喀什河共同孕育了于阗文明。于阗是丝绸之路南道的重镇，也是中国最早信仰佛教的地区。19 世纪在和田发现了犍陀罗语《法句经》。

藏文《于阗国授记》记载，于阗王瞿萨旦那（sa-nu，地乳）19岁建国，即位为第一代王时，释迦牟尼涅槃已 234 年。建国后 165年，尉迟胜（Vijaya Sambhava）即位，治世 5 年，佛法兴起。玄奘在《大唐西域记》中提及，唐代所言的"地乳"瞿萨旦那国就是旧时的于阗，匈奴谓之于遁。[②] 相传，阿育王太子遭人陷害，阿育王大怒，将近臣的家族驱逐至雪山以北，这些人在于阗东西两方发生战争，东方取胜，遂立为王，在于阗建成立国。[③] 后来国王苦于无子，"恐绝宗绪"，向毗沙门天（Vaiśravaṇa）祈祷请嗣。"神像额上剖出婴孩"，

①　（汉）司马迁：《史记》卷 123，中华书局，1973，第 3160 页。
②　（唐）玄奘：《大唐西域记》，第 1002 页。
③　《阿育王息坏目因缘经》中讲阿育王太子遭近臣设计烧死。

"神前之地忽然隆起，其状如乳，神童饮吮，遂至成立"。① 因此，于阗国王自称毗沙门天之后，并以"瞿萨旦那"为国号。《法华经入疏》言，毗沙门天"此云多闻。居水精山，领二鬼。一罗刹，二夜叉……本住常乐我净，迹示为护世四天王"。② "毗沙门天"也被称为"多闻天"，是印度婆罗门教中的护法神，佛教将其吸收为护法四天王之一。

《梁书·于阗国传》记载："（于阗国）尤敬佛法……大同七年，又献外国刻玉佛。"③ 学者推测，佛教传入于阗大概为公元前 2 世纪之后，至迟应在 1 世纪末大月氏向中国内地传入佛教之前。④ 位于敦煌莫高窟第 454 窟甬道顶部的"于阗王诚心礼请释迦牟尼"图，展现了于阗王持笏和侍从与释迦牟尼相见的场景（如图 1-55 所示）。讲述了佛教传入于阗之后，于阗国王为见释迦牟尼特别修建了一座佛寺，释迦牟尼被于阗王的真心所感动，现身于阗的故事。

于阗有众多著名的佛教圣地和寺院。《北史·于阗国传》记载："于阗国，在且末西北……自外风俗物产，与龟兹略同。俗重佛法，寺塔、僧尼甚众。王尤信尚，每设斋日，必亲自洒扫，馈食焉。城南五十里有赞摩寺，即昔罗汉比丘卢旃，为其王造覆盆浮图之所。石上有辟支佛跣处，双迹犹存。于阗西五百里有比摩寺，云是老子化胡成佛之所。"⑤ 关于赞摩寺，《周书》和《隋书》有同样的记载。赞摩寺是于阗最早的佛教寺院，其中的佛像也是于阗最早出现的佛像。牛头山（Gosringa），相传是释迦牟尼为诸

---

① （唐）玄奘：《大唐西域记》，第 1003 页。
② （宋）道威入注《法华经入疏》卷 1，《大正新修大藏经》第 30 册，第 16 页中。
③ （唐）姚思廉：《梁书》卷 54，中华书局，1973，第 814 页。
④ 任继愈主编《中国佛教史》第 1 卷，中国社会科学出版社，2014，第 86 页。
⑤ （唐）李延寿：《北史》卷 97，中华书局，1974，第 3209 页。

图 1-55 于阗王诚心礼请释迦牟尼 莫高窟第 454 窟 宋代

资料来源：孙修身主编《敦煌石窟全集·佛教东传故事画卷》，商务印书馆（香港）有限公司，1999，第 103 页。

天人略说法要之处，并预言此地会建一个崇信佛法、遵习大乘的国家。[1]

《法显传》记载，于阗国"其国丰乐，人民殷盛，尽皆奉法，以法乐相娱。众僧乃数万人，多大乘学，皆有众食。彼国人民星居，家家门前，皆起小塔，最小者可高二丈许，作四方僧房，供给客僧。及余所须，国主安顿，供给法显等于僧伽蓝。僧伽蓝名瞿摩帝，是大乘寺"。[2]《法华传记》记载："《西域志》云，昔于阗王宫，有法华梵本，六千五百偈。东南二千余里，有国名遮拘盘国。彼王累世，敬重大乘。诸国名僧，入其境者，皆试其解。若小乘学，则遣不留。大乘人请绮供养，王宫亦有《华严》、《大集摩诃》、《般若》、《法华》、《大涅槃》等五部大经，并十万偈。"[3]

---

[1] （唐）玄奘：《大唐西域记》，第 1013 页。
[2] （东晋）释法显：《法显传》，第 857 页。
[3] （唐）僧详：《法华传记》卷 1，《大正新修大藏经》第 51 册，第 49 页下。

于阗最初也是信奉小乘佛教，是从印度迦湿弥罗（Kāśmīra）① 直接输入的。②

"迦湿弥罗国，周七千余里。四境负山，山极陗峻，虽有门径，而复隘狭，自古邻敌，无能攻伐。"③ 迦湿弥罗国位于中国西藏和喜马拉雅山的西麓，四面环山，与其他地方的交通不便，造就了迦湿弥罗国的佛教很少受到外界因素的干扰，保持了相对独立与特殊的形态。印度吠陀时代，迦湿弥罗国包括在七河地域之内。释迦牟尼时代，被称为犍陀罗国。④ 贵霜王朝迦腻色迦王即位后，致力于佛法的弘扬，佛教发展非常迅速，形成犍陀罗与迦湿弥罗两大佛教中心。佛教史上的第四次结集就发生在迦腻色迦王在位时期的迦湿弥罗，史称"迦湿弥罗结集"（Kāśmīra Saṃgiti），是佛教发展历史上的重要里程碑。

贵霜王朝统治者的祖先血统乃渊源自中国敦煌祁连间的月氏族，与中国的关系十分密切。迦湿弥罗即为中国史书或佛教历史上的罽宾。汉武帝时期，迦湿弥罗就与汉朝政府有往来，迦湿弥罗与汉朝的交通一般都要经过天山南路南道的东西要冲于阗。后来于阗以笃信大乘佛教为主，佛事兴盛，并成为中国大乘佛教特别是华严宗的策源地之一。而且，于阗大乘佛教沿丝绸之路南道向东发展，与中原大乘佛教一脉相承。

从图像的传播上来看，于阗地区释迦牟尼的图像基本秉承了犍陀罗图像的特征。热瓦克（Rawak，又译为拉瓦克）佛寺遗址位于于阗丹丹乌里克遗址附近，是于阗地区保存较好的具有犍陀罗风格的佛教遗址。出土的释迦牟尼头部造像的正面（如图 1 - 56 所示）和侧面

---

① 或称羯湿弥罗，又名迦叶弥罗国。汉朝时称为罽宾，隋唐时称为迦毕试。今克什米尔。
② 任继愈主编《中国佛教史》第 1 卷，第 86 页。
③ （唐）玄奘：《大唐西域记》，第 321 页。
④ 高永霄：《迦湿弥罗佛典结集的历史考据》，中国书店，2007，第 122 页。

（如图 1 - 57 所示），现藏于大英博物馆，制于 4 ~ 5 世纪，与犍陀罗
艺术有着密切的关系。

图 1 - 56　释迦牟尼头部造像
于阗热瓦克佛寺遗
址出土　大英博
物馆藏

资料来源：大英博物馆监修、ロデ
リック・ウイットフイールド编集解说
《西域美術（全 3 卷）大英博物館スタ
イン・コレクション第 3 卷 敦煌繪画
Ⅲ》，讲谈社，1982，第 127 页。

图 1 - 57　释迦牟尼头部造像
于阗热瓦克佛寺遗
址出土　大英博
物馆藏

资料来源：大英博物馆监修、ロデ
リック・ウイットフイールド编集解说
《西域美術（全 3 卷）大英博物館スタ
イン・コレクション第 3 卷 敦煌繪画
Ⅲ》，第 283 页。

　　从于阗热瓦克遗址出土的释迦牟尼立像断片（如图 1 - 58 所
示），更能看到于阗与犍陀罗之间的密切关系。德国考古学家阿尔伯
特·格伦威德尔（Albert Grunwedel）在其著作《佛教艺术》中表述
了古代中国和日本的佛像，尤其是在佛像衣褶的处理上与犍陀罗雕像
保持着高度一致的观点。[①]

_____

① 参见〔英〕奥雷尔·斯坦因《古代和田——中国新疆考古发掘的详细报告》第 1
卷，巫新华等译，山东人民出版社，2010，第 536 页。

图 1-58　释迦牟尼立像断片　于阗热瓦克遗址出土　4~5 世纪
大英博物馆藏

资料来源：〔英〕奥雷尔·斯坦因：《古代和田——中国新疆考古发掘的详细报告》第 2 卷，图版第 86。

2. 敦煌

莫高窟现存北魏时期洞窟共计 36 个，上起十六国，历经北魏、西魏，止于北周。其中开凿于西魏 538 年的第 285 窟，是早期莫高窟中唯一有确切纪年的洞窟，图像中的人物形象呈典型的中原风格，洞窟的顶部常绘有伏羲女娲、雷公雨师等汉地神祇形象。北朝石窟内壁主体部分以本生、因缘和佛传图像为主，尤其是表现释迦牟尼过去世的本生故事占绝对数量。因缘故事重在表现释迦牟尼度化众生的故事。表现释迦牟尼现在世的佛传故事在北朝早期仅仅为片段的画面，如乘象入胎、夜半逾城等，北周时期则出现连续画面。

建于北周（557~581）年间的第 290 窟有中心塔柱，位于主室窟顶人字坡的东西两坡上的"佛传"图（如图 1-59、图 1-60 所

示），完整地表现了释迦牟尼现在世的重要事迹。佛传图像共分上、
中、下三个层次，从东坡上层南端开始，至西坡下层南端结束，以时
间线性的叙事方式依据《修行本起经》中菩萨降身品、试艺品、游
观品、出家品，依序描绘：入梦受胎、树下诞生、步步生莲、九龙灌
顶、呈现瑞相、仙人观相、造三时殿、太子赴学、比武试艺、优胜娶
妃、出游四门、树下观耕、逾城出家、悟道成佛、初转法轮等。止于
鹿野苑初转法轮（如图 1-61 所示），此图绘于人字坡西坡与塔柱之
间狭长的平顶上。共涉及 87 个佛传故事情节。

图 1-59　佛传　莫高窟第 290 窟窟顶人字坡东坡　北周

资料来源：星云大师总监修《世界佛教美术图说大辞典》（石窟），佛光山宗委会
印行，2013，第 1246 页。

图 1-60　佛传　莫高窟第 290 窟窟顶人字坡西坡

资料来源：星云大师总监修《世界佛教美术图说大辞典》（石窟），第 1246 页。

隋唐时期，经变图取代早期佛传、本生和因缘图，数量繁多。如
初唐第 220 窟南壁阿弥陀经变相中就已形成以阿弥陀佛与两胁侍菩萨
为中心的图像，从而取代了释迦牟尼的形象，成为莫高窟洞窟图像中
的主角。

图 1 – 61　佛说法和飞天　莫高窟第 290 窟

资料来源：星云大师总监修《世界佛教美术图说大辞典》（石窟），第 1244 页。

3. 龟兹

龟兹（Kucina）历史悠久，是公元前 2 世纪汉朝使臣张骞出使西域时的西域 36 国之一，"东西千余里，南北六百余里"，包括今天的拜城、库车①、新和以及沙雅四县，库车为其首府。旧时，龟兹是法显所谓的"屈茨国"，也是玄奘所至的"屈支国"，"至屈支国，旧曰龟兹……大城西门外，路之左右，各立佛像，高九十余尺，五年修设一大会。西北渡河，至阿奢理贰伽蓝，唐言奇特"。②

佛教传入龟兹的确切时间说法不一，难以确定。但是从汉文文献来看，2 世纪以后，已有东至中土进行传教和译经的龟兹僧人；4 世纪时，龟兹已经成为葱岭以东的重要佛教中心。由此观之，龟兹佛教

---

①　库车古称龟兹、丘兹、屈茨、拘夷等。
②　（唐）玄奘：《大唐西域记》，第 5461 页。

的传入要早于中原内地。①

　　发生在迦腻色迦王时期佛教历史上的第四次结集，是以贵霜王朝向外扩张的历史为背景的，对与贵霜王朝紧密相关的西域，尤其是龟兹产生了深远影响。以犍陀罗为基地的部派佛教曾向东越过葱岭，经丝绸之路北道进行传播。在龟兹之前的传播点为疏勒，疏勒即旧时的佉沙国。"周五千余里。多沙碛，少壤土。稼穑殷盛，花果繁茂。气候和畅，风雨顺序……语言辞调，异于诸国。淳信佛法，勤营福利。伽蓝数百所，僧徒万余人，习学小乘教说一切有部。"②

　　龟兹有别于疏勒之"不究其理，多讽其文，故诵通三藏及《毗婆沙》者多矣"，③ 继承和发展说一切有部重视佛学义理的传统，并由此形成一条小乘佛教及其思想体系毗昙学的传播链和影响区域。龟兹是这条传播链上的中心环节与坚固基地，是沟通东西交通的桥梁：从龟兹东到中原，西达葱岭，南到于阗，北达巴尔喀什湖。而且也是古印度、希腊罗马、波斯、汉唐四大文明在世界上唯一的交汇之处。大乘佛教与密教虽然也对龟兹产生过影响，但始终没有成为主流。据《高僧传·鸠摩罗什传》记载，直到4世纪中叶，此地仍以小乘佛教为主。④ 因此说一切有部始终是龟兹佛教的主要思想。

　　《晋书·龟兹国传》记载："龟兹国西去洛阳，八千二百八十里，俗有城郭，其城三重，中有佛塔庙千所。"⑤ 龟兹号称石窟寺之国，梁代释僧祐《出三藏记集》记载："拘夷国寺甚多，修饰至

---

① 参见马世长、丁明夷《佛教美术全集·中国佛教石窟考古概要》，文物出版社，2009，第28页。

② （唐）玄奘：《大唐西域记》，第899页。

③ （唐）玄奘：《大唐西域记》，第995页。

④ 任继愈主编《中国佛教史》第1卷，第84页。

⑤ （唐）房玄龄：《晋书》卷97，中华书局，1974，第2543页。

丽，王宫雕镂，立佛形像，与寺无异。有寺名达慕蓝（百七十僧），北山寺名致隶蓝（五十僧），剑慕王新蓝（六十僧），温宿王蓝（七十僧）……右四寺佛图舌弥所统……王新僧伽蓝（九十僧，有年少沙门，字鸠摩罗，才大高明大乘学，与舌弥是师徒，而舌弥阿含学者也）。"① 兴盛的龟兹佛教培养了一批高德名僧，佛图舌弥崇信小乘佛学，精通小乘基本经典《阿含经》；鸠摩罗什（Kumārajīva）更是我国历史上久负盛名的翻译家、佛学家。

《游方记抄》记载："龟兹国王白环（亦云丘兹）正曰屈支城，西门外有莲花寺，有三藏沙门，名勿提提犀鱼（唐云莲花精进），至诚祈请，译出《十力经》。可三纸许，以成一卷，三藏语通四镇，梵汉兼明。此《十力经》，佛在舍卫国说，安西境内，有前践山，前践寺复有，耶婆瑟鸡山，此山有水，滴溜成音，每岁一时，采以为曲，故有耶婆瑟鸡寺。"② 学者根据吐火罗文字题记破解证实佛教典籍中记载的"耶婆瑟鸡寺"即为克孜尔石窟。克孜尔石窟是龟兹佛教石窟中具有代表性的，也是中国最早、西域最大的石窟寺。现已编号的洞窟达 236 个之多。但是关于克孜尔石窟开窟的文献记载和纪年铭文至今尚未发现，可知的参照文献也极为罕见，因此克孜尔石窟的年代分期至今仍然是学术界研究的重点。表现释迦牟尼本生与佛传的图像基本可判定是在 6 世纪以前。克孜尔石窟根据用途分为中心柱窟、大像窟、方形窟和僧房窟，其中，中心柱窟是龟兹石窟中最具特点的洞窟形制。

克孜尔石窟现保存完整的中心柱窟有 62 个，其中第 38 窟是中心柱窟中保存最完整的。中心柱窟最主要的特征是：由前室、主室和后室（或称后甬道）三部分组成。主室平面呈方形或长方形，石窟中

---

① （梁）释僧祐：《出三藏记集》，第 234 页。
② （唐）圆照：《游方记抄》卷 1，《大正新修大藏经》第 51 册，第 980 页下。

央靠后方有一象征着佛塔的方柱与穹顶相连接。左、后、右设有甬
道，供信徒右旋礼佛，由此形成主室中央的方柱体，中心柱窟由此得
名。中心柱窟是印度塔窟传入龟兹以后的主要变形，可称为龟兹化的
塔窟。[①] 其是印度支提窟（Caitya）龟兹化的体现，是部派佛教说一
切有部佛陀观和涅槃观相结合的体现。印度支提窟是将佛塔和石窟结
合起来，以此来纪念释迦牟尼的建筑方式。

典型的中心柱窟图像分布较为规律，绘制大量关于释迦牟尼过去
世的本生故事图像和现在世的佛传图像，以表现"唯礼释迦牟尼"
的思想内容。本生故事大部分集中在中心柱窟主室券顶之上，菱形构
图，一格一图（如图1-62所示）。这种构图方式，空间的利用最为
合理，进一步扩大了表现艺术空间，还有装饰性的大色块对比，是龟

图1-62　券顶菱形构图　克孜尔石窟第38窟

资料来源：星云大师总监修《世界佛教美术图说大辞典》（石窟），第439页。

---

① 薛宗正、霍旭初：《龟兹历史与佛教文化》，商务印书馆，2016，第102页。

兹艺术所独有的形式，可称为典型的龟兹风格，其中第 17 窟、第 38 窟和第 80 窟为其代表。最初的菱形构图形态是山峦的重叠，后来将山峦连续组合，逐渐形成了零星的构图方式。山峦在释迦牟尼神话中具有特殊意义，既可以表示释迦牟尼的说法之地——灵鹫山，也可以表示佛教世界的中心——须弥山。

佛传故事则集中于主室四壁，主要围绕"八相成道"表现释迦牟尼一生中的重大事迹，涉及情节有 60 多个。最常见的内容是太子诞生、双林涅槃、荼毗和八王分舍利，宫中观娱、树下思惟、降魔成道和佛上忉利天宫为母说法等内容常常散见于各壁。第 110 窟是最为集中表现释迦牟尼佛传故事的石窟。其以时间线性的方式按照佛教右旋的仪式，从右壁左侧开始，至正壁，最后到左壁，分为上中下三栏，将释迦牟尼从诞生到涅槃的一生经历展开，以合"绕塔三匝"之数。相比犍陀罗地区的佛传图像，克孜尔石窟则压缩了释迦牟尼从诞生到成道的场面，尤其关注的是成道以后的神变和说法场面。

图 1－63　出游四门　克孜尔石窟第 76 窟

资料来源：星云大师总监修《世界佛教美术图说大辞典》（石窟），第 468 页。

克孜尔石窟释迦牟尼神话图像风格可分为龟兹和犍陀罗两种风格。其中第 76 窟和第 212 窟是犍陀罗风格的代表。如第 76 窟出游四门图，图中悉达多太子骑白马出行，侍者高举伞盖前后相随。画面右上为出殡人群，手抬灵柩；右下为躺卧的病人（如图 1－63 所示）。整个画面将太子出游四门、深感老病死之苦、遂生出出家修行的念头表现得细腻而生动，构图方式与犍陀罗以来的风格样式一脉相承。

第 76 窟释迦牟尼说法图原位于

主室右壁上端，现藏于德国柏林国立博物馆亚洲艺术馆。图像中释迦牟尼着袒右袈裟，有头光和举身光，作说法印。左右两侧分别为转头向佛的梵天和帝释天，其余均为伎乐。伎乐头戴花鬘，身披锦帛，或吹横笛，或弹箜篌，或举白花，或献璎珞，整个画面形象而生动（如图 1 - 64 所示）。释迦牟尼成佛以前，从兜率天降生人间

图 1 - 64　释迦牟尼说法　克孜尔石窟第 76 窟

资料来源：星云大师总监修《世界佛教美术图说大辞典》（石窟），第 469 页。

而成佛，兜率天为欲界六天的第四层天，忉利天位于须弥山之顶，为欲界六天的第二层天，为三十三诸天所居之处。天宫伎乐重在表现佛教天界忉利天（Trayastrimas）和兜率天（Tusita）中"盛景妙乐"的情景。此图像表现的恰好是龟兹石窟初创期的天宫伎乐形式：图像的中央为释迦牟尼，两侧为护法和伎乐，即佛与伎乐合一的形式。成熟期的天宫伎乐分化成为独立的一种形式，不仅是龟兹"管弦伎乐，特善诸国"的价值体现，而且也成为敦煌莫高窟天宫伎乐艺术的滥觞。

第 76 窟木造金箔释迦牟尼坐像（如图 1 - 65 所示），释迦牟尼正襟盘坐于方座之上，有舒缓隆起的肉髻，身着至颈部的通肩式衲衣，上有繁复又并然有序的衣

**图 1 - 65　释迦牟尼坐像
克孜尔石窟第
76 窟　6 ~ 7 世纪**

资料来源：林保尧编著《佛教美术全集·佛像大观》，第 63 页。

褶，明显是犍陀罗风格的再现。

龟兹释迦牟尼神话图像还有一个特殊的表现方式，就是用阿阇世王（Ajātaśatru Vaidehīputra）听闻释迦牟尼涅槃的情景间接展现释迦牟尼的生平。涅槃虽为释迦牟尼"八相成道"中的一部分，但它具有独立的系统。"一般是在明亮高敞的前室画释迦牟尼在世时的事迹，在昏暗低窄的后室画佛涅槃后的情景。"① 涅槃故事集中绘制在龟兹石窟中心柱窟的后室。

阿阇世王②是摩伽陀国毗提希（Vaidehī）之子，受提婆达多唆使，篡夺王位，因害死父王而遭遍体生疮的报应。后来幡然悔悟，"即便出家，修行十善"。第205窟右甬道内壁有一幅大臣行雨向阿阇世王进献（展现）帛画的壁画（如图1-66所示）。这幅帛画的内

图1-66　阿阇世王知闻佛陀涅槃　克孜尔石窟第205窟
德国柏林国立博物馆亚洲艺术馆藏

资料来源：星云大师总监修《世界佛教美术图说大辞典》（石窟），第566页。

---

① 金维诺：《中华佛教史·佛教美术卷》，山西教育出版社，2013，第30页。
② 汉文经典常译为阿阇贳王。

容是关于释迦牟尼的"四相图":右胁降生、降魔成道、初转法轮与北首涅槃。阿阇世王看到这幅帛画时,知释迦牟尼已涅槃,悲愤昏厥。大臣行雨赶紧将阿阇世王放入苏香水罐中使其清醒。这幅壁画构思精巧,采用的是"画中画"的方式,大臣行雨展现帛画,阿阇世王坐于苏香水罐中,周围用山体倾斜、日月陨落来表示释迦牟尼之涅槃。

第二章
诞生

释迦牟尼从诞生前后到出家修行、悟道成佛，再到最后的涅槃，其人生的历程和状态在神话中被概括性地称为"八相成道"。"八相成道"亦被称为"八相作佛"、"八相示现"或"释迦牟尼八相"。《大乘起信论》将"降兜率、入胎、住胎、诞生、出家、成道、转法轮、般涅槃"归纳为"八相成道"。①《四教义》将"降兜率、入胎、诞生、出家、降魔、成道、转法轮、般涅槃"归纳为"八相成道"。②13部汉译佛传中的《佛本行集经》对"八相成道"记述最为详细。

　　释迦牟尼诞生是"八相成道"中的第一个阶段，是整个释迦牟尼神话中重要的一个环节。13部汉译佛传文本中除东汉昙果译的《中本起经》无释迦牟尼诞生情节的描述外，其余文本都或多或少涉及释迦牟尼诞生的故事情节。通览诸神话文本，贯穿释迦牟尼诞生神话的主要情节有4个，即托胎灵梦、树下诞生、七步宣言、灌浴太子。释迦牟尼神话的"四相图""八相图"中都有释迦牟尼诞生的图像，诞生图像也主要围绕上述文本中的主要情节加以刻画。

---

①　（梁）真谛译《大乘起信论》卷1，《中华藏》第30册，中华书局，1987，第808～819页。
②　（隋）智顗：《四教义》卷7，《大正新修大藏经》第46册，第743页下。

第一节　托胎灵梦与六牙白象

托胎灵梦是释迦牟尼从兜率天降生世俗人间的第一个重要步骤。《方广大庄严经·处胎品》对"托胎灵梦"这一情节有详尽而生动的描述：

> 冬节过已，于春分中，毗舍佉月，丛林花叶，鲜泽可爱，不寒不热，宿合时，三界胜人，观察天下，白月圆净，而弗沙星，正与月合。菩萨是时，从兜率天宫没，入于母胎，为白象形，六牙具足，其牙金色，首有红光，形相诸根，悉皆圆满，正念了知，于母右胁，降神而入。圣后是时，安隐睡眠，即于梦中，见如斯事。①

首先，时令的选择很重要，需要"星月相合，不寒不热"之时；其次，释迦牟尼以白象的形象入胎；再次，入胎的途径是从摩耶夫人的右胁进入；最后，这一入胎过程是在摩耶夫人的睡梦中完成。

---

① （唐）地婆诃罗译《方广大庄严经》卷2，《中华藏》第15册，中华书局，1985，第234页下。

一 释迦牟尼诞生条件的选择

《修行本起经·现变品》记述：

汝却后百劫，当得作佛，名释迦牟尼文（汉言能仁）如来、无所、至真、等正觉，劫名波陀（汉言为贤），世界名沙择（汉言恐畏国土），父名白净，母名摩耶，妻名裘夷，子名罗云，侍者名阿难，右面弟子，名舍利弗，左面弟子，名摩诃目捷连，教化五浊世人，度脱十方，当如我也！①

释迦牟尼降生时恰如其分的时间、地点，父母、子孙、侍者以及成佛后的弟子、将要教化的对象都早有选择，其完全为普利众生而来。

支谦译《太子瑞应本起经》、地婆诃罗译《方广大庄严经》、法贤译《众许摩诃帝经》，对释迦牟尼降生的家族选择等相关事宜也有具体描述。其中，《众许摩诃帝经》描述最为翔实。

时释迦牟尼菩萨在兜率天宫，欲生人间，作五种观察：一、观种姓。菩萨思惟："若婆罗门、吠舍、首陀，种姓非上非我所生；若刹帝利我即当生，以彼时人重富贵故；若生下姓人所不重，今为摄化众生令彼归依，是故当生刹帝利家。"二、观国土。若其国土最上殊胜，有上味甘蔗，香美稻米，肥力大牛，无诸贫乞及斗争事，如是国土，名为中国，我即往生；恐彼有情而兴毁言，菩萨过去修大胜因，云何于今却生边地。三、观时分。

---

① （东汉）竺大力译《修行本起经》卷1，《中华藏》第34册，第42页中。

若有增劫，八万岁时。有情根钝，智慧愚劣，非为法器，是故不生；若于减劫，百岁之时。虽近五浊，彼时众生，根姓猛利，机器成熟。是故，菩萨即乃下生。四、观上族。若净饭王，自过去世成劫之初，众许王后，子孙相继，至净饭王俱是轮王之族，是故菩萨即往受生。五、观母身。若是女人，智慧甚深，福德无量，诸相端严，持戒清洁，过去诸佛，同与受记，我即受生；今见摩耶，具上功德，复是王种，即乃生彼。①

此段摘录文本中，释迦牟尼诞生条件的选择是从"种姓"、"国土"、"时分"、"上族"和"母身"五个方面加以考察。

观种姓。印度社会所独有的种姓制度，至后吠陀时代基本定型。种姓制度把社会中的人分为四瓦尔那，"瓦尔那"在梵语中的意思为"颜色"或"种类"，瓦尔那有高低之分，其次序为：婆罗门（Brahmana）、刹帝利（Ksatriya）、吠舍（Vaisya）和首陀罗（Sudra）。婆罗门是精通吠陀圣典，掌管宗教事务的僧侣；刹帝利是掌管政权和兵权的王室贵族和武士。选择诞生于刹帝利种姓，有利于佛法的弘传。

观国土。释迦牟尼神话世界中的大地国土往往与须弥山相联系。《长阿含经·阎浮提州品》云："须弥山王入海水中八万四千由旬，出海水上高八万四千由旬，下根连地，多固地分，其山直上，无有阿曲，生种种树，树出众香，香遍山林，多诸贤圣，大神妙天之所居止。"② 须弥山乃宇宙之中心，位于大海之中，其下与地根相连。人们居住的大地分为四大洲：以赡部洲（Jambudvipa，旧称阎浮提）为首的南、北、东、西四洲分别朝向须弥山的四个方向，并将其围绕。须弥

---

① （宋）法贤译《众许摩诃帝经》卷2，《中华藏》第64册，中华书局，1993，第334页上中。

② （后秦）佛陀耶舍译《长阿含经》卷18，《中华藏》第31册，中华书局，1987，第223~224页上。

山亦是佛教典籍中的"中国"之中心。释迦牟尼从兜率天宫最终选择降诞于南部赡部洲，"大雪山北，有香醉山，雪北香南有大池水，名无热池。……于此池侧，有赡部林，树形高大。其果甘美，依此林故，名赡部洲"。① 赡部林也称阎浮树林，位于此洲中心，故以为洲名。

"赡部洲"实为古印度人对印度次大陆的称谓，"中国"（Madhyadeśa）为佛教典籍中之"印度"。"印度"在印度诸语言中为"婆罗多"，关于"婆罗多"的典故，印度神话中源出有二。其一，在《摩诃婆罗多》和《莲花往事书》中，婆罗多（Bharata）为国王豆扇陀和净修林仙人甘婆之义女沙恭达罗（Sakuntala）的儿子，婆罗多长大后成为转轮王，其后代称为婆罗多族。其二，在《毗湿奴往世书》和《薄伽梵往世书》中，婆罗多因矢志于苦修而放弃王位，在苦修过程中，心怀慈悲，经历了生死轮回，在轮回中，或为小鹿或为羚羊，后因彻悟而免除轮回之苦。② 因此，印度诸语言又称印度为 Bharatavarsa，意为"婆罗多子孙之国"或"婆罗多族之国"。③ 婆罗多或为转轮王或为苦修者的双重身份预示了释迦牟尼之双重身份。与此同时，唯有赡部洲有金刚座，是整个释迦牟尼神话世界中唯一可以成佛的地方。

观时分。即选择合适的时分（机）降诞于人间。佛教中表示"时"的重要概念有"劫/劫波"（kalpa），"劫波"的概念来自婆罗门教的"劫波说"。根据婆罗门教的信仰，宇宙的时间是一种永恒无休止的创造与毁灭的循环，每一个完整的周期代表梵天一生中的 100年。到这个时期结束的时候，整个宇宙的一切都在大洪水摩诃波拉拉亚中毁灭。到另一个梵天降生，周期又重新开始之前是 100 年的混沌状态。当梵天醒来时，三界——天界、空界和地界被创造出来，当他

① （唐）玄奘译《阿毗达磨俱舍论》卷 11，《中华藏》第 47 册，中华书局，1991，第 98 页下。
② 魏庆征编《古代印度神话》，山西人民出版社，1999，第 773 页。
③ 刘建等：《印度文明》，中国社会科学出版社，2004，第 21 页。

睡着时，三界又陷入混沌之中。这个循环中又有许多小周期，其中最重要的就是劫波。据《摩奴法论》云，一千个天神时代或一千个"大时"（Māhayuga）谓之一劫，由圆满时代、三分时代、二分时代和争斗时代组成，相当于梵天的一个白天，却相当于世上的 43.2 亿年。①

"劫波"概念被佛教接受，并重新加以论说。《俱舍论记》云："劫有三种：一中间劫、二成坏劫、三大劫。中间劫复有三种：一减劫、二增劫、三增减劫。减者，从人寿无量岁减至十岁；增者，从人寿十岁增至八万岁；增减者，从人寿十岁增至八万岁；复从八万岁减至十岁。此中一减一增，十八增减。有二十中间劫。经二十中劫世间成，二十中劫成已住，此合名成劫。经二十中劫世间坏，二十中劫坏已空，此合名坏劫。总八十中劫，合名大劫。"②

图 2-1 释迦牟尼诞生
条件的选择

资料来源：王孺童：《佛传——〈释迦牟尼如来应化事迹〉注译》，第 16 页。

观上族，即选择降生的家族应该有正统高贵的世系——"轮王之族"（如图 2-1 所示）。"轮王"（Cakravarti-raja）又作"转轮圣王"，"此王身具三十二相，即位时，由天感得轮宝，转其轮宝，而降伏四方，故曰转轮王"。③《俱舍论记》云，轮王因轮宝的区别而分为金、银、铜、铁四种，若王生在刹帝利种姓家族，则为金转轮王，"其轮千辐，具足毂辋"，是为"众王之王"，具有至高无上的地位。④

观母身。释迦牟尼之母摩耶夫人是与迦毗罗卫国隔河相望天臂国

---

① 蒋忠新译《摩奴法论》，中国社会科学出版社，1986，第 11~12 页。
② （唐）普光：《俱舍论记》卷 12，《大正新修大藏经》第 41 册，第 193 页上。
③ 丁福保编《佛学大辞典》，台北，新文丰出版股份有限公司，1981，第 266 页。
④ （唐）普光：《俱舍论记》卷 12，《大正新修大藏经》第 41 册，第 195 页上。

善觉王的第八个女儿，"端严、福相最为其上"，名为摩诃摩耶（Mahāmāyā）。摩诃摩耶出生时，"有大光明，遍照国城，祥瑞非常……相师占曰：此女生男，具三十二相，为金轮王"。① 释迦牟尼之母必然为智慧甚深、福德无量者。

二 入胎方式辨析

在释迦牟尼神话的传记文本中，关于释迦牟尼入胎的方式大致分为化象入胎和乘象入胎两种，如表 2 - 1 与表 2 - 2 所示。

表 2 - 1   汉译佛传文本中"化象入胎"情节记述

	化象入胎
《佛所行赞》	于彼象天后，降神而处胎
《佛本行集经》	有一六牙白象，其头朱色，七支拄地，以金装牙，乘空而下，入于右胁
《方广大庄严经》	菩萨是时，从兜率天宫没，入于母胎，为白象形，六牙具足，其牙金色，首有红光，形相诸根，悉皆圆满，正念了知，于母右胁，降神而入

表 2 - 2   汉译佛传文本中"乘象入胎"情节记述

	乘象入胎
《修行本起经》	能仁菩萨，化乘白象，来就母胎
《太子瑞应本起经》	菩萨初下，化乘白象，冠日之精。因母昼寝，而示梦焉，从右胁入
《佛说十二游经》	菩萨与八万四千天子，乘白象宝车来下。时，白净王夫人中寐，见白象仿佛*
《佛本行经》	菩萨乘象王，如日照白云
《过去现在因果经》	尔时，菩萨观降胎时至。即乘六牙白象，发兜率宫
《众许摩诃帝经》	（诸天与帝释天）观见菩萨乘六牙白象，下兜率天，处摩耶腹

注：*仿佛，为行迹之意。

---

① （宋）法贤译《众许摩诃帝经》卷2，《中华藏》第64册，第333页下。

　　在有关托胎灵梦的诸文本中，无论是化象入胎还是乘象入胎，都与白象相关联。为何如此？《普曜经·所现象品》记述，当释迦牟尼在兜率天询问诸天，以何形貌降神母胎时，诸天各抒己见，"儒童之形""释梵之形""捷陀罗形""日月王形""金翅鸟形"等不一而足，最终选择"白象形"。不仅因为"六牙白象，头首微妙，威神巍巍，形像姝好"，而且更为重要的是，释迦牟尼从兜率天宫托胎灵梦，降凡人间有如"白象之渡，尽其源底"，可以"解畅三界，十二缘起，了之本无，救护一切，莫不蒙济"。① 为普利众生而来，白象是释迦牟尼普利众生身份的象征。

　　现存最早的"化象入胎"图像为巴尔胡特大塔栏楯上的浮雕。

图2-2　化象入胎　巴尔胡特栏楯　公元前2世纪　加尔各答印度博物馆藏

资料来源：此图为加尔各答印度博物馆个人拍摄。

一头稚拙可爱的小象从兜率天宫奔向头枕右手、右胁侧卧、美梦正酣的摩耶夫人，并从其右胁进入母胎，摩耶夫人周围有三位侍女侍奉，床脚的一盏落地灯提示故事发生在"星月相合的夜晚"（如图2-2所示）。整个故事场景被刻于圆形的浮雕之中。

　　出土于犍陀罗白沙瓦的"托胎灵梦"浮雕，背景为摩耶夫人的寝宫，奢华的床榻上，摩耶夫人酣然熟睡，圆盘托举之中一头体态圆滚可爱的小象从其右胁入胎，周围有持矛的侍女守卫（如图2-3、图2-4所示）。

---

① （西晋）竺法护译《普曜经》卷1，《中华藏》第15册，中华书局，1985，第359～360页。

图 2-3 化象入胎 犍陀罗白
沙瓦 2 世纪

资料来源：上海博物馆编《圣境
印象：印度佛教艺术》，上海书画出版
社，2014，第 29 页。

图 2-4 化象入胎 犍陀罗 美国
亚洲艺术博物馆藏

资料来源：〔日〕栗田功：《大美之佛
像：犍陀罗艺术》，第 110 页。

　　将整个托胎灵梦的场景或者仅仅将白象刻画于圆盘之内的方式，与《太子瑞应本起经》中"菩萨初下，化乘白象，冠日之精"① 的文本记述相吻合。根据相关文献记述，释迦牟尼所属部族名即为"太阳"（ādicca），释迦牟尼族祖先的梵文形式 Iksvāka，意为太阳族的祖先甘蔗王，因此，释迦牟尼的常用称号之一是"太阳的亲属"（ādiccabandhu）。② 显然，圆盘象征着太阳，是释迦牟尼"转轮圣王"身份的预设；"冠日之精"而降诞于人间的释迦牟尼，必为"太阳之王"，将为人间带来无限光明。

　　约作于 2 世纪，现藏于马德拉斯政府博物馆的浮雕"托胎灵梦"中，有表现摩耶夫人梦见释迦牟尼太子化象入胎的故事。半裸的摩耶夫人横卧于床榻之上，臀部微耸，全身的线条优美起伏。周围有处于不同状态的四方守护，浮雕上方的边框中一头可爱的小象蹒跚地向摩耶夫人走来（如图 2-5 所示）。约制于 5 世纪后期，现藏于新德里国立博物馆的浮雕"佛传图"中关于释迦牟尼太子化象入胎的场景清晰可见（如图 2-6 所示）。

————————

① （三国吴）支谦译《太子瑞应本起经》卷上，《中华藏》第 34 册，第 485 页上。
② 参见郭良鋆《佛陀和原始佛教思想》，第 29～30 页。

图2-5 化象入胎 阿玛拉瓦蒂
出土 2世纪 马德拉斯
政府博物馆藏

资料来源：王镛：《印度美术》，第
144页。

图2-6 化象入胎 鹿野苑出土
5世纪后期 新德里
国立博物馆藏

资料来源：林保尧编著《佛教美术全
集·佛像大观》，第21页。

　　敦煌石窟隋唐时期佛传故事图像题材寥寥，仅有释迦牟尼乘象入胎、逾城出家、降魔成道、初转法轮等中心题材，[①] 其中"乘象入胎"的图像所占数量较多，并保存完好。北魏莫高窟第431窟中心柱上的"乘象入胎"图（如图2-7所示），释迦牟尼乘白象自兜率天而来，上有华盖遮蔽，双龙相随。印度神话中"在大象的象征意义与龙的崇拜之间，存在着某种关联。大象本来也曾是一种龙"。[②]隋代莫高窟第278窟西壁北侧的"乘象入胎"图，与位于西壁南侧的"逾城出家"图相对应。图中释迦牟尼神态平静，温和地坐于脚踩莲花的象背上，脚踩莲花台的伎乐天相伴左右（如图2-8所示）。

　　隋代莫高窟第280窟西壁北侧的"乘象入胎"图，释迦牟尼头戴宝冠，红色头光，坐于由力士托举的象背上，有伎乐天奏乐相随（如图2-9所示）。同时代莫高窟第397窟西壁北侧的"乘象入胎"图，释迦牟尼头戴珠冠，有桃形头光，坐于象背的莲花座上，所乘白

----

① 樊锦诗编著《敦煌石窟全集·佛传故事画卷》，商务印书馆（香港）有限公司，2004，第81页。

② 〔德〕施勒伯格：《印度诸神的世界——印度教图像学手册》，范晶晶译，中西书局，2016，第159页。

象变为呈奔跑状的黑象。伎乐天或持鼓或吹笙，相随左右（如图 2 –
10 所示）。

图 2 – 7　乘象入胎　莫高窟第
431 窟　北魏

资料来源：樊锦诗编著《敦煌石窟全
集·佛传故事画卷》，第 28 页。

图 2 – 8　乘象入胎　莫高窟第
278 窟　隋代

资料来源：星云大师总监修《世界佛教
美术图说大辞典》（石窟），第 1225 页。

图 2 – 9　乘象入胎　莫高窟
第 280 窟　隋代

资料来源：星云大师总监修《世界佛
教美术图说大辞典》（石窟），第 1225 页。

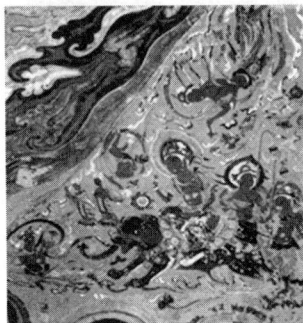

图 2 – 10　乘象入胎　莫高窟第
397 窟　隋代

资料来源：星云大师总监修《世界佛
教美术图说大辞典》（石窟），第 1366 页。

　　隋代莫高窟第 322 窟"乘象入胎"图位于西壁北侧，图中释
迦牟尼坐于步履舒缓的象背之上的莲花座上，周围有伎乐天相随

（如图 2 - 11 所示）。初唐莫高窟第 329 窟西壁北侧的"乘象入胎"图，释迦牟尼坐于象背之上，象脚踩莲花呈奔跑状，周围有自由飞翔的伎乐天相伴，整个画面富有动感（如图 2 - 12 所示）。大英博物馆藏唐代敦煌染织"佛传图"包括燃灯佛授记、三苦和入胎三个场景，其中在入胎图中，清晰可见一个有头光、双手合十的小童子在两侍者的陪同下乘白象而来，摩耶夫人以右胁而卧的寝姿在宫中休息（如图 2 - 13 所示）。表明释迦牟尼乘象入胎的情节。

图 2 - 11　乘象入胎　莫高窟
第 322 窟　隋代

资料来源：樊锦诗编著《敦煌石窟全集·佛传故事画卷》，第 82 页。

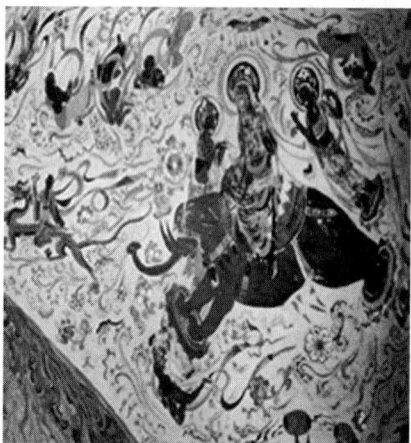

图 2 - 12　乘象入胎　莫高窟
第 329 窟　初唐

资料来源：樊锦诗编著《敦煌石窟全集·佛传故事画卷》，第 101 页。

综上所述，印度的"托胎灵梦"图像中，释迦牟尼降神母胎的方式主要为"化象入胎"，画面中摩耶夫人一般头枕右手，右胁而卧，突出释迦牟尼自右胁入胎的情节。而隋唐时期以敦煌莫高窟为代表的中国"托胎灵梦"图像中，释迦牟尼降神母胎的方式主要为"乘象入胎"，画面中主要刻画释迦牟尼"菩萨"的形象和所乘白象之形象，而不见摩耶夫人的图像，并增加了伎乐天相伴的图像情节。

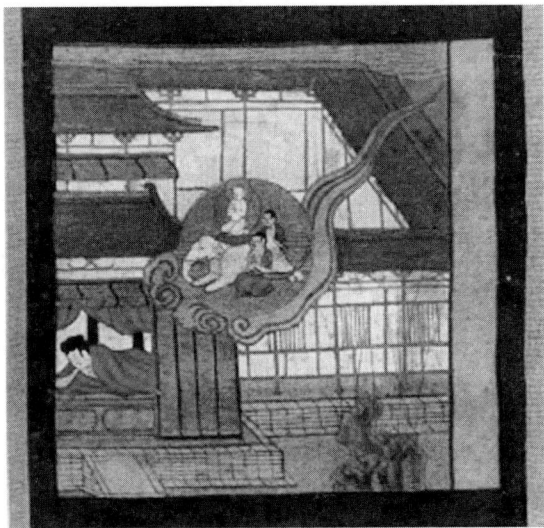

图 2-13　乘象入胎　唐代（9世纪）敦煌染织　大英博物馆藏

资料来源：星云大师总监修《世界佛教美术图说大辞典》（绘画），佛光山宗委会，2013，第424页。

这一情节突出释迦牟尼降神母胎之时，天界忉利天和兜率天中"盛景妙乐"的情景，也是对龟兹石窟天宫伎乐形式的沿袭。乾达婆（Gandharva）与紧那罗（Kinnara）是印度神话中的伎乐天，他们手持七弦琴、鼓等乐器，被认为是奏乐跳舞的精灵，并能赐予人类幸福与安乐。从这个意义上讲，伎乐天相伴的情节更突出了释迦牟尼诞生人间普利众生的宗教意义。

三　六牙白象与普利众生的象征意义

上述9部汉译佛传文本中，除《修行本起经》、《太子瑞应本起经》和《佛说十二游经》外，其余文本中都记述了释迦牟尼所乘之象或者所化之象为"六牙白象"。可见，"六牙白象"是释迦牟尼降神母胎、普利众生的象征意象。

《大庄严论经》详细记载了释迦牟尼为菩萨时，作六牙白象的故事：

> 莲花优钵罗，清水满大池，
> 如是之方所，得见于龙象，
> 拘陈白色花，其状如乳雪，
> 皆同于白色，犹如大白山，
> 有脚能行动。彼之大象王，
> 其色犹如月，六牙从口出，
> 照曜甚庄严，如白莲花聚，
> 近看彼象牙，犹如白藕根。①

生动形象地将六牙白象的体态特征描述得细致入微。

《六度集经·戒度无极章》记载，释迦牟尼前世曾为雪山湖畔长着六颗长牙的象王，"于水中得一莲华，厥色甚妙，以惠嫡妻"，小妻因没有得到莲花和象王的宠爱，含恨而誓曰："会以重毒鸩杀汝矣。"小妻死后转生为贝拿勒斯王妃，王妃索求象王的六颗长牙，命令猎人用毒箭射死象王。象王死前得知猎人为王妃派遣而来，随即在血泊中用象鼻拔下长牙颤抖地交与猎人。②《杂宝藏经·六牙白象缘》不仅记述了这个故事，而且交代了象王两个妻子的名字，一妻名贤，一妻名善贤。③《本生经》的散文注释中还形象地将这个悲剧故事的辅助性原因做了交代：一天，象王为了示爱嫡妻，摇动了开满花的娑

---

① 参见（后秦）鸠摩罗什译《大庄严论经》卷14，《中华藏》第29册，中华书局，1987，第732页中。

② 参见（三国吴）康僧会译《六度集经》卷4，《大正新修大藏经》第3册，第17页上至中。

③ 参见（北魏）吉迦夜、昙曜译《杂宝藏经》卷2，《中华藏》第51册，中华书局，1992，第657页上~658页上。

罗树，致使枯叶、败叶和红蚂蚁落向站在上风向的小妻，而位于下风向的嫡妻收到的是花粉和绿色的嫩芽。[1] 这个动人的神话传说就是著名的"六牙象本生"（Shaddanta）。

隋代吉藏撰《法华义疏》详述释迦牟尼降诞于人间时的形象为："化乘白象，其象六牙，七支跊地，于七支下生七莲华，象色鲜白。"并进一步说明，"六牙表六度，四足表四如意足，七支跊地表七觉分"，[2] 是对上述内容的总结。

释迦牟尼在成佛之前是在过去世经历了无数次的轮回之世和累世修行，并修满布施、持戒、忍辱、精进、禅定及智慧"六度"（Pāramitā）才得以降生于现在世成长、出家、修道、成佛的。"六度"不仅是大乘佛教修行的六种核心方法，也是本生故事分类之依据。六牙白象不仅象征着释迦牟尼经过了过去世的轮回降神母胎的形象，而且预示着释迦牟尼将在现在世普利众生的特殊身份。

公元前2世纪巴尔胡特的圆形浮雕，形象地再现了"象王本生"的故事情节。画面中可以清晰地看到，位于象王左边的猎人已经放下弓箭，准备用一把粗糙的锯子锯下象牙（如图2-14所示）。

同样的画面出现在1~2世纪的阿玛拉瓦蒂、犍陀罗的"象本生"画面中。现藏于马德拉斯博物馆的阿玛拉瓦

图2-14　六牙象本生　巴尔胡特
公元前2世纪　加尔
各答印度博物馆藏

资料来源：星云大师总监修《世界佛教美术图说大辞典》（雕塑），佛光山宗委会，2013，第227页。

---

[1]　参见〔法〕阿·福歇《佛教艺术的早期阶段》，第176页。
[2]　（隋）吉藏：《法华义疏》，《中华藏》第34册，中华书局，1991，第632页上。

蒂圆形浮雕，汇集了众多故事情节。画面下半部分的右边可见一头六牙白象站在两个妻子之间，左边头顶撑着华盖的为嫡妻；右边手持华丽扇子的为小妻。画面中间部分的左边可见一头前腿弯曲下跪的大象，可使猎人不困难地以手中的锯子割下象牙。"吾痛难忍，疾取牙去……人即截牙"[1]。画面上半部分的右边显示了猎人将象牙扛在肩上离开的场景（如图2-15所示）。现藏于拉合尔博物馆的犍陀罗地区出土的浮雕，整个画面分为三个部分，从左至右依次表现了：藏在壕沟里伪装成僧人的猎人用箭射中大象的腹部；大象跪下来让猎人割锯他的象牙；猎人扛着象牙离开，将战利品奉献给贝拿勒斯王妃

图2-15　象本生　阿玛拉瓦蒂　1~2世纪　马德拉斯博物馆藏

资料来源：〔法〕阿·福歇：《佛教艺术的早期阶段》，第168页。

① （三国吴）康僧会译《六度集经》卷4，〔日〕大藏经刊行会编《大正新修大藏经》第3册，新文丰出版股份有限公司，第17页中。

（如图 2−16 所示）。阿玛拉瓦蒂和犍陀罗的浮雕画面都表现了猎人为了能够一举射中大象而隐藏在一个壕沟中的细节。

图 2−16　象本生　犍陀罗　1～2 世纪　拉合尔博物馆藏

资料来源：〔法〕阿·福歇：《佛教艺术的早期阶段》，第 169 页。

　　《大庄严论经》记述释迦牟尼作六牙白象菩萨时，最令人唏嘘不已的情节是，当其他的大象看到身披袈裟的猎人以毒箭射中六牙白象，"欲取彼人，以解支节"。六牙白象不仅劝阻了大象，而且还将猎人覆护在自己的腹下。当猎人告知象王"非我自心，来伤害汝"，不忍取其象牙，六牙白象竟然以鼻绞牙，由于牙根极深，很久才拔出，"拔牙处血出，从膊而流下……譬如高山顶，赤朱流来下"。① 阿旃陀石窟第 10 窟的"象王本生"图中，巨大的白色象王站立在整个画面中央，猎人则完全顺服地跪在象王面前，等待象王自己将象牙拔出，最终猎人的肩膀上扛着宽宏大量的象王送给他的双倍象牙满载而归（如图 2−17 所示）。

　　绘制于 6～7 世纪，位于克孜尔石窟第 206 窟左甬道内侧壁的"六牙象王本生"图，画面的主体为正在行走的白象王，身后是藏在坑中正在拉弓射箭的猎师（如图 2−18 所示）。白象王气定神闲的神

---

① 　（后秦）鸠摩罗什译《大庄严论经》卷 14，《大正新修大藏经》第 4 册，第 336 页下～337 页中。

态与猎师的凶狠狡猾形成鲜明对比，突出了六牙白象王其心弘远、慈悲拯救众生的形象。

图 2-17　象王本生　阿旃陀石窟第 10 窟　1~2 世纪

资料来源：〔法〕阿·福歇：《佛教艺术的早期阶段》，第 170 页。

图 2-18　六牙象王本生　克孜尔石窟第 206 窟　约 6~7 世纪

资料来源：星云大师总监修《世界佛教美术图说大辞典》（石窟），第 586 页。

图 2-19　白象本生　克孜尔石窟第 17 窟　约 6 世纪

资料来源：星云大师总监修《世界佛教美术图说大辞典》（石窟），第 598 页。

释迦牟尼本生故事中记载，沙漠中的一群囚徒饥渴交迫，濒临死亡。白象见状，怜之，对众人说，湖边有一头摔死的大象，可以食其肉而饱腹。等囚徒依大象所示来到湖边，看到摔死的大象竟然是指点他们的那头大象，悲戚万分。位于克孜尔石窟第 17 窟主室券顶右侧的"白象本生"图，表现了释迦牟尼在前世为白象时牺牲自己普救众生的情景。画面中，一头白象四脚朝天地倒地不起，左前肢上举，象鼻甩向右边。一个身着帛锦、腰系短裙的人，低头垂目正在用刀割象，面呈不忍神情（如图 2-19 所示）。

四 古代印度文化中的大象

"象"（Gaja，Hastin），象征着力量与刚强、平稳与富足，是世俗国王理想的坐骑。吠陀神话中印度大陆为宇宙之中心，这块大陆就是由八头大象承托着。"Hastin"有"拥有一只手"之意，不仅表明了大象鼻子的灵巧性，也与大象出自梵天之手的创生传说相关联。

在古印度甚至整个古代世界中，大象都是最重要的军事物资之一。古印度16列国之一的摩揭陀（Magadha）的东部有数量充足的野象，国王旃陀罗笈多·毛利亚（Chandragupta Maurya）曾送给波斯塞琉古·尼卡托（Seleukos Nikator）500头战象作为军事物资。[①] 而且当时印度的军事战略真实地反映在象棋游戏中，在战场和游戏中，国王本人都是在象背上指挥作战，整个军队的侧翼也由大象保护。在两千多年的时间里基本保持不变的战略模式，也足以说明大象在印度文化中的特殊地位。

**图 2 - 20 象头神迦纳什
6 世纪后期**

资料来源：此图拍摄于 2016 年 9 月 27 日故宫博物院举行的"梵天东土 并蒂莲华：公元 400～700 年印度与中国雕塑艺术大展"。

大象在印度地位的特殊性，使得印度神话中许多住在天宫中的生物，在外形上都与大象有关。[②]"象头神"（Hastimukha）迦纳什（Ganapati）（如图 2 - 3 所示）是印度

---

① 〔德〕赫尔曼·库尔克、迪特玛尔·罗特蒙特：《印度史》，第 10～11 页。
② 〔德〕施勒伯格：《印度诸神的世界——印度教图像学手册》，第 159 页。

教、佛教和耆那教共同崇奉的神。迦纳什是湿婆与雪山神女的儿子，如同穿越丛林的大象，是"一切障碍的主人"（Vighnesvara）和"障碍的克服者"（Vināyaka），他手持套索时，意味着清除了通往精神完满之路上的种种障碍。同时，迦纳什主司丰收，象牙代表着犁铧，当他手持象牙为法器时，他便是丰收之神。在被奉为世界之主的迦纳什的图像中，迦纳什有八条手臂，呈现站姿，手持刺棒，刺棒是世界之主的象征，带来胜利与成功。象头神拥有自己独特的坐骑老鼠，尽管两者在体型上有所悬殊，但老鼠也是障碍克服者。因此，象头神与其坐骑象征着走上精神救赎之路的能力和决心。

"白象宝"（Hastiratna）为转轮王拥有的"七宝之一"。"色白绀目，七肢平跱，力过百象，髦尾贯珠，既鲜且洁，口有六牙，牙七宝色；若王乘时，一日之中，周遍天下，朝往暮返，不劳不疲，若行渡水，水不摇动，足亦不濡。"[1] 白象的皮肤色白如雪，或像月光在雪峰上泛出的银光。力大无比，乃万象之王，宛若一座大山，岿然不动。战斗中，白象不知疲倦、英勇无畏、战无不胜，是转轮王的"四兵之一"；生活中，白象智慧文雅、步态从容。其耐力使它能在一天之内绕行南赡部洲三次。作为转轮圣王的理想坐骑，白象自始至终心有灵犀地追随着主人。[2] 六肢白象则为蔼罗筏拿（Airavata）宝象，是因陀罗所乘之象。有的佛传文本中记述，摩耶夫人梦到的入胎白象即为六肢白象，被视为因陀罗的化身。《须大拿本生》中记载，锡比（Sibi）国的太子须大拿（Vessantara）将父王所钟爱的一头名为须檀延宝象施舍给遭受旱灾的羯棱伽国，这头行于莲华上的白象，不仅力大无比，在战场上骁勇，而且能够兴云致雨。

---

[1] （东汉）竺大力译《修行本起经》卷上，《中华藏》第34册，第425页上。

[2] Robert Beer, *The Handbook of Tibetan Buddhist Symbols*（Shambhala Publications, 2007），pp. 44 – 45.

第二节　树下诞生与奇异诞生

"释迦牟尼诞生"这一情节是整个释迦牟尼诞生神话中重要的环节，多数汉译佛传文本记述了释迦牟尼诞生于迦毗罗卫国（Kapilavastu）的蓝毗尼园（Lumpinī）无忧树下的详细过程。蓝毗尼为"可爱"之意，是天臂国善觉王夫人蓝毗尼的花园。玄奘译为"劫比罗伐窣堵国"，并在《大唐西域记》中详细叙述了途经此国时城中的布局：宫城内有净饭王正殿、摩诃摩耶夫人寝殿、释迦牟尼降胎之地；城南有太子角力掷象之地、太子妃寝宫、太子学堂；城东南门有蹹城；城四门外为太子游观感怀之地。城外布局：城东北四十余里是太子坐在树荫下观耕之地；城南三四里尼拘律树林是帝释天、梵天语诸天侍奉释迦牟尼，释迦牟尼为父净饭王说法之地；箭泉向东北行走八九十里的腊伐尼林，有释种浴池、无忧华树，是释迦牟尼诞生和二龙王洗浴太子之地；洗浴太子之地向东是二龙王跃出之地；向南是帝释天接太子之地等，不一而足。①

一　树下诞生情节的文本

由于翻译的年代、译者以及翻译所依据的原本等不同，同一个故事情节在记述过程中略有出入，现梳理如下（如表 2 - 3 所示）。

---

① （唐）玄奘：《大唐西域记》，第 509 ~ 526 页。

表 2-3　汉译佛传文本中"树下诞生"情节记述

	释迦牟尼诞生
《修行本起经》	到四月七日，夫人出游，过流民树下，众花开化、明星出时，夫人攀树枝，便从右胁生堕地
《太子瑞应本起经》	到四月八日夜明星出时，化从右胁生堕地
《普曜经》	菩萨从右胁生
《异出菩萨本起经》	太子以四月八日夜半时生，从母右胁生堕地
《佛所行赞》	斋戒修净德，菩萨右胁生，大悲救世间，不令母苦恼
《佛本行经》	从右胁生
《过去现在因果经》	于二月八日，日初出时，夫人见彼园中，有一大树，名曰无忧，花色香鲜，枝叶分布，极为茂盛；即举右手，欲牵摘之；菩萨渐渐，从右胁出。于时树下，亦生七宝，七茎莲花，大如车轮
《佛本行集经》	摩耶立地，以手执波罗叉树枝讫已，即生菩萨……从右胁入，还住右胁，在于胎内，不曾移动，及欲出时，从右胁生
《方广大庄严经》	圣后放身光明，如空中电，仰观于波罗宝树，即以右手，攀树东枝，菩萨住胎，满足十月，从母右胁，安详而生
《众许摩诃帝经》	时摩贺摩耶，与诸宫嫔，同往园内，见无忧树，芬芳茂盛，布叶开花，即以右手，攀彼树枝，欲生太子

上述文本在叙述释迦牟尼"树下诞生"的过程中各有侧重，详略不一，但关键情节为摩耶夫人右手攀树枝，释迦牟尼从摩耶夫人的右胁出生。摩耶夫人所攀之树，在梵文佛传文本《神通游戏》中为"无花果树"（Palaksa）；巴利文佛传文本《因缘记》中为"娑罗树"（Sāla）。绝大多数佛传文本都记载了释迦牟尼最终是在"娑罗双树"下涅槃，所以，"生于娑罗树"下，"般涅槃于娑罗树"下，达到了"生"与"死"的统一。

汉译佛传中，摩耶夫人所攀之树以"无忧树"居多，另有流民树、波罗叉树或波罗宝树等。"无忧树"梵文为 Aśoka，可音译为"阿输伽"或"阿述迦"，"此树又单名毕利叉 Vṛkṣa，即蓝毗尼 Lumbini 园之无忧树也"。[1] 因此，笔者认为，"波罗叉"应为"Vṛkṣa"（毕利叉）的另一种音译，即"无忧树"。

---

① 丁福保编《佛学大辞典》，第 786 页。

隋代阇那崛多所译《佛本行集经·树下诞生品》云："其树安住，上下正等，枝叶垂布，半绿半青，翠紫相晖，如孔雀项，又甚柔软，如迦邻提衣，其花香妙，闻者欢喜。"[1] 无忧树为羽状复叶，由于叶柄非常柔软而无法支撑树叶，因而其叶片呈垂状，宛如一件被雨打湿的绿色袈裟，每当鲜花盛开之时，金黄色的花朵覆盖整个树冠，宛如一座金色的宝塔。

汉译佛传文本中的"无忧树"来源于"无忧王"阿育王对佛法的弘传。公元前 251 年，阿育王前往蓝毗尼巡礼拜佛，并于三年后在此地建石柱以示纪念。[2] 403 年，法显到达蓝毗尼，并提及释迦牟尼诞生时，摩耶夫人右手攀附的无忧树以及沐浴国的水池。[3] 606 年，玄奘至此圣地，《大唐西域记》记载："至腊伐尼林，有释种浴池，澄清皎镜，杂华弥漫。其北二十四五步，有无忧华树，今已枯悴，菩萨诞灵之处。……次东窣堵波，无忧王所建，二龙浴太子处也。"[4] 不仅提到释迦牟尼于无忧树下诞生，而且提及周围的窣堵波为无忧王之所建，使得释迦牟尼"树下诞生"成为具有隐喻性质的事件。

二　树下诞生情节的图像

在释迦牟尼神话的图像中，树下诞生情节的图像资料也是极为丰富。巴尔胡特大塔栏楯的浮雕和桑奇大塔塔门的浮雕上就有释迦牟尼诞生的题材，常常用两头小象向坐在莲花上的摩耶夫人喷水象征释迦牟尼的诞生。2 世纪左右，犍陀罗地区表现释迦牟尼诞生的浮雕，以写实

---

① （隋）阇那崛多译《佛本行集经》卷 7，《中华藏》第 35 册，中华书局，1989，第 642 页下。
② 参见定慧《蓝毗尼简史》，《法音》2000 年第 7 期，第 13 页。
③ （东晋）释法显：《法显传》，第 858 上。
④ （唐）玄奘：《大唐西域记》，第 523 页。

的手法清晰地刻画了释迦牟尼诞生的场面。画面中，摩耶夫人伫立于无忧树下，右手攀附树枝，左手搭在妹妹摩诃波阇波提（Mahāprajāpati，又叫瞿昙弥 Gautami）的肩部，帝释天屈膝躬身，双手捧襁褓承接从摩耶夫人右胁而出的太子。画面右侧为两个侍女，一个侍女手持净瓶，另一个侍女手拿印度妇女生产时所用的孔雀羽扇（如图 2－21 所示）。

图 2－21　树下诞生　犍陀罗斯瓦特出土　2 世纪

资料来源：〔意〕卡列宁等编著《犍陀罗艺术探源》，第 24 页。

同样，约作于 2 世纪初期，现藏于犍陀罗白沙瓦博物馆的片岩浮雕，也以写实的手法形象而生动地再现了释迦牟尼诞生的场面。浮雕画面中，摩耶夫人双腿交叉，右手攀附树枝，左手搭在妹妹摩诃波阇波提肩部。摩耶夫人右侧为双手捧襁褓承接从右胁出生的太子的帝释天，立于帝释天身后的梵天等天神双手合十礼拜，毕恭毕敬地见证着这一过程。画面最右侧为两个侍女，其中一个侍女手持净瓶，另一个侍女呈惊喜而不知所措状（如图 2－22 所示）。表情与现藏于大英博物馆的另一件"树下诞生"浮雕（如图 2－23 所示）画面中不知所措的侍女如出一辙。整个画面的上方是双手合十虔诚礼拜和撒花祝福的众天神。整个浮雕画面错落有致，表现出的情节更为丰富。这样的表现方式同样见于巴黎吉美博物馆藏（如图 2 – 24 所示）和夏威夷檀香山艺术博物馆藏（如图 2 – 25 所示）的"树下诞生"场景。

图 2 – 22　树下诞生　犍陀罗出土　　　　图 2 – 23　树下诞生　大英博物馆藏
2 世纪　白沙瓦博物馆藏

资料来源:〔巴基斯坦〕穆罕默德·瓦利乌拉·汗:《犍陀罗:来自巴基斯坦的佛教文明》,第 113 页。　　资料来源:蔡枫:《犍陀罗雕刻艺术与民间文学关系例考》,博士学位论文,北京大学,第 61 页。

图 2 – 24　树下诞生　斯瓦特出土　　　　图 2 – 25　树下诞生　犍陀罗出土
巴黎吉美博物馆藏　　　　　　　　　2 ~ 4 世纪　夏威夷檀
香山　艺术博物馆藏

资料来源: Jeannine Auboyer Buddha, *A Pictorial History of His Life and Legacy* (*New York*: The Crossroad Publishing Company, 1983), p. 35, pic. No. 3。　　资料来源: *Anil de Silva-vigier*, The Life *of The Buddha*: *Retold From Ancient Sources*, p. 62。

犍陀罗的释迦牟尼诞生图像中还有一种常见的情况值得注意,就是释迦牟尼的树下诞生场景往往和七步宣言、龙浴太子等情节出现在同一个画面中,以表示事件发生的连贯性。如图 2 – 26、图 2 – 27 所示,与上文图中的画面相类似之处为,摩耶夫人站立于无忧树下,右手攀附树枝,帝释天躬身承接从右胁出生的释迦牟尼,

图 2 – 26　树下诞生和七步宣言　犍陀罗出土
1 ~ 3 世纪　加尔各答印度博物馆藏

资料来源：星云大师总监修《世界美术图说大辞典》
（雕塑），佛光山宗委会，2013，第 1207 页。

图 2 – 27　树下诞生与七步
宣言　2 ~ 3 世纪
犍陀罗出土拉合
尔博物馆藏

资料来源：星云大师总监
修《世界美术图说大辞典》
（雕塑），佛光山宗委会，
2013，第 1208 页。

摩耶夫人左侧是妹妹摩诃波阇波提以及手提净瓶、双手合十等的三个侍女。不同之处在于，将表现释迦牟尼出生后的七步宣言的情节融合于诞生的画面中，小太子站立于帝释天和梵天两天神的中间，表明释迦牟尼出生后，立即可以站立并做七步之宣言。这种构图方式，体现了犍陀罗地区释迦牟尼神话图像构图中按照时间线性连贯叙事的特点，凸显了释迦牟尼诞生时与凡人诞生时的本质区别，以示其所具有的神性特征。

创制于 10 世纪，藏于加尔各答印度博物馆的"释迦牟尼降生"浮雕，属犍陀罗艺术晚期风格，画面具有明显的层次感。摩耶夫人站姿婀娜，右手攀附树枝，释迦牟尼王子从其右胁而出。摩耶夫人右侧画面是释迦牟尼王子足踏莲台的情景，表现释迦牟尼王子出生后立即"七步生莲"的奇异性。摩耶夫人左侧画面则表现释迦牟尼王子出生后的沐浴场景（如图 2-28 所示）。整个图像将树下诞生、七步宣言、王子沐浴三个情节置于同一个画面中，表明三者之间具有密切的关联性。

现藏于大英博物馆，约作于 2 世纪，阿玛拉瓦蒂出土的浮雕，在同一个作品中将释迦牟尼太子诞生前后的四个场景同时展现，其中有托胎灵梦和太子诞生两个情节。值得注意的是，在表现这两个情节的画面中清晰可见：摩耶夫人是左胁而卧、左手攀树枝（如图 2-29 所示）。在表现释迦牟尼的入母胎和从摩耶夫人的左胁而出时都无人格化的形象。

图 2-28　树下诞生　10 世纪　加尔各答印度博物瓦蒂馆藏

资料来源：《圣境印象：印度佛教艺术》，第 31 页。

图 2-29　托胎灵梦与树下诞生（四场景）　阿玛拉出土　2 世纪　大英博物馆藏

资料来源：Anil de Silva-vigier, *The Life of The Buddha: Retold From Ancient Sources*, p. 63。

约作于 3 世纪，现藏于印度新德里国家博物馆的浮雕"太子诞生"，出土于阿玛拉瓦蒂龙树山，以三段连续性画面描述了释迦牟尼太子诞生前后的故事。自下而上分别为：婆罗门为摩耶夫人占梦；太子诞生与七步宣言；阿私陀（Asita）为太子占相（如图 2-30 所示）。中段画面的左侧清晰地表现摩耶夫人在蓝毗尼园右手攀附娑罗树枝，右侧画面为四天王手捧长条褓裸。与上述浮雕一致的整个画面也没有出现释迦牟尼人格化的形象，而是以空中的伞盖、拂尘和布上七个足心刻着法轮的足迹，象征着刚刚诞生的太子以及诞生后即行七步的情节。区别于犍陀罗释迦牟尼诞生神话图像，是印度本土图像特点的表现。

现藏于印度加尔各答博物馆，制于 5 世纪末期，鹿野苑出土的四相图浮雕，自下而上细致完整地表现了释迦牟尼诞生、降魔成道、初转法轮、涅槃寂灭四个重要场景（如图 2-31 所示），即佛传中所谓的"四相图"。其中，第一个场景中将降诞与灌水两个情节放置于同一画面中，其余均为一场景画面表现一个情节，整个浮雕刻画得干净利落。

图 2-30　太子诞生　阿玛拉
瓦蒂龙树山出土
3 世纪　新德里
国家博物馆藏

资料来源：王镛：《印度美术》，第 152 页。

图 2-31　四相　鹿野苑出土
5 世纪后叶加尔
各答印度博物馆藏

资料来源：林保尧编著《佛教美术全集·佛像大观》，第 19 页。

　　克孜尔石窟作为龟兹石窟的代表，表现了龟兹释迦牟尼神话图像
对犍陀罗地区图像特点的继承性。位于克孜尔石窟第 175 窟后室左壁
上方的图像，整个画面的右侧表现的是释迦牟尼"树下诞生"的情
节，左侧则表现"七步生莲"的情节（如图 2 - 32 所示），以示两个
情节之间的连贯性。不同之处在于，犍陀罗图像中屈膝躬身承接小太
子的帝释天在龟兹图像中改为以单腿跪坐的姿势承接自摩耶夫人右胁
出生的小太子，体现了中国文化中对尊贵者的崇敬之意。

图 2 - 32　树下诞生及七步生莲　克孜尔石窟第 175 窟

资料来源：星云大师总监修《世界佛教美术图说大辞典》（石窟），第 547 页。

　　北周莫高窟第 290 窟人字坡东坡上段，自左至右依次为"树下
诞生"、"步步生莲"和"九龙灌浴"三个连贯情节的图像。"树下
诞生"中，摩耶夫人右手攀附树枝，释迦牟尼自右胁而出，承接太
子者呈跪拜姿态（如图 2 - 33 所示）。"步步生莲"中太子坠地，自
行七步，步步生莲，而且太子的身高已和周围侍卫礼敬的梵天、帝释
天诸天神同高（如图 2 - 34 所示）。"九龙灌浴"中，释迦牟尼太子
站立于莲花座上，上方九龙自上而下围绕在太子四周，为太子洗浴，
下方有梵天和帝释天两天神侍卫（如图 2 - 35 所示）。

图 2-33　树下诞生　莫高窟第 290 窟　北周

资料来源：樊锦诗编著《敦煌石窟全集·佛传故事画卷》，第 62 页。

图 2-34　步步生莲　莫高窟第 290 窟　北周

资料来源：樊锦诗编著《敦煌石窟全集·佛传故事画卷》，第 63 页。

图 2-35　九龙灌浴　莫高窟第 290 窟　北周

资料来源：樊锦诗编著《敦煌石窟全集·佛传故事画卷》，第 63 页。

莫高窟第76窟开凿于唐代，图像绘制于宋代。其东壁八塔变相第一塔的"树下诞生"图像中，将树下诞生与龙浴太子两个情节结合在一起，摩耶夫人依然是右手攀附树枝，释迦牟尼并非被承接而出，而是从摩耶夫人右胁飞腾而出，坠地后立即指天指地做七步宣言，九龙随即喷水为太子洗浴（如图 2－36 所示）。敦煌从北魏之后属于中原王朝版图，图像风格也与中原地区风格一致。摩耶夫人攀附的树枝或者仅作简单的渲染或者呈明显的中原地区树木特征，侍女的面部特征以及服饰也具有明显的中原特色。

图 2－36　树下诞生　莫高窟
第 76 窟　宋代

资料来源：樊锦诗编著《敦煌石窟全集·佛传故事画卷》，第 185 页。

三　摩耶夫人与树神药叉女的渊源

摩耶夫人在蓝毗尼生释迦牟尼时右手攀无忧树枝、两腿前后交叉的站立姿势的形象与印度树神药叉女形象颇具渊源。药叉（Yakṣa），又名夜叉，是古印度神话中的一类半神，药叉是男性精灵，药叉女（Yakshi）是女性精灵，他们是掌管财宝之神俱毗罗（Kubera，亦为毗沙门天）的侍从。俱毗罗因完成一千年的苦行，大梵天赐予他永生与可飞行天宇的车，其司掌九种珍宝和世间一切财富，也被称为"财富之王"或"夜叉之王"，列居"四护世"（Lokapalas）或"四天王"之一。

药叉的主要职责就是守护俱毗罗在吉罗婆山的园林和财富，被视为财神；药叉女往往栖息于果树花木之间，促进生命滋长繁衍，因而被视为树神。起源可以追溯到前雅利安时代印度土著居民的生殖崇拜传统。希腊神话中的爱神阿佛洛狄忒也司掌着人类的爱情、婚姻和生育，与印度树神药叉女无论在职能还是图像造型上都有很大的相似性。

图 2 - 37　旃陀罗药叉女
巴尔胡特

资料来源：Jeannine Auboyer Buddha, *A Pictorial History of His Life and Legacy*, p. 230, pic. No. 91。

在释迦牟尼神话世界中，药叉分为三种："一在地，二在虚空，三天夜叉也。地夜叉，但以财施，故不能飞空；天夜叉，以车马施，故能飞行。佛转法轮时，地夜叉唱，空夜叉闻。空夜叉唱，四天王闻，如是乃至梵天也。"① 药叉跟随毗沙门天，被列为护佛"天龙八部"之一。

巴尔胡特窣堵波北门角柱上雕刻的"旃陀罗药叉女"（Chuda Yakṣhi），以"三屈式"（Tribhanga）站姿：头部倾侧，胸部扭转，臀部耸出，站在羊头鱼尾的摩卡罗身上（如图 2 - 37 所示）。三屈式站姿使药叉女的全身构成了富有律动感的 S 形曲线，这种造型符合药叉女作为生殖精灵的本质特征。② 摩卡罗呈鳄鱼形，在古印度文化中代表着水的繁殖能力，是恒河女神的乘骑。旃陀罗药叉女举起右臂用手攀折花枝繁茂的树枝，左臂与左腿盘绕树干，左手从下身抽出一枝花束，表明旃陀罗药叉女是主宰自然生命繁衍的树神。因此，旃陀罗树神药叉女也被称为娑罗班吉卡（Shalabhanjika），意为"攀折娑罗树枝的女性"。

此种树神形象中，树木代表蛰伏的男性本质，药叉女代表唤醒男性本

---

① （后秦）僧肇：《注维摩诘经》卷 1，《大正新修大藏经》第 38 册，第 331 页下。
② 参见王镛《印度美术史话》，第 71 页。

原的力量，她伸手攀折树枝，拥抱树干，则可以唤醒冬眠状态的树木使其再度开枝散叶结果实。"丘拉科卡药叉女"（Chulakoka Yakshi）是丘拉科卡树神，右臂弯曲，右手攀附结满果实的树枝（如图 2 - 38 所示）。弯曲的身体与弯曲的树枝相映成趣，象征着生殖女神的生命活力。

而犍陀罗白沙瓦博物馆馆藏的释迦牟尼树下诞生的浮雕局部图像中，摩耶夫人同样右手攀附树枝，双腿交叉的站姿更是承袭了树神药叉女的"三屈式"站姿（如图 2 - 39 所示），将摩耶夫人内在的孕育生命的能力和其母性的本质特征表现得淋漓尽致。辛纳认为摩耶夫人是女神，拥有至高无上的创造能力，即使死后也能化为"生主"（Prajāpati），仍然继续创造和滋养着整个宇宙。[①]

图 2 - 38　丘拉科卡药叉女
巴尔胡特　公元前
2 世纪　加尔各答
印度博物馆藏

资料来源：Jeannine Auboyer Buddha, *A Pictorial History of His Life and Legacy*, p. 230, pic. No. 100。

图 2 - 39　摩耶夫人（树下
诞生局部）犍陀罗

资料来源：〔意〕卡列宁等编著《犍陀罗艺术探源》，第 24 页。

---

① 参见〔荷〕狄雍（J. W. de Jong）《世界佛学名著译丛》卷 71《欧美佛学研究小史》，第 31 页。

四　奇异诞生方式的隐喻性

胁部出生，而非正常的产道出生，表明释迦牟尼出生于释迦牟尼种族地位的特殊性。《梨俱吠陀·对原人（普鲁沙）的赞颂》记述："其口称于婆罗门，其双臂称为刹帝利，其双腿称为吠舍，其双足称为首陀罗。"① 胁部在整个人的身体中的位置正好相当于两臂的位置。

《普曜经·降神处胎品》云，释迦牟尼降神入胎后，在摩耶夫人腹中为众天神说法，"菩萨睹之，欲得还归，下其右手，使不复现，释梵四王，寻即知之，菩萨遣证，右绕菩萨，便即还宫；以是之，故菩萨处其右胁"。② 《佛所行赞》记述："菩萨右胁生，大悲救世间，不令母苦恼。"③ 亦表明释迦牟尼"心怀慈悲"的身份特殊性。

国学泰斗饶宗颐先生认为释迦牟尼的出生方式，是印度神话中因陀罗胁生神话的演变，并被印度文化视为祥瑞之象征。④《梨俱吠陀》记述，因陀罗（indrah）为天神狄奥斯（Dyaus）和地母所生，自母亲"肋骨宽广处出来"，一出生便成为三十三天。⑤ 公元前 5 世纪婆罗门教的《摩奴法典》（Manusmrti）记载，梵天生于混沌黑暗的宇宙的一枚金卵中，梵天将金卵一分为二，一半为天，一半为地，继而生宇宙万物；将自己的身体一分为二，一半为男，一半为女，男女结合生维杰拉，维杰拉靠苦修创造人类之始祖——摩奴（Manu）。

印度神话中的林伽（Linga）被视为湿婆（śiva）的基本形态，不仅是湿婆的男性生殖器符号，也是湿婆奇异诞生和无穷能量的象征符号。湿婆为众神所尊崇的宇宙之主，当梵天和毗湿奴争夺创造神的地位时，

① 魏庆征编《古代印度神话》，第 25 页。
② （西晋）竺法护译《普曜经》卷 2，《中华藏》第 15 册，第 370 页下。
③ （北凉）昙无谶译《佛所行赞》卷 1，《中华藏》第 50 册，中华书局，1992，第 403 页中。
④ 参见饶宗颐《中国古代"胁生"的传说》，《燕京学报》1997 年第 3 期。
⑤ 巫白慧译解《〈梨俱吠陀〉神曲选》，商务印书馆，2010，第 110 页。

一个巨大无边、光芒四射的林伽出现，被认为是整个宇宙的中心（如图 2 - 40 所示）。[①] 在湿婆与阿修罗的许多战争中，湿婆都是从林伽中走出，与阿修罗作战。如图 2 - 41 为刻有湿婆脑袋的"四首林伽"（Mukhalinga）。

图 2 - 40　湿婆宇宙柱

资料来源：安瑞军：《印度教主神的大千世界》，《大众考古》2014 年第 5 期，第 58 页。

图 2 - 41　四首林伽

资料来源：安瑞军：《印度教主神的大千世界》，《大众考古》2014 年第 5 期，第 58 页。

　　希腊神话中的阿波罗出生时也充满了奇异性。天后赫拉嫉妒勒托（Leto）将为宙斯生下长子，禁止大地给予她分娩的地方。于是宙斯下令在大海中隆起重峦叠嶂的得罗斯岛，勒托在此生下了一对子女——阿波罗和阿耳忒弥斯（Artemis）。勒托分娩花了整整七天七夜的时间，阿波罗诞生后，得罗斯岛顿时光芒四射，天鹅围绕着阿波罗飞翔了七圈。阿耳忒弥斯的别名为"陶洛波拉"，与克里米亚的古称——陶里斯发音近似，

----

① 参见〔德〕施勒伯格《印度诸神的世界——印度教图像学手册》，第 85 页。

由此产生一种传说：阿耳忒弥斯崇拜是从克里米亚传入希腊的。

酒神狄俄尼索斯的原本含义为"宙斯瘸腿"。羸弱的胎儿被宙斯从塞墨勒的腹中取出，缝进自己的髀肉，才得以第二次降生。希腊神话中，狄俄尼索斯象征着超越理性的冲动力——原欲，这一力量能使人升华，给人以力量和幸福，并使不朽的灵魂脱离肉体的羁绊。湿婆象征着原始印欧文化，与希腊酒神狄俄尼索斯同源，二者都与自然、动物、生殖、激烈的情绪相关。湿婆作为宇宙舞者（Naṭarāja）的形象（如图 2 - 42 所示），与此观点吻合。舞蹈在古代印度象征着创造、维持、毁灭、启示和解脱，是五种宇宙的原始能量。湿婆为舞者之王，与迷醉的众人跳着极乐之舞，与狄俄尼索斯、萨堤洛斯和众神女在迷醉状态下跳的森林之舞一样，代表着原始能量的释放和灵魂的解脱。

波斯帕提亚王朝的保护神密特拉，据神话文本记载，是从石头中诞生的。因此，波斯帕提亚国王在即位前夕都要躲进一个山洞，让臣

图 2 - 42　舞王湿婆　约 11 世纪

资料来源：王镛：《印度美术》，第 251 页。

民前来敬拜。这个波斯神话的主题也出现在基督教关于耶稣诞生的神话中，耶稣也诞生在伯利恒一个充满光芒的洞穴中。

中国神话传说中的神祇和始祖也都以奇异的诞生方式或者从非同寻常的身体部位出生。先秦《诗经·商颂》与《诗经·大雅》记述了商周始祖契与稷的感生神话，《史记·殷本纪》与《史记·周本纪》对此也有所记述。商契与周稷的感生神话的核心内容为简狄因吞玄鸟卵而生契；姜嫄履大人迹而生稷。西汉以后的文献记述中，伏羲、神农、黄帝、颛顼、尧、舜、夏禹、商汤等的出生也都与感生神话有关，从内容上来看是继承了先秦感生神话的思想渊源发展而来的。

除此之外，汉代关于文王、孔子、高祖和文帝四则感生神话出现了"因梦而生"和"神女沐浴"等情节，这些情节在西汉以前文献中的感生神话中未曾出现过，反而与释迦牟尼诞生神话中的"托胎灵梦"和"龙王沐浴"的情节有很大的相似性。

《春秋繁露·三代改制质文》与《吴越春秋·越王无余外传》有夏禹商契的胁生神话。《史记·楚世家》记述了陆终六子胁生神话。《史记正义·玄妙内篇》的朱韬玉札及神仙传中说，道教创始人老子是其母怀胎 81 年后，在逍遥李树下，剖胁而生的；另一说是玄妙玉女梦见流星而有孕，72 年后生下的。[1] 结合历史上佛教传入中国的时间以及佛传文本《修行本起经》等的译出时间，中国感生神话以及胁生神话显然是受到释迦牟尼诞生神话的影响。

上述出生说都可以归纳为奇异的诞生方式，旨在彰显神祇与始祖的神性特征。正如郭良鋆所言，关于释迦牟尼的诞生，实际是处理人类文化史上的难题：神祇或始祖的诞生问题。由于生产力和科学技术的限制，只能以卵生说、感应说以及其他各种奇异的出生说来解释。[2]

---

① （唐）张守节：《史记正义·玄妙内篇》，（汉）司马迁：《史记》卷63，第2139页。
② 郭良鋆：《佛陀形象的演变》，《南亚研究》1990 年第 3 期，第 78 页。

第三节　七步宣言与数字"七"的隐喻

　　"七步宣言"也是释迦牟尼诞生神话中的关键情节，释迦牟尼太子一出生，便能站立在地上，指天指地做出"唯我独尊"的宣言。在诸多释迦牟尼神话文本与图像中，关于此情节都有细致记述和描绘，但是各文本与图像之间在细节部分还是存在差异。

一　七步宣言的文本与图像

表 2 - 4　汉译佛传文本中"七步宣言"情节记述

	七步宣言
《修行本起经》	行七步，举手而言："天上天下，唯我为尊。三界皆苦，吾当安之。"
《太子瑞应本起经》	即行七步，举右手住而言："天上天下，唯我为尊。三界皆苦，何可乐者？"
《普曜经》	堕地行七步，显扬梵音，无常训教："我当救度，天上天下，为天人尊，断生死苦，三界无上，使一切众，无为常安。"
《异出菩萨本起经》	行七步之中，举足高四寸，足不蹈地，即复举右手言："天上天下，尊无过我者！"
《佛所行赞》	安庠行七步
《佛本行经》	现七觉意，消七劳垢。故行七步，如师子起
《过去现在因果经》	菩萨即便堕莲花上，无扶侍者，自行七步，举其右手，而师子吼："我于一切天人之中，最尊最胜，无量生死，于今尽矣，此生利益，一切人天。"

续表

	七步宣言
《方广大庄严经》	不假扶持,即便自能,东行七步,所下足处,皆生莲华。菩萨作如是言:"我得一切善法,当为众生说之。" 又于南方而行七步,作如是言:"我于天人,应受供养。" 又于西方而行七步,作如是言:"我于世间,最尊最胜,此即是我最后边身,尽生老病死。" 又于北方而行七步,作如是言:"我当于一切众生中,为无上上。" 又于下方而行七步,作如是言:"我当降伏,一切魔军,又灭地狱,诸猛火等,所有苦具,施大法云,雨大法雨,当令众生,尽受安乐。" 又于上方而行七步,作如是言:"我当为,一切众生之所瞻仰。"
《众许摩诃帝经》	于其四方各行七步,东方,表涅槃最上;南方,表利乐群生;西方,表解脱生死;北方,表永断轮回

资料来源:①(东汉)竺大力译《修行本起经》卷上,《中华藏》第 34 册,第 426 页上。
②(三国吴)支谦译《太子瑞应本起经》卷上,《中华藏》第 34 册,第 485 页中。
③(西晋)聂道真译《异出菩萨本起经》,《中华藏》第 24 册,中华书局,1987,第159 页中。

"七步宣言"是释迦牟尼太子诞生之后的显著标志,上述传记文本中,《修行本起经》《太子瑞应本起经》《普曜经》《异出菩萨本起经》《过去现在因果经》都表明了释迦牟尼太子"天上地下,唯我独尊"的神圣性身份特征,将承担救度欲界、色界、无色界三界之苦痛的神圣职责。《佛本行经》则明确释迦牟尼太子诞生后即行七步的缘由,在于"现七觉意,消七劳垢",犹如雄狮之崛起,亦表明其身份的特殊性。

《方广大庄严经》对释迦牟尼太子的"七步宣言"之叙述最为详尽。首先,明确"自行七步"的目的是惠利众生。其次,明确了"七步宣言"的六个方位:东、南、西、北、下、上,正是宇宙之六方,谓之"六合"。最后,明确了释迦牟尼将受到天人供养的特殊身份,世间最为尊贵殊胜的地位,承担降伏魔众、普惠众生的特殊责任以及为众生所崇信的形象意义。《众许摩诃帝经》则明确了释迦牟尼现在世以及佛教理想的终极追求与意义:入涅槃、利众生、脱生死、断轮回。

在释迦牟尼神话图像中，白沙瓦大学考古博物馆收藏的"最初七步"片岩浮雕中，突出释迦牟尼太子健硕的腿部肌肉，形象地表现了释迦牟尼太子诞生后立即在地上站立稳固，无须扶持，自行七步而宣言的情景（如图2－43所示）。头光以及肉髻重在表明释迦牟尼太子的神圣身份，帝释天与梵天等四天王在释迦牟尼太子左右两边虔诚侍奉。

图2－43　最初七步　犍陀罗地区　白沙瓦大学考古博物馆藏

资料来源：〔巴基斯坦〕穆罕默德·瓦利乌拉·汗：《犍陀罗：来自巴基斯坦的佛教文明》，第114页。

如前所述，犍陀罗地区存在将"树下诞生"与"七步宣言"两个场景合而为一的传统。如图2－44所示，此浮雕画面的中心位置表现的是摩耶夫人诞子的场景，右侧则表现了释迦牟尼太子出生后即行七步的场景。与图2－43一致的是，画面中的释迦牟尼太子都为孩童模样，左右两侧有释、梵侍奉。

克孜尔石窟第76窟主室侧壁的佛传图像中，"树下诞生"与"七步生莲"两个场景融于同一个画面，此壁画曾藏于德国，后毁于二战的炮火之中。图像中清晰可辨的是，裸体的释迦牟尼太子身形大小如同成人，有表明神圣身份的头光，太子前方地下有成双足印，以表示其出生后坠地即自行七步之含义（如图2－45所示）。克孜尔石窟第175窟后室左壁上方同样有一幅将"树下诞生"与"七步生莲"

图 2－44　树下诞生与七步宣言　犍陀罗地区

资料来源：耿剑：《犍陀罗佛传浮雕与克孜尔佛传壁画之"释迦诞生"图像比较》，《美术观察》2005 年第 4 期，第 90 页。

合而为一的半圆形壁画。画面中，同样裸体身形大小如同成人的释迦牟尼太子右手指天，足下踏莲（如图2－46 所示）。画面中人体的裸露部位用色块晕染的方法，突出其立体感。

图 2－45　树下诞生与七步生莲　克孜尔石窟第 76 窟

资料来源：满盈盈：《克孜尔石窟中犍陀罗艺术元素嬗变考》，《北京理工大学学报》2011 年第 2 期，第 144 页。

图 2 - 46　树下诞生与七步生莲　克孜尔石窟第 175 窟　6 ~ 7 世纪

资料来源：星云大师总监修《世界佛教美术图说大辞典》（石窟），第 547 页。

北周莫高窟第 290 窟人字坡东坡上段，自左至右依次为"树下诞生"、"步步生莲"和"九龙灌浴"三个连贯情节的图像。"步步生莲"中，太子坠地，右手指天，自行七步，步步生莲（图 2 - 47 所示）。着袒右肩服饰的释迦牟尼太子与周围侍卫礼敬的梵天、帝释天诸天神同高。落英缤纷，表示释迦牟尼言"天上地下，唯我独尊"时，天地大动的情景。

图 2 - 47　步步生莲　莫高窟第 290 窟　北周

资料来源：樊锦诗编著《敦煌石窟全集·佛传故事画卷》，第 63 页。

　　大英博物馆藏唐代敦煌染织佛传图将释迦牟尼乘白象入胎、于蓝毗尼园树下诞生、九龙灌浴和七步宣言四个重要情节展现在同一个绢本着色的幡中（如图2－48、图2－49所示）。同时代的另一幅佛传图（如图2－50所示），将释迦牟尼诞生时的七宝与九龙灌浴、七步宣言融于同一个画面中。

**图2－48　佛传上部断片
唐代（9世纪）
敦煌染织　大英
博物馆藏**

资料来源：大英博物馆监修、ロデリック・ウイットフイールド编集解说《西域美術（全3卷）大英博物館スタイン・コレクシヨン 第1卷 敦煌繪画Ⅰ》，第143页。

**图2－49　佛传图下部断片
唐代（9世纪）
敦煌染织　大英
博物馆藏**

资料来源：大英博物馆监修、ロデリック・ウイットフイールド编集解说《西域美術（全3卷）大英博物館スタイン・コレクシヨン 第1卷 敦煌繪画Ⅰ》，第143页。

图 2 – 50　佛传　唐代（9 世纪）　敦煌染织　大英博物馆藏

资料来源：大英博物馆监修、ロデリック・ウイットフイールド编集解说《西域
美术（全 3 卷）大英博物馆スタイン・コレクシヨン第 1 卷 敦煌繪画Ⅰ》，第 143 页。

宋代莫高窟第76窟"树下诞生"图中,摩耶夫人右下侧为释迦牟尼太子"七步宣言"场景（如图2-51所示）。西夏榆林窟①第3窟,美国西北大学Rob Linrothe教授认为,该窟是后人为对佛教有着突出贡献的夏仁宗建制的功德窟。此窟也存有"七步宣言"图,虽然整个画面因为年代久远,已经漫漶不清,但可以看出,释迦牟尼太子所着衣衫为圆领窄袖襕袍,腰间系有黑色宽边抱肚,脚穿黑色长靴,装束特征显然为西夏服饰特征。太子右手指天,左手指地,足踏莲花（如图2-52所示）。画面的色调以青、绿、白为主,营造出沉静而典雅的风格。明代《释氏源流》亦将"七步宣言"融于"树下诞生"画面中,童子模样的释迦牟尼太子左手指天,右手之地,足踩莲台（如图2-53所示）。

图2-51 树下诞生局部 莫高窟第76窟 宋代

资料来源:樊锦诗编著《敦煌石窟全集·佛传故事画卷》,第185页。

---

① 民间称万佛峡,位于今甘肃省瓜州县西南75公里处,距离唐代丝绸之路的重镇锁阳城仅30公里。

图 2 - 52　七步宣言　榆林窟第 3 窟　西夏

资料来源：樊锦诗编著《敦煌石窟全集·佛传故事画卷》，第 213 页。

图 2 - 53　树下诞生与七步宣言　《释氏源流》

资料来源：邢莉莉：《明代佛传故事画研究》，博士学位论文，中央美术学院，2008。

二　数字"七"的隐喻意义

　　数字不仅是计算符号，而且常具有隐喻意义，承载着不同民族的文化信息。早在亚里士多德时代，古希腊人就十分注重数字的隐喻意义。数字的隐喻体现出不同民族不同的思维认知方式和文化差异性。

　　苏美尔神话是迄今为止世界上有文字记载的最古老的神话，据说主人公吉尔伽美什的战斧重达七麦那斯（Minas），并有七种用途。拉丁美洲的马尔克斯写下鸿篇巨制《百年孤独》，其中创建马孔多镇的何塞·奥卡迪奥因为与表妹近亲结婚而犯下"原罪"，导致整个家族在经历整整七代人的"乱伦"后毁灭。《一千零一夜》也是围绕着主人公辛伯达的七次航海冒险经历而展开。"七"在东西方文化的语境中，是一个神秘而具有原型意义的数字，蕴含和表达着具有丰富而深刻隐喻意义的民族文化内涵。

　　《中本起经》《太子瑞应本起经》《异出菩萨本起经》《过去现在因果经》《佛本行集经》《众许摩诃帝经》等诸多传记文本都记述了，释迦牟尼出生七天之后，其母摩耶夫人命终之事。摩耶夫人死后生于忉利天，"生天"乃是佛教中世间因果的最高福报。"从四天王至二十八天，诸受福者，尽是'生天'。所以言生天，流转不息，不离生死，故曰生天也。"① 释迦牟尼"得至涅槃，以是为胜也……谓佛、缘、觉声闻三人，皆尽结使，出于三界，清净无欲"。② "若未得生缘，极七日住；有得生缘，即不决定。若极七日，未得生缘，死而复生。极七日住，如是展转，未得生缘，乃至七七日住。自此已后，决

① 《分别功德论》卷3，《中华藏》第50册，中华书局，1992，第37页下。
② 《分别功德论》卷3，《中华藏》第50册，第37页下。

得生缘。"①"七"被赋予了死而复生的隐喻意义。

《长阿含经》对释迦牟尼神话世界的中心——须弥山的形态组成进行了极为细致繁复的描述，无论是大海水郁禅那下的转轮圣王道，还是雪山山顶上的阿耨达池以及善住树王北的大浴池，都以"七宝砌垒、七重栏楯、七重罗网、七重行树，种种异色，七宝合成"加以修饰。②

在印度神话中，"七"是个极具神秘性的数字。湿婆的善行之一就是分布了七条圣河。恒河围绕着喜马拉雅山中梅卢山上的梵天之城，从山上汹涌奔腾而下。为了缓冲激流，湿婆站在河水下面，河水蜿蜒流经他束起的头发之后分成了七股，这七股河水便成了印度的七条圣河。

中国文化中也存在对"七"的崇拜和禁忌。"女娲造人"的神话中，女娲依次创造了鸡、狗、猪、羊、牛、马等牲畜，第七日创造了人。在中国古代，正月初七为人日，是一个盛大的节日，"正月初七为人日，以七种菜为羹，翦彩为人，或缕金箔为人，以贴屏风，亦戴之头鬓。又造华胜以相遗。登高赋诗"。③董勋《问礼俗》曰："正月一日为鸡，二日为狗，三日为羊，四日为猪，五日为牛，六日为马，七日为人。"④从正月初一至初六诞生的六种牲畜，恰好对应宇宙的六个方位：上、下与东、西、南、北四方，即天地之四方或宇宙之六合。"人"为第七日所造，居于天地四方之中心的位置，可谓占尽了天时与地利，为万物之灵长。因此，数字"七"在中国文化中具有宇宙的象征意义，既是时间的象征，又是空间的象征。

---

① （唐）玄奘译《瑜伽师地论》卷1，《中华藏》第27册，中华书局，1987，第342页中。

② 参见（后秦）佛陀耶舍译《长阿含经》卷18，《中华藏》第31册，第223页下~224页中。

③ （南朝梁）宗懔：《荆楚岁时记》，宋金龙校注，山西人民出版社，1987，第15页。

④ （南朝梁）宗懔：《荆楚岁时记》，第15页。

与此同时，中国古代认为，人有"喜、怒、哀、惧、爱、恶、欲"七情；乐有"宫、商、角、清角、徵、羽、大宫"七音。古代典籍中，数字"七"屡见不鲜。《黄帝内经·上古天真论》记述，女性的生命节律与"七"息息相关，女子七岁，肾气盛，齿更发长；二七而天癸至，任脉通，太冲脉通，月事以时下，故有子；三七，肾气平均，故真牙生而长极；四七，筋骨坚，发长极，身体盛壮；五七阳明脉衰，面始焦，发始堕；六七之阳脉衰于上，面皆焦，发始白；七七任脉虚，太冲脉衰少，天癸竭，地道不通，故形坏而无子也。① 民间的丧葬祭祀活动中，七天常为一个祭日。月相为四七二十八天的盈亏变化。因此，"七"体现着宇宙的运动以及人类的生物节奏。

《旧约·创世纪》中，上帝用了整整六天将世间万物创造齐全，第七日为安息日，定为"圣日"。不仅如此，上帝规定了安息年，即土地耕作六年后第七年为安息年。当世界败坏，地上充满强暴时，上帝决定使洪水泛滥，毁灭天下，并叮嘱诺亚造方舟：凡洁净的畜类，要带七公七母；空中的飞鸟也要带七公七母。七天后，洪水泛滥，七月十七日，诺亚的方舟停在亚拉腊山上，洪水逐渐消退。诺亚每隔七天就放出鸽子和乌鸦，以确定洪水是否完全消退。②《旧约·约书亚记》中记述，希伯来人的领袖约书亚决定攻打耶利哥，无奈城池坚固，守军顽强。上帝晓谕约书亚攻破城池的秘密是：七个祭司手拿七个羊角，围城七日；至第七日清晨，绕城七次；当七个祭司吹响七个号角之时，城池不攻自破。③ 因此，数字"七"因为得到上帝的嘉许而具有神圣的性质，在以基督教为信仰体

---

① 参见姚春鹏译注《黄帝内经（上）·素问》，中华书局，2010，第36~58页。
② 参见《圣经》（简化字现代标点和合本），中国基督教三自爱国运动委员会、中国基督教协会出版，2000，第2~11页。
③ 参见《圣经》，第336~337页。

系的西方人中亦具有特殊意义，是充实完满之数。因此，"七"常常用来规范人们的道德行为，如"七美德"（Seven Virtues）和"七宗罪"（Seven Sins）；同时以"七"来限定神圣的宗教仪式——"七圣礼"（Seven Sacraments）。

公元前 330 年左右，随着阿契美尼德王朝统治的结束，波斯宗教也卷入了希腊化时期规模宏大、错综复杂的宗教融合运动中。安息王朝在这一时期主要信奉密特拉，大约在公元前 1 世纪，密特拉秘仪遍布整个地中海世界。密特拉是上帝派遣的统治宇宙第七个 1000 年的太阳神，在前六个 1000 年里，上帝和恶灵争夺着统治权。密特拉相当于阿波罗或者赫利俄斯。此外，巴比伦文化中有著名的七种系列：七大行星、七种金属、七种颜色等。

第四节 灌浴太子与释迦牟尼神性身份的确定

一 灌浴太子

中国古代早在商周时期的甲骨文与金文中就出现了关于"沐浴"的记载。西周时期，将"沐浴"作为斋戒之礼中的一个重要部分，巫师与祭祀者在祭祀神灵，以期获得庇佑祛除灾祸时，不仅禁止进食荤食，而且要求沐浴净身。秦汉之际，"三日具沐，五日具浴"，沐浴习俗已经完全发展为一种礼仪制度，并被固定下来。

"沐浴"在古代有其特定的含义。东汉许慎在《说文解字·水部》中对此有详细的解释："沐，濯发也，从水木声。"① "浴，洒身也，从水谷声。"② 可见，"沐"与"浴"是对身体不同部位的清洁。《周礼注疏·女巫》云："经直云浴，兼言沐者，凡洁静者，沐浴相将，故知亦有沐也。"③ "沐"与"浴"连用的情况，最能概括的是从头到脚的清洁方式。

古代印度的国王即位或者册立太子时，以四海之水灌于王顶之上，谓之"灌顶"（Abhiṣecanī）。梵文的灌顶即有"驱散""注入"

---

① （汉）许慎：《说文解字》，中华书局，1978，第 165 页。
② （汉）许慎：《说文解字》，第 167 页。
③ （汉）郑玄注，（唐）贾公彦疏《周礼注疏》，北京大学出版社，1999，第 691 页。

"授权"之意。灌顶仪式不仅含有祝贺之意，而且意味着王权的授予。

受古代印度灌浴习俗的影响，释迦牟尼诞生之时，灌浴全身。成年后出家苦修六年无果，入尼连禅河，沐浴全身。通过身体上的沐浴洁净，达到了心灵的净化与升华，最终进入了永无垢染的境界。《大般涅槃经》记述，大善见王在讲述自己的前世时曾提及，"我于往昔八万四千岁而为婴儿，八万四千岁而为童子，八万四千岁为灌顶太子，八万四千岁为灌顶王，然后得成转轮圣王"。[①] 如此种种，使得沐浴的含义得到更进一步的升华，沐浴与佛教也有了更为深刻的渊源关系。

佛教密宗效此法，凡弟子入门或继承阿阇梨（karmacarya）位时，必须经本师以水或醍醐灌洒头顶。不仅表示诸佛的护念与慈悲，也表示佛行的崇高。[②] 因此，释迦牟尼诞生后的"灌浴"，不仅意味着对印度古老灌顶仪式的传承，象征权力的移交和接管；同时也意味着新生、重生。圣子耶稣也是"重生"的，约旦河水的洗礼给他以精神上的新生；埃及法老为了获得神性，也要举行第二次神秘受孕和出生的象征仪式；希腊神话中的英雄赫拉克勒斯为获得神的不死性，过继给了第二个母亲——赫拉。"灌浴"以充满仪式感的方式确立了释迦牟尼的神格形象。

释迦牟尼的诸多神话文本，对释迦牟尼太子诞生后的灌浴过程有详尽描述（如表2-5所示），灌浴参与者有龙王兄弟、梵天和帝释天、九龙、四天王、诸天人等。灌浴者多为龙王，《修行本起经》中为龙王迦罗和郁迦罗两兄弟，《普曜经》明确为九龙。

---

① （东晋）法显译《大般涅槃经》卷下，《中华藏》第31册，中华书局，1987，第202页下。
② 丁福保编《佛学大辞典》，第354页。

表 2-5 汉译佛传文本中"灌浴太子"情节记述

	灌浴太子
《修行本起经》	有龙王兄弟,一名迦罗,二名郁迦罗,左雨温水,右雨冷泉,释梵摩持,天衣裹之,天雨花香,弹琴鼓乐,熏香烧香,捣香泽香,虚空侧塞
《太子瑞应本起经》	是时天地大动,宫中尽明。梵释神天,皆下于空中侍。四天王接置金机上,以天香汤,浴太子身
《普曜经》	天帝释梵,忽然来下,杂名香水,洗浴菩萨,九龙在上,而下香水,洗浴圣尊,洗浴竟已,身心清净
《异出菩萨本起经》	四天王即来下作礼,抱持太子,置黄金机上,和汤浴形
《佛所行赞》	应时虚空中,净水双流下。一温一清凉,灌顶令身乐
《佛本行经》	大龙王子,如须弥山;目犹日月,动海出水。头戴云盖,速疾寻至;细雨香水,敬浴太子
《过去现在因果经》	时四天王,即以天缯,接太子身,置宝机上……难陀龙王、优波难陀龙王,于虚空中,吐清净水,一温一凉,灌太子身
《佛本行集经》	菩萨初从母胎出时,时天帝释,将天细妙憍尸迦衣,裹于自手,于先承接,擎菩萨身
《方广大庄严经》	帝释及婆婆世界主梵天王,恭敬尊重,曲躬而前,一心正念,即以两手,覆憍奢耶衣,承捧菩萨
《众许摩诃帝经》	时诸天人,于虚空中,持白伞盖,覆菩萨顶;又复诸天,降二种雨:或冷或温,灌顶沐浴

资料来源:①(东汉)竺大力译《修行本起经》卷上,《中华藏》第34册,第426页上。

②(三国吴)支谦译《太子瑞应本起经》卷上,《中华藏》第34册,第485页中。

③(西晋)竺法护译《普曜经》卷2,《中华藏》第15册,第373页上。

④(西晋)聂道真译《异出菩萨本起经》,《中华藏》第24册,第159页上。

⑤(北凉)昙无谶译《佛所行赞》卷1,《中华藏》第50册,第403页下。

⑥(刘宋)释宝云译《佛本行经》卷1,《中华藏》第50册,第296页中。

⑦(刘宋)求那跋陀罗译《过去现在因果经》卷1,《中华藏》第34册,第519页中。

⑧(隋)阇那崛多译《佛本行集经》卷8,《中华藏》第35册,第645页中。

⑨(唐)地婆诃罗译《方广大庄严经》卷3,《中华藏》第15册,第252页下。

⑩(宋)法贤译《众许摩诃帝经》卷3,《中华藏》第64册,第337页上。

从释迦牟尼神话中灌浴太子的图像来看,犍陀罗地区的图像中为释迦牟尼太子施洗者均为梵天和帝释天。收藏于白沙瓦大学考古博物馆的"灌浴太子"浮雕,裸体的释迦牟尼小太子站于三脚台几

之上，螺髻梵天与戴冠帝释天手持宝瓶，将泉水从太子头上淋下
（如图 2 - 54 所示）。在另一座犍陀罗地区的"灌浴太子"浮雕中，
为太子灌水洗浴的仍然是梵天与帝释天，但又有两位侧身跪坐服侍
太子洗浴的天人，梵天与帝释天两侧也有两位合掌祈祷的天人（如
图 2 - 55 所示），从数量以及戴冠的形象上来看应该为四天王。如

图 2 - 54　灌浴太子　犍陀罗地区　白沙瓦大学考古博物馆藏

资料来源：〔巴基斯坦〕穆罕默德·瓦利乌拉·汗：《犍陀罗：来自巴基
斯坦的佛教文明》，第 114 页。

图 2 - 55　灌浴太子　犍陀罗地区　2~3 世纪　白沙瓦博物馆藏

资料来源：星云大师总监修《世界佛教美术图说大辞典》（雕塑），佛
光山宗委会，2013，第 1247 页。

图 2 - 56 所示的"灌浴太子"浮雕中，很明显为太子施洗沐浴的是梵天与帝释天。

图 2 - 56　灌浴太子　犍陀罗地区　白沙瓦博物馆藏

资料来源：刘连香：《北朝佛传故事龙浴太子形象演变》，《敦煌研究》
2014 年第 6 期，第 11 页。

日内瓦民俗学博物馆所藏的犍陀罗地区"灌浴太子"场景浮雕，与上述两个浮雕中由梵天与帝释天注水灌浴的场景非常类似。但值得注意的是，此浮雕中，在释迦牟尼太子的头顶上方配置了数条龙（如图 2 - 57 所示）。

就目前收集到的中国"灌浴太子"的图像资料中，对释迦牟尼太子进行施洗者都为龙王，而没有出现犍陀罗浮雕中常常出现的梵天与帝释天。龟兹克孜尔石窟第 99 窟、第 110 窟和第 114 窟的灌浴太子图像（如图 2 - 58、图 2 - 59、图 2 - 60 所示）中，迦罗和郁迦罗两龙王头戴华盖，屈膝呈跪拜姿势侍奉站立于圆形台几上的释迦牟尼太子，太子头顶上方或身后有龙为之灌浴。三幅图像中，为释迦牟尼太子灌浴的龙的数量有所不同，第 99 窟图像中明显为九条龙；而藏于柏林国立印度博物馆的克孜尔石窟第 110 窟的图像从残存的数量推

图 2－57　灌浴太子　犍陀罗地区　日内瓦民俗学博物馆藏

资料来源：〔日〕栗田功：《大美之佛像：犍陀罗艺术》，第 112 页。

图 2－58　龙浴太子　克孜尔石窟第 99 窟　4 世纪末

资料来源：刘连香：《北朝佛传故事龙浴太子形象演变》，《敦煌研究》2014
年第 6 期，第 9 页。

图 2 - 59　灌浴太子　克孜尔石窟第 110 窟　柏林国立印度博物馆藏

资料来源：东京国立艺术博物馆等编《ドイツ・トゥルアン探险队・西域美术展》，朝日新闻社，1991，No. 19。

图 2 - 60　龙浴太子　克孜尔石窟第 114 窟

资料来源：刘连香：《北朝佛传故事龙浴太子形象演变》，《敦煌研究》2014 年第 6 期，第 12 页。

测应为十六条龙。第 114 窟图像中，释迦牟尼太子下身着犊鼻裈①，而其余两窟的释迦牟尼太子均为裸体。

自《普曜经》译出的 4 世纪上半叶起，"灌浴太子"中突出"九龙灌顶"的情节。晋陆翙《邺中记》记述，后赵武帝石虎（295～349）性好佞佛，曾作金佛像，坐于车上，九龙吐水灌之。② 民间亦有行九龙灌顶之佛事的风气。

建于北周时期的莫高窟第 290 窟人字坡东坡上坡的"九龙灌顶"图，着犊鼻裈的释迦牟尼太子立于圆形莲花几台之上，上方九龙自上而下围绕在太子四周，并吐出冷热二水为之洗浴。下方有梵天和帝释天两天神侍卫（如图 2 - 61 所示）。"九龙灌顶"场景同样见于北魏太安三年（457）宋德兴造像碑（如图 2 - 62 所示）和兴平北魏皇兴五年（471）的图像（如图 2 - 63 所示）中。

图 2 - 61　九龙灌顶　莫高窟第 290 窟　北周

资料来源：樊锦诗编著《敦煌石窟全集·佛传故事画卷》，第 63 页。

---

① 中国古人将屈膝时，髌骨与髌骨韧带外侧凹陷中的穴位称为犊鼻穴，因此将一种用少量粗布将下体覆之的短裤称为犊鼻裈。相传，三国曹魏时期"竹林七贤"之一阮咸"以竿高挂大布犊鼻裈于中庭"，人多怪之。

② （晋）陆翙：《邺中记·晋纪辑本》，商务印书馆，1937，第 77 页。

图 2 - 62　九龙灌顶　北魏太安三年宋德兴造像碑

资料来源：王慧慧：《佛传中的洗浴太子：从经文到图像的转变》，《敦煌研究》
2014 年第 6 期，第 3 页。

图 2 - 63　九龙灌顶　兴平北魏皇兴五年像

资料来源：李静杰：《北朝佛传雕刻所见佛教美术的东方化过程——以诞生
前后的场面为中心》，《故宫博物院院刊》2004 年第 4 期，第 90 页。

中唐时期莫高窟第 186 窟窟顶南披的"九龙灌顶"图像中，红色祥云中露出四、五分列的九个龙头，祥云下方为模糊的太子形象（如图 2 - 64 所示）。值得注意的是，这幅图像中的"龙"明显具有了中国文化中"龙"的形态特点。

清代《释迦牟尼如来应化事迹》中的"九龙灌顶"图将"七步宣言"融合于同一个画面。图中释迦牟尼太子站立于莲花台座之上，左手指天，右手之地，周围服侍者甚众，祥云中的九条龙喷出香水，为太子灌浴（如图 2 - 65 所示）。其中，龙完完全全地变为了具有典型中国文化特征的形象。

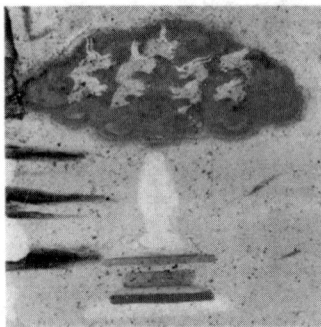

图 2 - 64　九龙灌顶　莫高
窟第 186 窟　中唐

资料来源：王慧慧：《佛传中的洗浴
太子：从经文到图像的转变》，《敦煌研
究》2014 年第 6 期，第 4 页。

图 2 - 65　九龙灌顶　清代

资料来源：王孺童：《佛传——
〈释迦牟尼如来应化事迹〉注译》，第
24 页。

二　犍陀罗龙蛇形象的特殊性

龙（Nāga），梵语为"那伽"，"龙者，长身无足"。① 因此，长

---

① （萧齐）伽跋陀罗译《善见毗婆沙律》卷 17，《中华藏》第 42 册，中华书局，
1990，第 651 页中。

身、无足是那伽最主要的特点。那伽，"蛇属之长也"，源自印度的古蛇崇拜，是印度神话中人首蛇躯的半神灵体（龙蛇、蛇神）。在印度《往世书》时期的传说中，龙蛇被视为释迦牟尼四大弟子之一迦叶的妻子、疾病魔女毗那达（Vinata）的姐姐卡德鲁（Kadru）的后代，居住在位于海底的沃焦石山（Patala）。其首领为"那伽王"（龙王），那伽王中最有名的为天神与阿修罗搅乳海时用作绳索的九头巨蛇之王婆苏吉（Vāsuki）和婆苏吉的哥哥，即支撑大地的千首蛇王舍湿（Sesa）。

从历史学的角度来看，龙蛇为古代印度的一个部落。《一切经音义》曰："那伽，此译云龙、云象，言其大力，故以喻焉。"[1] 舍湿即为所有那伽中力量最大与最具智慧者，常被视为毗湿奴的化身之一。那伽知晓许多神奇的法术，"有神力、变化云雨"，[2] 后来那伽王被佛教吸收为之护持佛法，成为八部众之一。共有八大龙王（Nāgarajak），皆被派驻在须弥山最底层的波陀罗（Bhadrapāla）和摩诃陀罗这两个世界，守护宝藏。

从现藏于瑞士日内瓦民俗博物馆中的"灌浴太子"图，到克孜尔石窟第99窟、第110窟和第114窟中的"龙浴太子"图，再到莫高窟第290窟、北魏太安三年宋德兴造像碑、兴平北魏皇兴五年像的"九龙灌顶"图中的龙，均为明显的龙蛇形象。

龙蛇形象常常以"二龙系珠"的构图方式作为犍陀罗石刻菩萨像的项链装饰。犍陀罗地区的石刻菩萨可分为释迦牟尼菩萨、弥勒菩萨和观音菩萨三类。菩萨（Bodhisattva），是"菩提萨埵"的音译略称，意为"觉有情""道众生"。《大乘义章》曰：菩萨"具修自利，利他之道"。[3] 因此，菩萨不仅是释迦牟尼慈悲的化身，为救度众生而充当人与佛之间的舟楫，而且也是大乘佛教兴起的重要标志。

释迦牟尼菩萨即为悟道成佛之前的悉达多太子，亦称王子菩萨。

① （唐）慧琳：《一切经音义》卷9，《中华藏》第57册，中华书局，1993，第557页下。
② 丁福保编《佛学大辞典》，第465页。
③ （隋）慧远：《大乘义章》卷14，《大正藏》第44册，第755页中。

造像中的释迦牟尼菩萨上身几乎裸露，只有一条长长的披帛自左肩缠裹着左臂，斜披至腰间呈半圆形垂落，身上佩戴着耳环、璎珞、护符、项链、臂钏和手镯等珠宝饰物。白沙瓦博物馆的释迦牟尼菩萨坐像中，在释迦牟尼菩萨胸前所戴项链的中央部位，有二龙蛇以口衔住穿珠绳索的两端，呈"二龙系珠"状（如图2-66所示）。

图2-66　释迦牟尼菩萨坐像"二龙系珠"及细部　犍陀罗
2世纪　白沙瓦博物馆藏

资料来源：〔日〕田边胜美编《世界美术大全集·东洋编》第15卷《中央アジア》，东京小学馆，1999，No.124。

现藏于巴黎吉美博物馆的2世纪中叶的犍陀罗地区释迦牟尼菩萨立像，表现出的释迦牟尼王子带有印欧混血儿的特征，异常俊美，英姿勃勃。眉宇清朗，五官端正，头上缠着印度王子的攒花头巾，缠绕着左臂的披帛自左肩垂落腰间，下身着一条印度式围腰布兜蒂

(Dhoti)，类似早期希腊雕刻中的燕尾形衣纹。身上佩戴各种类型的珠宝饰物，胸前同样有一条"二龙系珠"状的饰物（如图 2-67 所示）。

约作于公元 3 世纪，现藏于美国加州帕萨迪纳诺顿赛门博物馆的释迦牟尼菩萨造像，释迦牟尼王子的造型与前两座造像十分相似，头光与眉间白毫无异于佛像，标志着菩萨具有佛性的神圣身份。可能受到贵霜男子蓄须习惯的影响，三尊释迦牟尼菩萨造像中的王子菩萨都蓄有唇髭。胸前的项链也为"二龙系珠"状（如图 2-68 所示）。

图 2-67　释迦牟尼菩萨立像　犍
陀罗地区　2 世纪中叶
巴黎吉美博物馆藏

资料来源：Jeannine Auboyer Buddha，*A Pictorial History of His Life and Legacy*，pic. No. 42。

图 2-68　释迦牟尼菩萨造像　犍
陀罗地区　3 世纪
美国加州帕萨迪纳
诺顿赛门博物馆藏

资料来源：星云大师总监修《世界佛教美术图说大辞典》（雕塑），佛光山宗委会，2013，第 1213 页。

巴基斯坦博物馆藏，贵霜王朝时期释迦牟尼菩萨立像，胸饰也是以双龙为主的串饰（如图 2-69 所示）。二龙所系之珠为转轮王的七

宝之一神珠宝（Maniratna），是搅乳海时露出水面的具有传奇色彩的
红宝石，后成为毗湿奴的胸饰。具有神奇的八大特征与功能：照亮黑
夜；生成转轮王所希望的一切；控制龙众；治愈疾病；等等。也有学
者认为，二龙所系之珠为夜明珠，图像中往往表现为包在烈焰中的红
色或者白色小球，生成于太阳之火中。[1]

图 2－69　释迦牟尼菩萨立像及细部　犍陀罗白沙瓦出土　2～3 世纪
巴基斯坦白沙瓦博物馆藏

资料来源：星云大师总监修《世界佛教美术图说大辞典》（雕塑），佛光山宗委
会，2013，第 1284 页。

[1] Robert Beer, *The Handbook of Tibetan Buddhist Symbols*, p. 77.

　　还有一种特殊情况是，在同一时期犍陀罗地区出土的释迦牟尼菩萨的造像中，垂挂的胸饰是以三道丝绳、莲花状圆筒柱、两飞天状童子、盛放宝物的宝石箱四部分组合而成（如图 2－70 所示）。飞天之势的童子与宝石箱造型也常常出现在同一时期释迦牟尼菩萨造像的发髻上方。在发髻的前最上方，还有一尊那耆尼（Nagini）龙女和一只迦楼他（Garuta）小鹰的造像装饰。这种造像方式完全受到希腊艺术的影响。希腊神话中的美少年伽倪墨得斯（Ganymedes）因为俊美出众而被宙斯化作一只鹰攫走，成为宙斯的宠人和酒僮。伽倪墨得斯被攫走的神话也是古希腊雕刻家列奥哈尔艺术品的题材。

图 2－70　释迦牟尼菩萨立像及细部　犍陀罗出土
2～4 世纪　美国加州旧金山亚洲艺术博物馆藏

　　资料来源：星云大师总监修《世界佛教美术图说大辞典》（雕塑），佛光山宗委会，2013，第 1285 页。

上述造像方式仅存于犍陀罗地区菩萨造像的装饰中，在其他文化中几乎不见，并随着犍陀罗文化的衰亡而消失。原因有二。一者，释迦牟尼菩萨是即将获得无上正觉，但尚未完全脱离尘世间浮华的圣人。因此，在造像上比起庄重、拘谨的释迦牟尼佛像，多了一些活泼与华贵，常常以头巾、披帛、布兜蒂以及各种珠宝饰物加以修饰。二者，身为"八部众之一"的龙蛇非常适应犍陀罗温暖潮湿的气候，"那伽从深邃的宇宙之水中生出……象征着生与重生的生命力"。[1] 其在佛教中的主要职能是护持佛法，对于尚未悟道成佛的释迦牟尼菩萨来说，佩戴饰有"二龙系珠"的项链亦有护身之功能。

但更为重要的原因在于，龙是西迁中亚、以将佛教推广到东方各地而闻名的大月氏人的图腾。20 世纪初在新疆库车、焉耆等古代遗址以及敦煌藏经洞曾发现大批用吐火罗语书写的宗教、文学和医学文献。根据语言学家的深入研究，林梅村先生认为吐火罗语是流行于塔里木盆地的一种印欧语系的死语言，并有四种方言，其中之一就是从敦煌西迁中亚的大月氏人所操的方言。[2] 古希腊作家斯特拉波在其著作中将"大月氏人"称为"吐火罗人"。英国语言学家亨宁（W. B. Henning）考证，古代粟特钱币铭文中提到的"吐火罗人"，也就是粟特人口中的"大月氏人"。[3] 1979 年在阿富汗西北边境发现的一处被称为"黄金之丘"（Tillya-Tepe）的古代游牧人墓地中，出土了大量以龙为主题的艺术品。[4] 新旧《唐书》曾记载焉耆的吐火罗王以龙为姓氏。敦煌写本中也有"龙部落本焉耆人，今甘、肃、伊州各有首领"的记载。[5] 曾经臣服于大月氏的大夏，亦有"龙

---

① Heinrich Robert Zimmer, *Myths and Symbols in India Art and Civilization*, ed. by Joseph Campbell（Princeton University Press，1972），p. 63.

② 参见林梅村《古道西风——考古新发现所见中西文化交流》，三联书店，2000，第 3~4 页。

③ 参见林梅村《西域文明：考古、民族、语言和宗教新论》，东方出版社，1995，第 269 页。

④ 参见林梅村《西域文明：考古、民族、语言和宗教新论》，第 267 页。

⑤ 参见林梅村《西域文明：考古、民族、语言和宗教新论》，第 271 页。

夏"之称。① 大月氏攻占大夏本土后，分裂为休密、双靡、贵霜等五翕侯，因此，月氏人是吐火罗民族中最为活跃的一支，其原始宗教是对某种龙神的崇拜。

三 中国九龙形象的特殊性

龙也是中国传统文化中最为重要的一种神话动物，源自中国古代的星象与占卜传统。对龙的文字描述最早出现于《山海经》与《易经》中，考古学界普遍认为龙的图像完全形成于夏商代，而最早可以追溯到宗教巫术之风盛行的新石器时期具有龙特征的动物图像。② 龙象征着天界（春天）发出强光的阳性、变化和创造力。古代中国就有将东南西北四方与春夏秋冬四时相对应的神话思维。东方是春天、光明和生命的象征。春天的龙（青龙）为生命轮回之标志，代表着生。因此，中国龙往往与东方和阳性数字"九"相关联。根据印度的种姓制，龙蛇也可以分为五个等级。东方为白色的刹帝利；南方为黄色的吠舍；西方为红色的婆罗门；北方为绿色的首陀罗；中央为黑色的无种姓。印度之龙蛇与中国之龙神都具有兴云布雨的神性功能。

中国龙常常以三大物种的九小物种形式出现，强龙或长角的雷龙以及有鳞的蛟龙最为常见。东汉王符言："龙无尺木，不能升天。"③ 唐代段成式在《酉阳杂俎》中解释道，尺木即为龙角，是龙可以神通与升天的重要标志，否则等同于凡兽。角不仅是雄性动物的标志，而且是旺盛生命力的表征。因此，龙角是中国龙最显著的特征之一。龙既能升天，又能潜海，"春分而登天，秋分而潜渊"。④ 中国古籍所载的传说中，龙

---

① 参见李山译注《管子·山至数第76》，中华书局，2009，第302页。
② 参见汪田明《中国龙的图像研究》，中国艺术研究院，2008，第33页。
③ （宋）罗愿：《尔雅翼》，石云孙点校，黄山书社，1991，第283页。
④ （宋）罗愿：《尔雅翼》，第283页。

亦可成为天神的坐骑，"龙驾兮帝服，聊翱游兮周章"。[①] 龙在中国文化中成为沟通天、地、人、神的瑞兽与使者。

长沙马王堆一号西汉墓出土的彩色帛画"龙神"图（如图2-71所示）中的龙神：长角、蛇躯、兽足，展翅飞翔，充分体现了中国龙的特点。馆藏于大英博物馆敦煌东汉时代的龙文经锦断片（如图2-72所示）基本保留了西汉时期中国龙的身形特点。

图2-71 龙神 长沙马王堆一号西汉墓出土

资料来源：湖南省博物馆编《长沙马王堆一号汉墓》，文物出版社，1973，第56页。

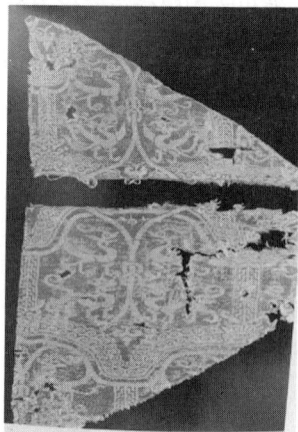

图2-72 龙文经锦断片 敦煌 东汉 大英博物馆藏

资料来源：大英博物馆监修、ロデリック・ウイットフイールド编集解说《西域美术（全3卷）大英博物館スタイン・コレクシヨン 第3卷 敦煌繪画 Ⅲ》，第87页。

隋代莫高窟第392窟藻井中的"双龙夺珠"图，两条从侧面疾驰的龙争夺着一颗置于莲花中的宝珠（如图2-73所示）。瘦长的龙身表现其动态之美，是敦煌藻井纹饰中最早的龙的形象。龙的形象也

---

① 董楚平译注《楚辞译注》，上海古籍出版社，1986，第46页。

出现在同一时期的佛传图像中。隋代莫高窟第 380 窟北壁表现释迦牟尼说法时的圣迹场景，如图 2 – 74 所示，居于画面正中的释迦牟尼右手持钵，钵中有龙。

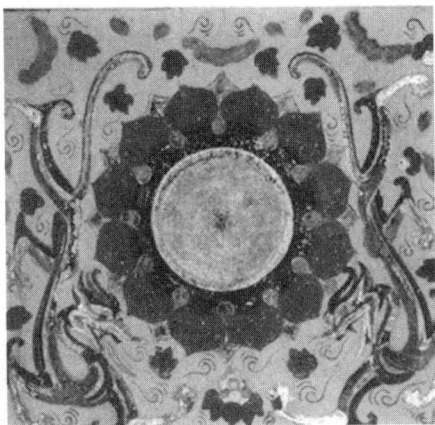

图 2 – 73　双龙夺珠　莫高窟第 392 窟　隋代

资料来源：刘玉权主编《敦煌石窟全集·动物画卷》，上海人民出版社，2000，第 202 页。

图 2 – 74　降龙入钵及细节　莫高窟第 380 窟　隋代

资料来源：孙修身主编《敦煌石窟全集·佛教东传故事画卷》，第 26 页。

初唐以后，龙的形象更是比比皆是，不仅形体变大、多样化，而且刻画得更加细腻。莫高窟第332窟西龛释迦牟尼涅槃图像中的龙，位于佛床的壸门中，肩部有翼，身体细长，举爪坐地，昂首仰望着释迦牟尼（如图2－75所示）。中唐榆林窟第25窟出现"守宝神龙"图，画面中呈静态坐于彩云之上的龙，守护着翅头末城儴佉王向弥勒佛所供奉的"七宝"中的库藏珍宝（如图2－76所示）。如同希腊神话中永远不会睡觉、不停喷吐火焰的毒龙，看守着挂在战神阿瑞斯（Ares）圣林中的圣树上、闪着耀眼金光的金羊毛一样。

图2－75　门中的龙　莫高窟第332窟　初唐

资料来源：刘玉权主编《敦煌石窟全集·动物画卷》，第204页。

唐代以来出现在佛传"九龙灌顶"图中的龙，不仅明显具有了中国文化中龙的形态特点，而且往往以九条龙的形态出现。从大英博物馆藏的唐代敦煌染织佛传断片中可以清楚地看出这一特点。如图2－77和图2－78所示，区别在于前者"九龙灌顶"中的龙形近似龙蛇形；

图 2-76　守宝神龙　榆林窟第 25 窟　中唐（吐蕃）

资料来源：刘玉权主编《敦煌石窟全集·动物画卷》，第 205 页。

图 2-77　九龙灌顶　唐代（9 世纪）

资料来源：大英博物館監修、ロデリック・ウイットフイールド编集解说《西域美術（全 3 卷）大英博物館スタイン・コレクシヨン 第 1 卷 敦煌繪画Ⅰ》，第 143 页。

图 2-78　九龙灌顶　唐代（9世纪）　大英博物馆藏

资料来源：大英博物馆监修、ロデリック・ウイットフイールド编集解说《西域美術（全3卷）大英博物館スタイン・コレクシヨン　第1卷　敦煌繪画Ⅰ》，第143页。

后者几乎完全呈现中国龙的特点，同样的形状也可见于前文图像中的唐代莫高窟第186窟佛传图和清代《释迦牟尼如来应化事迹》。宋代罗愿所作《尔雅翼·释鱼一》言，东汉王符称龙形有九似：角似鹿，头似驼，眼似鬼，项似蛇，腹似唇，鳞似鱼，爪似鹰，掌似虎，耳似牛。①

_____

① （宋）罗愿：《尔雅翼》，石云孙点校，黄山书社，1991，第283页。

明清以来，中国民间广泛流传"龙生九子"的说法，以陆容的《菽园杂记》、杨慎的《升庵集》为代表的明代学人笔录也详细记载了九个龙子的情况。

在古代中国的文化观念中，数字"九"充满了神秘的象征意义。《楚辞章句·九辩章句》："九者，阳之数，道之纲纪也。故天有九星，以正机衡；地有九州，以成万邦；人有九窍，以通精明。"[①] "九"为阳数之极，象征着高不可及的神话空间。屈原《天问》中有"圜则九重""增域九重""九天之际"；《离骚》中有"指九天以为证"的说法，奠定了中国文化中以"九"的神秘用法，衍生出"九重""九天"等以表达无限广阔的神话空间的思维模式。[②]

四 梵天与帝释天：释迦牟尼奇异诞生的见证者

梵天（Mahābrahman）与帝释天（Sakra）在释迦牟尼诞生神话中具有特殊意义。树下诞生、七步宣言、灌浴太子的关键时刻都有梵天和帝释天的在场，可谓释迦牟尼奇异诞生的见证者。

梵天最初出现于吠陀、奥义书时代，是婆罗门教的神祇。《吠陀》中的梵天还不具有神格，仅仅是非人格化的、哲学抽象的最高存在"梵"（Brahma），是祭司念诵真言时所具有的一种神秘之力、绝对之力。《百道梵书》中的梵天已经升格为宇宙的原初，是诸神的创造者。《奥义书》中，梵天完全被神格化，是万物的创造者。印度教神话中，梵天为世界的创造者，与持世者毗湿奴和毁灭者湿婆并称为三大主神。创造、保护、毁灭，就此体现了印度人所认为

---

① （东汉）王逸：《楚辞章句·集部》卷8，四库馆，1868年影印版，第126页。
② 叶舒宪等：《中国古代神秘数字》，社会科学文献出版社，1998，第208页。

的宇宙法则。

虽然梵天位列三大主神之一，但他始终依附于湿婆与毗湿奴，并未成为宗派之崇拜主神。原因在于，他是从躺在千首蛇舍湿身上、进行闭目沉睡的毗湿奴的肚脐上开出的莲花中出生的；梵天是从《百道梵书》《奥义书》中的"梵"演变而来，正是这种形而上学思辨中的"梵"制约着宗教神话中的梵天。

早期佛教虽然反对婆罗门教的天神至上，但并不否认天神的存在，诸天神是一切有情众生世界的重要组成部分。释迦牟尼神话中梵天为护法神，成为三界中的色界天主。"梵者清净之义，为离淫欲之色界诸天通名，今谓其中初禅天之王为大梵天。"并分为梵众天（Brahmakāyika）、梵辅天（Brahmapurohita）、大梵天（Mahābrahman），"大梵为君，梵辅为臣，梵众为民"，大梵天是色界初禅天之王。因为梵天深信正法，"每逢佛出世，必最初来请转法轮，又常住佛之右边，手持白拂"。

帝释天，梵文名为"释迦牟尼提桓因陀罗"（Devānām indra），意为"天神中的因陀罗"，略称为"释提桓因"。其居须弥山之顶的帝释天宫，统领其他三十二天，是欲界忉利天之主，是释迦牟尼神话中最活跃的神。阿修罗是帝释天的天敌，《杂阿含经》记述，释迦牟尼住舍卫国祇树给孤独园时，告诉诸比丘，有一次，阿修罗与帝释天之间发生鏖战，"天帝释军坏退散，极生恐怖，乘车北驰，还归天宫"。在须弥山下道经丛林时，遇到许多金翅鸟子，帝释天心生怜悯，告御者言："可回车还，勿杀鸟子……宁当回还，为阿修罗杀，不以军众，蹈杀众生。"结果，"阿修罗军，遥见帝释，转乘而还，谓为战策，即还退走，众大恐怖，坏阵流散，归阿修罗宫"。释迦牟尼于是常常赞叹帝释天的慈心功德。帝释天在释迦牟尼神话中成为释迦牟尼的守护神和践行"佛说"的典范。

"梵天帝释并日月，十方诸佛悉鉴知。"梵天与帝释天始终是既对立又互补的关系。一个统领色界，一个统领欲界，色界为摆脱爱欲与食欲的有情者居住，欲界为具有爱欲和食欲的有情者居住。梵天是将宇宙的真理神格化了的神，占据着精神界主的地位，具有行者的形象；帝释天是充满活力的战士，也被称为支配世俗世界的众神之王，具有王者的形象。因此，在释迦牟尼神话中，梵天与帝释天作为释迦牟尼之左右护法，象征着"行者"与"王者"、"精神"与"世俗"的统一。

第三章

降魔成道

"成道虽为八相中之一，然为八相中之主脑，故别揭成道之名。"①"成道"是"八相中之主脑"，释迦牟尼降魔的过程也就具有了更为特殊的意义，备受佛教推崇。宋代志磐《佛祖统纪》曰："《因果经》、《四教仪》，先降魔后成道。《华严经》先成道后降魔……大乘开住胎合降魔于成道，小乘开降魔合住胎于托胎。"②

　　一般认为，大乘佛教与小乘佛教内容之别就在于，前者有"住胎"，后者有"降魔"，因此，"降魔"为小乘佛教之专有内容。事实上，从唐宋以来的文献资料来看，中土佛教并没有对此做出严格区分。"降魔""成道"都是大小乘佛教神话中不可或缺的重要部分。降魔成道是释迦牟尼神话中的重要部分，是释迦牟尼从人格化向神格化过渡的重要阶段。

---

① 丁福保编《佛学大辞典》，第 133 页。
② （宋）志磐：《佛祖统纪》卷 2，《大正新修大藏经》第 49 册，第 145 页上～146 页下。

第一节 降魔成道的文本与图像

一 降魔成道的文本

魔（Māra），音译为"魔罗"，意译为"恶魔"或"邪恶者"。"mr"在梵文中为"死"之意，"māra"可直译为"使人死亡者"。虽然佛教神话中的神与魔基本上来自婆罗门教神话体系，但释迦牟尼神话中的"魔罗"却有别于婆罗门教神话中掌管人寿的死神"阎摩"（Yama）。"阎摩"在汉译佛传文本中被译为"阎罗"或"阎魔"，是释迦牟尼神话世界中，惩处恶人、司管地狱的地狱之王。

降魔（Māra-pramardana），降伏恶魔也。"魔有四种：烦恼魔、五阴魔、死魔、天魔。今此言魔，正属天魔。"① 自他而来的天魔被称为"外魔"，其他三种由自身产生，被称为"内魔"。"天魔"是释迦牟尼所破的"四魔"之一，就是"魔王波旬"。波旬是"梵文'Māra Pāpīyas'的音译，意思为'罪大恶极的魔罗'"。② 佛教经典记载，诸佛出世，魔各不同，波旬是"第六天主也，此云恶爱，即释迦牟尼出世，魔王名也"，③ 是扰乱释迦牟尼修行、处心积虑破坏释

---

① （明）弘赞在犙辑《四分律名义标释》卷2，《大正新修大藏经》第44册，第421页上。

② 郭良鋆：《佛教神话中的魔罗》，《南亚研究》1986年第4期，第49页。

③ 丁福保编《佛学大辞典》，第543页。

迦牟尼获得无上智的障碍者。

魔王波旬在扰乱释迦牟尼修行、破坏其获得无上正觉的过程中采用的主要方式，一是魔女诱惑，二是率领众魔军进攻。魔王波旬的三个女儿分别名为欲染、悦人、爱乐，施展 32 种方法诱惑释迦牟尼，均以失败告终。魔王波旬的十支军队分别名为贪、厌、饿、渴、欲、懒、惧、疑、怒、骄，这十支军队向释迦牟尼发起进攻，也以失败告终。汉译佛传文本中的记述较为复杂，现将其中涉及的降魔人物做简要梳理（如表 3 - 1 所示）。

表 3 - 1   汉译佛传文本中降魔人物关系

	《修行本起经》	《太子瑞应本起经》	《普曜经》	《佛所行赞》	《佛本行经》	《过去现在因果经》	《佛本行集经》	《方广大庄严经》	《众许摩诃帝经》
起因	眉间白毫放光，感动魔宫	心中烦毒	心中愤乱			魔宫摇动，魔王心中懊恼	眉间白毫放光，感动魔宫	梦见三十二种不祥之相	魔宫疑相旗摇动
魔子谏父	须魔提（贤意）	萨陀	右五百魔子			萨陀	长子商主	右五百魔子清白之部*	
魔子导师劝阻魔王	无	无	有	无	无	有	无	有	无
三魔女	有	有	无	有	有	有	有	有	有
四魔女	无	无	有	无	无	无	无	无	无
魔女变老妇	有	有	有	无	有	有	有	有	有
魔军进攻	有	有	有	有	有	有	有	有	有
地神作证	无	无	无	有	有	有	有	有	无
魔军失败	有	有	有	有	有	有	有	有	有

注：* "其五百子清白之部，在魔王右，归依菩萨，其五百子冥黑之部，在魔王左，赞助魔王。"《方广大庄严经·降魔品》卷9，《中华藏》第15册，第311页下。

释迦牟尼在降伏魔王波旬、魔女以及众魔军时，并没有使用自己所具有的种种神通，而是结跏趺坐"志意坚固；内以心识"，[①] 依靠"禅定"和"慧"，手作"降魔之印"。原始佛教认为，人性中存在善、恶两个方面，人应该不断地弃恶扬善，但始终存在一种驱使人从恶的内心诱惑和欲望。因此，魔王波旬既是扰乱释迦牟尼修行成道的一个具体的作恶者、诱惑者、障碍者，同时也是"邪恶""诱惑""障碍"抽象概念的象征。换言之，"魔王波旬"既是"外魔"的表征，也是"内魔"的象征。

汉译佛传文本中，西晋竺法护译《普曜经》、隋代阇那崛多译《佛本行集经》、唐代地婆诃罗译《方广大庄严经》和宋代释宝云译《佛本行经》，都有《降魔品》或称为《菩萨降魔品》，北凉昙无谶译《佛所行赞》有《破魔品》。其中，阇那崛多译《佛本行集经》是佛传文本中内容最繁杂的一部，降魔内容有六品之多，降魔过程描述冗长而翔实。由于文本的原本与译出年代等因素的影响，记述内容与详略存有不同情况，但是通观诸多文本，释迦牟尼降魔成道的主要线索为：六年苦修—禅河沐浴—牧女献糜—魔军鏖战—坐菩提座—地神作证—诸天赞贺。

《方广大庄严经》详细记述了释迦牟尼在菩提树下结跏趺坐、沉思禅定、觉悟十二因缘，于后半夜明星升起之时，觉悟苦、集、灭、道四谛而成佛的过程：

> 尔时菩萨住于正定，其心清白，光明无染，离随烦恼，柔软调和，无有摇动，至初夜分，得智得明，摄持一心，获天眼通。菩萨即以天眼观察一切众生，死此生彼，好色恶色，胜劣贵贱，随业而往，皆悉了知……于中夜分摄持一心，证得忆念过去宿命

---

① （刘宋）释宝云译《佛本行经》卷3，《中华藏》第50册，第330页中、下。

智，通观过去自、他所受生事，皆悉了知。……菩萨作是念言：
"一切众生住于生、老、病、死险恶趣中，不能觉悟，云何令彼
了知生老病死苦蕴边际？"作是思惟："此老病死，从何而
有？"……尔时菩萨既知无明因行，行因识，识因名色，名色因
六处，六处因触，触因受，受因爱，爱因取，取因有，有因生，
生因老死。忧悲苦恼，相因而生。……如是应知。此是苦，此是
集，此是苦集灭，此是灭苦集道。①

上述释迦牟尼的成道故事具有很强的典型意义和象征意义，说明
瑜伽禅定成为释迦牟尼建立佛教理论和佛教世界观的一种手段和方
法；释迦牟尼注重探究人生的终极意义，以及解脱生死的道理。释迦
牟尼的觉悟，不仅是对客观世界的真实性及人的终极去向的正确认
识，而且更重要的是最终抵达"涅槃"的最高境界。

二　降魔成道的图像

早在印度仅以象征性的符号象征释迦牟尼"在场"时，降魔成
道图像就已出现在桑奇一号大塔西门栏楯浮雕上。图像中央依然用象
征释迦牟尼觉悟成佛的菩提座表示释迦牟尼，左侧为或者击鼓或者奏
乐或者双手合十礼佛者，右侧为持各种武器、姿态各异、溃不成军的
魔众。②《高僧传》记述，刘宋释智猛行至迦维罗卫国，不仅见到了
佛发、佛牙及肉髻骨，而且见到了以宝盖所覆的降魔像。③
犍陀罗地区的释迦牟尼降魔成道场景中，魔军着武士装束，在魔
王波旬的带领下，向释迦牟尼进攻，而且此场景常被表现为战争场

---

① （唐）地婆诃罗译《方广大庄严经》卷9，《中华藏》第15册，第317页中~318页上。
② 王镛：《印度美术》，第65页。
③ （梁）释慧皎：《高僧传》，汤用彤校注，中华书局，1992，第234页。

面，魔王波旬手持刀剑准备砍杀释迦牟尼（如图 3 - 1 和图 3 - 2 所示）。犍陀罗地区塔克西拉出土的释迦牟尼降魔成道浮雕残件，如图 3 - 3 所示，右侧为带项光的释迦牟尼，其坐于在菩提树下的宝座上，左手持衣角，右手施降魔印，左侧为正要拔剑的魔王。

图 3 - 1　释迦牟尼降魔成道　犍陀罗布特卡拉出土

资料来源：〔意〕卡列宁等编著《犍陀罗艺术探源》，第 169 页。

图 3 - 2　降魔成道　2 世纪　犍陀罗　斯瓦特博物馆藏

资料来源：星云大师总监修《世界佛教美术图说大辞典》（雕塑），佛光山宗委会，2013，第 840 页。

图 3 – 3　释迦牟尼降魔成道　犍陀罗地区塔克西拉出土

资料来源：〔英〕约翰·马歇尔：《塔克西拉 Ⅲ》，秦立彦译，
云南人民出版社，2002，第 219 页，No. 105。

　　莫高窟第 254 窟南壁的降魔图是莫高窟石窟中最早的一幅降魔
图，图中位于释迦牟尼右侧的魔王波旬着盔甲，怒视释迦牟尼，欲拔
剑（如图 3 – 4 所示）。身旁的魔子正在劝阻魔王（如图 3 – 5 所示）。魔

图 3 – 4　降魔　莫高窟第 254 窟　北魏

资料来源：樊锦诗编著《敦煌石窟全集·佛传故事画卷》，第 35 页。

王身后的三个女儿着龟兹装，搔首弄姿，作妖媚状（如图 3 - 6 所示）。释迦牟尼始终泰然自若不为魔军所动，并以神通之力将三魔女变为老妪。以手指地，大地震动，群魔头脚颠倒，在恐惧中跪地投降。北周时期莫高窟第 428 窟中的"降魔成道"图（如图 3 - 7 所示），其中也表现了魔子劝谏（如图 3 - 8 所示）和魔女诱惑（如图3 - 9所示）两个情节。

图 3 - 5　魔王与魔子　莫高窟第 254 窟（局部）北魏

资料来源：樊锦诗编著《敦煌石窟全集·佛传故事画卷》，第 36 页。

图 3 - 6　魔王三女　莫高窟第 254 窟（局部）北魏

资料来源：樊锦诗编著《敦煌石窟全集·佛传故事画卷》，第 37 页。

图 3 - 7　降魔成道　莫高窟第 428 窟　北周

资料来源：樊锦诗编著《敦煌石窟全集·佛传故事画卷》，第 44 页。

图 3－8　魔子劝谏　莫高窟
第 428 窟（局部）
北周

资料来源：樊锦诗编著《敦煌石窟
全集·佛传故事画卷》，第 44 页。

图 3－9　魔女诱惑　莫高窟
第 428 窟（局部）
北周

资料来源：樊锦诗编著《敦煌石窟全
集·佛传故事画卷》，第 44 页。

《佛本行集经·魔怖菩萨品》详细讲述，魔王波旬打算阻止释迦
牟尼获无上智，先是"魔王波旬女等，善解女人幻惑之法，更加情
态，益显娇姿，庄严其身，亦现美妙，音辞巧便，来媚菩萨"；然
后，魔王自己"以美言辞，慰喻彼心，而遣其去"。无果，拔利剑，
唤来"身着牢固刚鞈铠甲，手执种种兵戎器仗"的魔军，但是释迦
牟尼始终不为所动，最终战胜魔王，修成佛果。①

_____

① （隋）阇那崛多译《佛本行集经》卷 28，《中华藏》第 35 册，第 819 页中～824
页下。

第二节　降魔成道中的苦行相

　　传说释迦牟尼在摩揭陀国尼连禅河畔木瓜林静坐调息，每天只吃一粒胡麻米，修习了六年严酷的苦行，金黄的肤色变黑，身体极度消瘦，状如骷髅，生命危殆。释迦牟尼经过六年的苦行生活，除了身体羸弱不堪之外，一无所获。后食用牧女采自千叶莲花上的乳糜，迅速恢复体力。经尼连禅河沐浴后，在菩提道场的树下思惟，经与魔王波旬和魔众斗争后获无上正觉。释迦牟尼的苦行情节在多部佛传中有所记述。

　　三国吴支谦译《太子瑞应本起经》与南朝刘宋求那跋陀罗译《过去现在因果经》为同本异译，后者对释迦牟尼降魔成道的过程描述得精彩纷呈，而《太子瑞应本起经》却重在叙述释迦牟尼六年苦行后"形体羸瘦，皮骨相连"，魔王波旬见释迦牟尼"清净无欲，精思不懈"，"心中烦毒，饮食不甘"，于是召三魔女前去诱惑，结果"其三玉女，化为老母"的情节。[①]

　　龟兹克孜尔石窟现存降魔图像共 8 幅，但都流失海外。其中，第76 窟中绘制于 4 ~ 5 世纪的"魔女诱惑"和"降伏魔众"现藏于德国柏林国立博物馆亚洲艺术馆，颇具代表性。不仅表现了释迦牟尼降魔过程中的两个重要情节，而且在"魔女诱惑"图像中，释迦牟尼瘦骨嶙峋、形体羸弱，呈苦行相（如图 3 - 10 所示），与丰乳肥臀的三魔女

---

　　① （三国吴）支谦译《太子瑞应本起经》卷上，《中华藏》第 34 册，第 490 页。

之形象成鲜明对比。从"魔女诱惑"的局部图像可以清晰地看到，后面的两魔女容貌隽秀，头戴花鬘披发于肩；前面的一魔女，束发垂背，赤身露体，体态婀娜，侧身向前色诱释迦牟尼（如图3-11所示）；右侧三白发丑陋老妇为释迦牟尼对三魔女的惩罚。可见克孜尔石窟第

图3-10　魔女诱惑　克孜尔石窟第76窟右壁

资料来源：星云大师总监修《世界佛教美术图说大辞典》（石窟），第470页。

图3-11　魔女诱惑（局部）　克孜尔石窟第76窟右壁

资料来源：星云大师总监修《世界佛教美术图说大辞典》（石窟），第470页。

76窟降魔图与三国吴支谦译《太子瑞应本起经》的记述相吻合。

　　龟兹克孜尔石窟中的"魔女诱惑"图像，将苦行与降魔两个场景结合在一起，实属罕见。这与《太子瑞应本起经》的译者支谦不无关系，也表现了龟兹图像对犍陀罗图像的某种承继关系。支谦祖籍大月氏，贵霜王朝先祖亦为大月氏"五部翕侯"之一。贵霜王朝迦腻色迦王弘扬佛法时，佛教曾以犍陀罗为基地沿丝绸之路北道进行传播，龟兹就是这条传播链上的中心环节与坚固基地。

　　苦行相旨在表现悉达多太子出家之后、悟道之前，作为苦行者的释迦牟尼的菩萨形象。龟兹克孜尔石窟"魔女诱惑"中释迦牟尼的苦行相与犍陀罗地区出土的苦行的释迦牟尼佛像（如图3-12和图3-13所示）

图3-12 苦行的释迦牟尼 犍陀罗 2~4世纪 拉合尔博物馆藏

资料来源：〔日〕栗田功：《大美之佛像：犍陀罗艺术》，第26页。

图3-13 苦行的释迦牟尼 犍陀罗 3世纪 柏林印度艺术博物馆藏

资料来源：〔德〕赫尔穆特·吴黎熙：《佛像解说》，李雪涛译，社会科学文献出版社，2003，第120页。

如出一辙。艺术家用写实手法刻画出释迦牟尼经过六年艰苦的修行，由于过度断食而形销骨立的形象。枯槁的容颜、苍然的须发、深陷的眼窝、突显的肋骨和清晰的血管脉络一目了然。尽管瘦骨嶙峋，他却挺直胸膛，顽强支撑双臂，执着地摆出禅定的手势，以肉体的衰弱丑陋反衬出其精神的伟岸崇高。

大英博物馆藏唐代敦煌绢本着色的幡将释迦牟尼别离、剃发和苦行三个重要经历绘制于同一画面中。苦行的释迦牟尼赤裸着上身，腰间有布缠绕，结跏趺坐于岩石之上，呈冥想状（如图 3 – 14 所示）。而另一幅佛传断片将释迦牟尼苦行与尼连禅河洗浴两个场景放置于同一画面中。主要画面表现洞窟中身体消瘦、入冥想状的释迦牟尼；次要画面表现洞窟前方有两头雄鹿，暗示释迦牟尼不为他物干扰的状态（如图 3 – 15 所示）。

类似的表现手法还见于出土于中国，大约制于 16 世纪，现藏于美国夏威夷檀香山美术馆的"羸弱的释迦牟尼"像。同样突出其经

图 3 – 14　苦行　唐代（8～9 世纪初）　敦煌染织　大英博物馆藏

资料来源：大英博物馆监修、ロデリック・ウイットフイールド编集解说《西域美術（全3卷）大英博物館スタイン・コレクシヨン 第1卷 敦煌繪画Ⅰ》，第164页。

过六年的苦行后极度羸弱的身体状况（如图 3 – 16 所示），以惊人的
人体骨骼解剖结构，表现了释迦牟尼坚忍刚毅的精神力量。

图 3 – 15　苦行　唐代（9 世纪）　敦煌染织　大英博物馆藏

资料来源：大英博物馆监修、ロデリック・ウイットフイールド编集解说《西域美術
（全3卷）大英博物館スタイン・コレクシヨン 第 1 卷 敦煌繪画Ⅰ》，第 165 页。

图 3 – 16　羸弱的释迦牟尼　约 16 世纪　中国　夏威夷檀香山美术馆藏

资料来源：Anil de Silva-vigier, *The Life of The Buddha：Retold From Ancient Sources*, p. 97。

第三节　降魔成道中的地神形象

"垂手指地，指地神为证。"① 地神虽然在释迦牟尼神话中不是最重要的神祇，但他是释迦牟尼获无上正觉的见证者，在释迦牟尼降魔成道过程中起到了极其关键的作用。

一　地神形象的文本记述

地神（Pṛthivī），名为"坚牢"，大地女神之名。早在《梨俱吠陀》中，地神就被赞颂为具有伟大、坚毅、繁育等德行的女神，是古代印度崇祀之神。佛教神话中，因地神是十二天之第十天，亦名"坚牢地天"，也是与水神、风神、火神并列的四大天神之一。

在 13 部汉译佛传文本，如《修行本起经》《太子瑞应本起经》《普曜经》《异出菩萨本起经》《佛所行赞》《众许摩诃帝经》中并无"地神证言"一事。

刘宋释宝云译《佛本行经》记述，释迦牟尼以手指地，三千大千世界为之震动，雨华覆地，种种珠宝、璎珞着其身的地神欢喜雀

_____

① （唐）栖复集《法华经玄赞要集》卷 8，《大藏新纂卍新续藏》第 34 册，河北省佛教协会，2006，第 344 页上。

跃，从水中出，为释迦牟尼作证。① 刘宋求那跋陀罗译《过去现在因
果经》记述，释迦牟尼言"我之果报，唯此地知"时，"于时大地，
六种震动；于是地神，持七宝瓶，满中莲花，从地踊出"。② 隋阇那
崛多译《佛本行集经》和唐地婆诃罗译《方广大庄严经》对地神
的描述最为详尽，使其形象跃然纸上。不仅对地神的服饰进行细
致入微的描绘，而且描绘了地神为释迦牟尼证言之后，以冷水泼
洒魔王，令魔王波旬急速离开，然后将释迦牟尼获无上正觉的菩
提道场清扫干净，洒以香水，散以名花，最后以宝幔将其覆盖的
场景。③

　　因此，地神不仅见证了释迦牟尼成佛的关键时刻，而且在释迦牟
尼降魔成道的过程中起着至关重要的作用。首先，释迦牟尼所作降魔
印就与地神证言相关，"释迦牟尼告曰：'汝勿忧怖，吾以忍力，降
彼必矣。'魔王曰：'谁为明证？'释迦牟尼乃垂手指地，言：'此有
证。'是时，地神踊出作证，故今像手仿昔下垂"。④ 其次，地神不仅
使得这场生死攸关、惊心动魄的佛魔对决有了圆满的结局，而且也为
释迦牟尼获无上正觉做了最关键的证言。

二　地神形象的图像表现

　　现存于德国柏林的犍陀罗释迦牟尼降魔成道图像中，地神形象清
晰可见。位于释迦牟尼座正下方的地神，从花叶中半身示现，双手高
举供养品，目光投向释迦牟尼（如图 3 - 17 所示）。

---

① （刘宋）释宝云译《佛本行经》卷 3，《中华藏》第 50 册，第 329 页下。
② （刘宋）求那跋陀罗译《过去现在因果经》卷 3，《中华藏》第 34 册，第 545
　　页上。
③ （唐）地婆诃罗译《方广大庄严经》卷 9，《中华藏》第 15 册，第 316 页下 ~ 317
　　页上。
④ （唐）玄奘：《大唐西域记》，第 916 页。

图 3 - 17　降魔成道浮雕　犍陀罗

资料来源：〔日〕宫治昭：《犍陀罗美术寻踪》，李萍译，人民美术出版社，2006，第 227 页。

　　地神作证这一情节，在龟兹石窟的降魔成道图中较为常见。敦煌中晚唐五代时期，地神形象也成为降魔成道图中一个不可或缺的因素。龟兹以及敦煌等地图像中的地神形象基本沿袭了犍陀罗浮雕中的地神形象，一般为"形体微妙，以种种真珠璎珞，庄严其身"① 的女性形象，从地踊出，示现半身。

　　如图 3 - 18 所示，降魔成道图中涉及降魔过程中的多个细小情节，有魔子谏父、地神作证、魔军溃败等。其中地神作证是诸情节中的一个重要情节，旨在表现释迦牟尼在菩提树下降魔然后成道的因果关系。位于克孜尔石窟第 98 窟主室前壁门上方的"降魔成道"图（如图 3 - 19 所示），与位于主室正壁的释迦牟尼佛像相对，处于十分

① （唐）地婆诃罗：《方广大庄严经》卷 9，《中华藏》第 15 册，第 316 页下。

图 3 – 18　降伏魔众　克孜尔石窟第 76 窟右壁

资料来源：张丽香：《从印度到克孜尔与敦煌——佛传中降魔图像细节研究》，《西域研究》2010 年第 1 期，第 63 页。

图 3 – 19　降魔成道　克孜尔石窟第 98 窟

资料来源：星云大师总监修《世界佛教美术图说大辞典》（石窟），第 495 页。

重要的位置。再者，第 98 窟是典型的中心柱窟，整个壁画的题材和风格也属于典型的龟兹风格，此图像与第 76 窟的"降伏魔众"图像一致，突出"魔子谏父"和"地神作证"两个情节。

三 于阗地区的地神信仰

于阗地区虽然未见降魔图像出土，但非常流行地神信仰。其原因在于，于阗建国传说与地神神话密切相关。根据《大唐西域记》记述，于阗王瞿萨旦那饮地神之乳才得以成长，建国也完全得力于毗沙门天、吉祥天女和地神的帮助。于是，于阗国信奉毗沙门天王，国王自称"毗沙门天之祚胤也"，并以"瞿萨旦那"（地乳，sa-nu）为国号。① 敦煌藏文文书 P. T. 960《于阗教法史》（*Li yul chos kyi lo rgyus*）也记述了北方天王毗沙门与比丘舍利弗决海，于阗由海水变为桑田后，毗沙门与吉祥天女（Dpal gyi lho mo）以地乳喂养阿育王之弃子，此子亦得名地乳，并建立于阗国的历史传说。② 因此，地神形象常常出现在于阗国王供养像中。敦煌莫高窟第 98 窟东壁甬道口南侧的"于阗国王供养像"中，于阗国王李圣天脚下有圆形头光的地神踊出并托住其双脚（如图 3 - 20 所示），意味着其与毗沙门天王有着同等身份而享有同样的殊荣。

于阗地区热瓦克佛寺遗址中的"毗沙门天王残像"，毗沙门天王像仅存下半身，着齐靴长袍，两脚之间有一仰面、托足的女性地神（如图 3 - 21 所示）。斯坦因拍摄于丹丹乌里克遗址中的壁画，清晰可见侏儒状的地神形象，头大发卷，五官突出，头部抬起，上身平躺，身体赤裸，手臂有臂钏装饰。毗沙门天王着长靴，立于地神之上（如图 3 - 22 所示）。

---

① （唐）玄奘：《大唐西域记》，第 1006 页。
② 参见朱丽双《敦煌藏文文书 P. T. 960 所记于阗建国传说——于阗教法史译注之二》，《敦煌研究》2011 年第 1 期，第 111 页。

图 3 - 20　于阗国王供养像局部　莫高窟第 98 窟　五代

资料来源：彭杰：《库车克孜尔尕哈石窟壁画中的地神》，《西域研究》2007 年第 3 期，第 66 页。

图 3 - 21　毗沙门天王残像　于阗热瓦克佛寺遗址

资料来源：陈粟裕：《从于阗到敦煌——以唐宋时期图像的东传为中心》，方志出版社，2014，第 55 页。

图 3 - 22　毗沙门天王与吉祥天女　斯坦因摄　于阗丹丹乌里克遗址

资料来源：〔英〕奥雷尔·斯坦因：《古代和田——中国新疆考古发掘的详细报告》，图版 Ⅱ。

中唐时期位于莫高窟第 154 窟南壁西侧的毗沙门天王像组图中，其中一幅，毗沙门天王双目圆睁，下颌胡须明显，身形魁梧，右手持矛，左手托佛塔，腰前配弯刀，腰后配长剑，足蹬战靴（如图 3 - 23 所示）。其装束突出的是毗沙门被吸收为佛教护法战神的身份特征。在关于毗沙门天王的绝大多数图像中，地神或者从大地或者从花叶或者从云朵中踊出，示现半身，并托举着毗沙门天王的双足，以示其身份的尊贵与特殊。

同样的构图与造像还见于德国柏林国立印度美术馆所藏的三头四臂毗湿奴造像。在毗湿奴的双脚之间有一下身为莲花的女子，仰面上视，双手托足（如图 3 - 24 所示）。

图 3 - 23　毗沙门天王像　莫高
窟第 154 窟　中唐

资料来源：星云大师总监修《世界佛教美术图说大辞典》（石窟），第 1083 页。

图 3 - 24　毗湿奴像　柏林
国立印度美术馆藏

资料来源：陈粟裕：《从于阗到敦煌——以唐宋时期图像的东传为中心》，第 59 页。

地神托足出现在毗沙门天王像以及毗湿奴造像中，而鲜见于其他天神的造像与图像中，并非偶然。其原因在于，毗沙门天与毗湿奴都承担着惩恶扬善、维护天下秩序的职能。毗沙门天最早在释迦牟尼神话世界中是帝释天的外将、"四大天王"之一。四天王居住在须弥山半山腰的犍陀罗山上，犍陀罗山有四个山头，四天王各居其一，各护一方天下，因此，也被称为"护世四天王"。四天王所居之处被称为"四天王天"（Caturmahārājakāyikās），为六欲天之第一天，毗沙门居住于北多闻天（Dhanada）。《长阿含经》云："北方天王名毗沙门，此云多闻主，领夜叉罗刹将，护郁单越人。"① 因此，在早期犍陀罗地区的浮雕"四天王捧钵"图（如图3-25所示）以及隋至初唐时期敦煌莫高窟第380窟的"南北两大天王像"（如图3-26所示）中，毗沙门天仅仅是常见的护法善神，与其余三大天王一同出现。位于莫高窟第380窟东壁门南北两侧的两大天王像中，北方多闻天王位于门之南侧，头戴双翼兜鍪，右手持矛触地，左手托塔；与位于门之北侧的南方增长天王两相对立。

图3-25　四大天王捧钵　犍陀罗地区　3~5世纪

资料来源：〔日〕田边胜美编《世界美术大全集·东洋编》第15卷《中央アジア》，No.252。

---

① 《醒世录》卷1，《嘉兴藏》第23册，民族出版社，2008，第88页中。

图 3 - 26　南北两大天王像　莫高窟第 380 窟　隋至初唐时期

资料来源：星云大师总监修《世界佛教美术图说大辞典》（石窟），第 1319 页。

据记载，唐天宝年间（742～756），密宗高僧不空三藏请来的毗沙门天王解除了大石、康五国围困安西城的兵厄，因此，唐玄宗下旨将毗沙门天王显圣所得图样贴于各地城楼，以求护持。① 加之毗沙门天王护佑了于阗国的建立和国祚香火的延续，赢得了于阗民众的敬仰，成为于阗地区具有特殊意义的独立信仰神祇。因此，毗沙门天王亦被佛教吸收为护法战神，成为独立的图像体系。

毗湿奴（Visnu），意为"遍入天"，即"无所不入者""无所不包者"。在印度教的三大主神中，其与创造者梵天和毁灭者湿婆并列，被视为世界的维持者。毗湿奴有十个化身，在图像学的文

① （唐）不空译《毗沙门仪轨》卷 1，《大正新修大藏经》第 21 册，第 228 页中。

献中，毗湿奴往往以有四条手臂的黑皮肤的年轻人形象出现。四只手中分别拿着象征生命起源的海螺、象征灵魂与自我不断更新的轮盘、象征最初智慧与个体存在的杵以及象征力量的莲花。

从印度史诗时代起，吉祥天女（Laksmi）就是毗湿奴的妻子，因丈夫毗湿奴化身的不同而拥有不同的称谓。吉祥天女原为大地女神，被奉为美丽、富足与欢乐女神，也称"室利女神"。据说，众神与阿修罗搅乳海时，吉祥天女手持莲花（或站于莲花或坐于莲花之上），现身为摩诃吉祥天女（Mahālaksmi）①，因而有"莲女"之称。毗湿奴的妻子往往有两条或者四条手臂。"两臂女神手持法器莲花和海螺。四臂女神则手持莲花、海螺、水果和甘露罐；或柠檬、盾、杵，做施无畏印。"②

在佛教神话体系中，吉祥天女因"兴大功德于众生"，被称为"功德天"。一说是毗沙门天之妹，一说是毗沙门天之妻。《金光明经》有《功德天品》，《最胜王经》有《大吉祥天女品》。"身端正，赤白色二臂，画作种种璎珞，环钏耳珰，天衣宝冠。天女左手持如意珠，右手施咒无畏，宣台上坐。"③ 上述于阗丹丹乌里克遗址中斯坦因所拍摄的图像，画面中吉祥天女站立于长满莲花的池塘中，并突出佩戴在吉祥天女颈部、肩部和腕部璎珞环钏的装饰。

综上所述，地神图像虽然在降魔成道图像以及毗沙门天造像中均占据重要位置，但始终没有以独立的图像出现，而是以辅助形象的方式出现。

---

① 摩诃吉祥天女是印度性力派最高女神，在毗湿奴派中，她被认为是那罗延——毗湿奴的配偶。其图像学特征为头戴小型林伽，三只眼睛，四条手臂。如果作为某位男神的配偶，摩诃吉祥天女则手持丈夫的法器。

② 〔德〕施勒伯格：《印度诸神的世界——印度教图像学手册》，第106页。

③ （唐）阿地瞿多译《陀罗尼集经》卷10，《中华藏》第20册，中华书局，1986，第171页中。

第四节　佛魔相对的二元世界

如前文所述，魔王波旬、魔女、魔子及众魔军为魔罗，与阿修罗、罗刹和夜叉共同构成释迦牟尼神话中的魔。

一　阿修罗诸魔

阿修罗、罗刹与夜叉来源于古老的婆罗门神话。阿修罗（Asura）是一类天界灵体的统称，具有法力之术"摩耶"。《梨俱吠陀》中，阿修罗具有亦神亦魔的双重属性。作为创造者，阿修罗被称为"生主"。在天界，阿修罗拥有金城、银城和铁城三座城堡。所谓"阿修罗"者，诸神借助颂歌，可以将其战胜。因陀罗因此获得"阿修罗汉"之称，意为"殛杀阿修罗者"。阿修罗死后均赴伐楼那国，在地下同样拥有众多城堡。《往世书》中，称为"修罗"的诸神试与"非神"的"阿修罗"较量，阿修罗与黑暗和黑夜相关联，获得与诸神相对的单一属性，并最终成为诸神的敌对者。

最著名的阿修罗为弗栗多（Vrtra），"弗栗多"有"阻碍"、"阻塞"、阻碍河流之意。弗栗多为蛇形，无臂无腿无肩，生长于幽暗之中，栖息于水中，筑有九十九座城堡，但均被因陀罗所毁。弗栗多也被因陀罗以工匠神陀湿多所造的金刚杵殛杀。《梨俱吠陀》记述，"杀死弗栗多，劈开森林般的城堡，掘开条条河流，劈开大山像新造的瓦罐，因陀罗和他的部属带来了群牛"。殛杀弗栗多意味着宇宙从混沌转化到繁盛丰饶的现实之中。

阿修罗的国王巴力独占三界的统治权，诸天神被阿修罗赶出了天界。"三界之王"毗湿奴化身侏儒，请求巴力国王赐予他三步大小的地方，以便他安静地冥想。结果毗湿奴的侏儒化身瞬间变得奇大无比，通过巨大的三步丈量了三界。从此，巴力仅仅为下界的国王。毗湿奴的侏儒化身（Vāmanāvatāra）是他勇敢力量的象征，"三步功绩"也为毗湿奴成为"三界之王"铺平了道路。《毕摩塞那职人本生谭》中，讲述了释迦牟尼在前生曾转世为秋罗达努迦博士，是一位武艺高强的侏儒弓箭手，但因为"身量甚短，屈居人下"，常常受人轻视，结果"投入战场，大举哄动之声，打破敌军阵营，捕虏敌王"，波罗奈王极其喜悦，并授予其极大名位，声名远扬的故事。[①]

那牟质（Namuci）是古印度神话中的妖魔，据说是不可战胜者，被称为阿修罗之首，是因陀罗的死敌。《百道梵书》和《摩诃婆罗多》中有多处关于那牟质的记述。据说，黄昏时分因陀罗与之较量，用其覆以海水泡沫的金刚杵将那牟质降除，双马童（Asvinau）将那牟质的血制为药剂，使因陀罗恢复如初。

罗刹（Raksas），意为"躲藏者""保护者"。《梨俱吠陀》中，罗刹与人为敌，区别于与诸天神为敌的阿修罗。随着雅利安人征服印度，罗刹逐渐演变为魔的一种。罗刹性情暴虐，喜欢昼伏夜出，常常出没于坟茔，干扰祭祀，吞噬生者，有"嗜血者""游荡者"等别称。据《罗摩衍那》记述，罗刹王是十首、二十臂凶恶残忍的罗波那（Ravana），都城为楞伽。毗湿奴化身为持斧罗摩（Paraśu-

---

① 《本生经》卷3第80则《毕摩塞那职人本生谭》，《汉译南传大藏经》第32册，第117页上~121页上。

Rāmāvatāra），在楞伽岛上斩杀了罗刹王罗波那，重建了秩序。在史诗《罗摩衍那》中，毗湿奴完全成为正义与道德的化身，演绎了与悉多（Sitā）之间的悲欢离合，被视为理想的国王、儿子和兄长，成为人们供奉膜拜的偶像。

湿婆（Siva），也常常担负着与阿修罗、罗刹王作战的职责。不仅将拐走了罗摩的妻子悉多的罗刹王罗波那囚禁于盖拉瑟山下达千年之久，杀死了爱上湿婆众妻子之一波哩婆提的阿修罗案达迦（Andhakāsura），打败象魔（Gajāsura）、持水（Jalamdhara）等；而且更为重要的是，摧毁了阿修罗的三座固若金汤的城堡（Tripurāntaka）——天堂的金城、空中的银城、地面的铁城。阿修罗因为拥有这三座城堡而与众天神地位平等，并试图将天神赶出天界而掌握三界的众生命运。湿婆等待了千年之久，等到三座城堡在半空中处于一条水平线时，射出了关键的一箭而直接摧毁了阿修罗帝国（如图 3 - 27 所示）。

图 3 - 27　湿婆作为三城毁灭者像　旧金山亚洲艺术博物馆藏

资料来源：旧金山亚洲艺术博物馆藏。

夜叉（Yakshas），在婆罗门神话中原本是财神俱毗罗的侍从，守护其在吉罗娑山的园林和山中的财富。据《毗湿奴往事书》记述，夜叉与罗刹同时生于大梵天的脚掌，但夜叉对人类的态度十分友善。夜叉被吸收至佛教神话后，与罗刹性情类似，行径一致，成为喜欢吞噬生者的魔。

古老的婆罗门教与神话重自然与祖先崇拜，并不强调善恶观念的二元对立。阿修罗、罗刹、夜叉仅仅是天神与人的对抗者，而集多重职能于一身的毗湿奴与湿婆化身，代表着高度的人类文明。天神与恶魔之间的对抗与战争反映的是吠陀时代雅利安人渐进印度，雅利安文明持续扩张与印度土著居民的信仰和文明发生碰撞与融合的基本状况。

二　魔罗及其象征意义

魔罗不曾出现于婆罗门神话中，实为释迦牟尼神话的独创。释迦牟尼曾告阿难曰："世有八众。何谓八？一曰刹利众，二曰婆罗门众，三曰居士众，四曰沙门众，五曰四天王众，六曰忉利天众，七曰魔众，八曰梵天众。"[1] 魔罗是顺应原始佛教的伦理道德观念而产生的，魔王波旬是构成释迦牟尼神话的一个十分重要的人物，是为了揭示释迦牟尼的顿悟而创造的一个具有特殊意义的神话人物。[2] 释迦牟尼与魔王波旬的对决，不仅延续了婆罗门神话中"天神与恶魔的战争"的重要主题，而且象征着善恶二元世界的对决。

阿含经最早吸收了古老的婆罗门神话中"天神与恶魔的战争"的重要主题。后秦佛陀耶舍译《长阿含经》有多处记述释迦牟尼与

---

[1] （后秦）佛陀耶舍译《长阿含经》卷3，《中华藏》第31册，第29页中。
[2] 参见郭良鋆《佛教神话中的魔罗》，《南亚研究》1986年第4期，第45页。

魔王波旬对决的情节。卷 8 中记述，端心正意的五百梵志弟子听释迦牟尼说法时，魔王波旬即打算，"我今宁可，往坏其意"。① 刘宋求那跋陀罗译的《杂阿含经》记述了一场战争，天神取胜后，魔王被捆绑至帝释天处进行审问。卷 9、卷 23、卷 39、卷 43 等多处文本均记述了释迦牟尼与魔王波旬之间的对峙。释迦牟尼于一日清晨着衣持钵，入王舍城乞食时，天魔波旬即打算，"我今当往，乱其道意"。于是，"波旬化作御车象类，执杖觅牛，着弊衣，蓬头乱发，手脚剥裂，手执牛杖"。释迦牟尼即刻识破魔王的身份，曰："此是恶魔，欲来乱我。"后来，释迦牟尼在道树下，以"慈悲三昧，力破魔兵众"，得胜菩提果。②

《长阿含经》《佛般涅洹经》《般涅洹经》《大般涅槃经》等经典都记述了释迦牟尼于本生处拘尸那揭罗城娑罗园双树间，当取灭度时，魔王波旬在旁边催促其"宜速灭度"，并言："佛不虚言，今必灭度。"随后，魔王欢呼雀跃地离去，"魔去未久，佛即于遮婆罗塔，定意三昧，舍命住寿"。③ 魔王不仅能够扰乱释迦牟尼的修行，破坏其获得无上正觉的过程，而且也能影响释迦牟尼灭度的进程。

原始佛教强调个人品行的修为，人性中既有善又有恶，两者可以相互转化，人修行的过程就是弃恶扬善、以善克恶的过程。恶的力量就是被人格化的魔罗与黑暗，释迦牟尼就是善与光明的象征。释迦牟尼在菩提伽耶的菩提树下因为战胜魔王波旬与众魔军的进攻，经过七天七夜的沉思默想而悟得"四谛"，获得无上正觉。释迦牟尼认为，由于"诸行无常""诸法无我"而"一切皆苦"，因此，世间万物都是相对的、暂时的。人由"色、受、想、行和识"五蕴所构成，亦

---

① （后秦）佛陀耶舍译《长阿含经》卷 8，《中华藏》第 31 册，第 94 页中。
② （刘宋）求那跋陀罗译《杂阿含经》卷 23，《中华藏》第 32 册，第 908 页上。
③ （后秦）佛陀耶舍译《长阿含经》卷 2，《中华藏》第 31 册，第 24 页下。

如此。五蕴加上欲望便产生贪欲，只有消灭贪欲才能消除"求不得"之痛苦，其途径为"八正道"。实践"八正道"的过程就是弃恶扬善、以善克恶的过程。魔罗作为恶的化身出现在释迦牟尼修行成道的过程中，出现在释迦牟尼说法的过程中，也出现在释迦牟尼入般涅槃的过程中。最终魔王波旬与众魔军被释迦牟尼所打败，意味着善终将战胜恶。

三　佛魔二元对立的来源

释迦牟尼神话中佛与魔的对决是善恶二元世界对立的象征，是宗教二元论意识的体现，显然受到中亚地区其他古代神话与宗教的影响。

波斯察宛（Zurvan）的神话说明了波斯人对善与恶的关注。察宛是时间的起源，"时间"在波斯语中的原意是"行色匆匆的"。察宛是幸福和灾难的施予者，也就是宇宙生命的主宰者。察宛有三个化身——"使人身强体壮的""使人光辉灿烂的""使人衰老的"，象征着人类存在三个阶段：青年、成年和老年。波斯人认为时间和空间是善与恶这两个原则的共同来源。

波斯的玛兹达教是一种古老的原始拜火宗教，主张光明与黑暗的二元对立是玛兹达教作为宗教最鲜明而具有个性的特征，"也是玛兹达教有异于世界其他一切宗教的特征"。根据古代波斯文的经典《阿维斯陀》记述，世界万物由光明之神玛兹达（Mazdak）和黑暗之神阿赫里曼（Ahriman）创造和主宰。玛兹达诞生于光明中，创造光明、理性和幸福，是善的原则化身；阿赫里曼诞生于黑暗中，创造黑暗、愚昧和灾难，是恶的原则化身。宇宙的生命周期为 9000 年，被均分为三个阶段，每个阶段都经历 3000 年。玛兹达和阿赫里曼分别统治宇宙 3000 年，又相互征战 3000 年。因为玛兹达创造的是直线的、有限的时间，在其中和邪恶的阿赫里曼对抗，直到在连续不断的战斗中取得最后的胜利；而在这场战争中，阿赫里曼和群魔侵入物质世界，制造有害的事物污染世界，特别是潜入人的身体。玛兹达为了回击阿赫里曼，就创造了世界，使自己在空间上也成为无限的。

在印度的《奥义书》和希腊的《荷马史诗》中都可以看到同样的"三个时间"的说法。玛兹达的时间据说也被分为过去存在、现在存在和未来存在。而释迦牟尼的存在也恰恰分为过去、现在与未来。在波斯的神话与宗教中，宇宙不是循环的，是直线性的，也就是说世界有起点也有终点。

据藏族文献《斯巴佐普》记述，世界万物是由赤杰库巴创造的，他把从南喀收集到的五种世界的本原物质放入儿子南喀东丹却松的体内，借助风起、火烧产生露珠，在露珠上产生的元素又被风吹落堆积成山。南喀东丹却松也因此成为三方天界之王。之后在这五种世界的本原物质中又产生了一个发亮的和一个黑色的卵，当赤杰库巴用光轮敲开发亮的卵，就产生了火、托塞神和箭神，从亮卵的中心产生了头戴绿松石的白人斯巴桑波奔赤，即现世的国王。而赤杰库巴的死对头格巴梅奔那保则让黑色的卵在黑暗处爆炸，产生了迷惑、愚昧和疯狂，从黑卵的中心产生了黑光人闷巴色丹那保，即幻世的国王。

斯巴桑波奔赤与一个青色的气泡跳到蓝色的卵上，从而生出青蓝色的女人，通过碰触对方的鼻子而生出了九儿九女，九兄弟与分身出的九个女人彼此结合；九姐妹与分身出的九个男人彼此结合，构成了神祇体系，并繁衍了人类。闷巴色丹那保与从自己的影子中生出的黑暗女神结合，生下八儿八女，这八儿八女又与异性相结合，繁衍构成了恶魔世界。值得思考的是，阻止释迦牟尼成道的魔是心魔，具有虚幻性。藏族《斯巴佐普》创世神话中的恶魔闷巴色丹那保为幻世的国王，同样具有虚幻性。

第四章
初转法轮

按照佛教传统的说法，释迦牟尼 29 岁出家，经过 6 年的苦行修习，于 35 岁在菩提伽耶成道，到鹿野苑初转法轮。之后历时 45 年传教，于 80 岁逝世。释迦牟尼在鹿野苑初转法轮的时间被定为佛教产生的年代，也就是佛教起始的年代。由于古代印度人的宗教意识大于历史意识，大量的历史事实淹没在神话传说之中，目前学术界对释迦牟尼创教时间的看法尚未统一。但释迦牟尼鹿野苑初转法轮之事件，依然在释迦牟尼神话以及佛教中有着重要意义。释迦牟尼在鹿野苑初转法轮，意味着佛、法、僧三宝具足，佛教由此有了完备的形态，具备了一个宗教所需的各种基本要素，成为正式的宗教。

第一节　初转法轮及其象征意义

一　初转法轮的文本与图像

释迦牟尼渡过尼连禅河，来到伽耶（Bodh Gaya），坐在菩提树下，经过七天七夜的沉思默想，终于悟出"四谛"真理，获得无上正觉，被称为佛陀或佛，意为"觉悟者"。"觉、悟、知、智、慧"同义，"一切智者"亦为释迦牟尼的别号。释迦牟尼成道后，随即赶往波罗奈国郊外的鹿野苑，寻找曾经随他一起出家的憍陈如等五位侍从，向他们讲说"四谛"之理。释迦牟尼说法，意味着混沌、黑暗的世间恢复了秩序，并以此带来佛教的光明世界。这是释迦牟尼首次宣讲佛法，因此称为"初转法轮"。由于从不同角度讲了三遍，亦称为"三转法轮"或者"三转四谛"。东汉安世高有单译本《转法轮经》，唐代义净再译名为《三转法轮经》。诸多释迦牟尼神话文本和图像也都记述和表现了释迦牟尼初转法轮的重要事迹。

收藏于加尔各答印度博物馆，制于印度巽伽时期的巴尔胡特浮雕"礼拜法轮"，以象征性手法表现了释迦牟尼在菩提伽耶悟道后，于鹿野苑初转法轮一事。画面的中央为象征着释迦牟尼鹿野苑初次说法的法轮，法轮两侧各有一对虔诚礼拜的人物，法轮下方背向而卧的双鹿表明了说法的地点为鹿野苑（如图 4 - 1 所示）。

犍陀罗地区出土，白沙瓦大学考古博物馆藏的浮雕"崇拜法轮和三宝"，是犍陀罗佛教艺术中少见的以象征手法表现释迦牟尼"初转法轮"的作品。浮雕中代表着佛、法、僧三宝的三个法轮竖立于一个莲花状的大法轮之上，法轮两侧各有两位虔诚礼拜的比丘（如图 4 - 2 所示）。大约制于贵霜时期，收藏于加尔各答印度博物馆的浮雕"初转法轮"，浮雕中释迦牟尼身着通肩僧伽梨，右手高举施无畏印，左手提携衣缘，结跏趺坐于由厚实的吉祥草铺垫的台座上。台座的法轮柱下方有对卧双鹿，表明该事件的发生地为鹿野苑。五比丘以左二右三的方式分坐在释迦牟尼两

图 4 - 1　礼拜法轮　巴尔胡特
约公元前 2 世纪
加尔各答印度博
物馆藏

资料来源：《圣境印象：
印度佛教艺术》，第 66 页。

侧。画面中还有或合掌礼拜或捧花敬献的见证这一事件的诸天（如图 4 - 3 所示）。

图 4 - 2　崇拜法轮和三宝　犍陀罗出土　白沙瓦大学考古博物馆藏

资料来源：〔巴基斯坦〕穆罕默德·瓦利乌拉·汗：《犍陀罗：巴基斯坦的佛教文明》，第 94 页。

图4-3 初转法轮 犍陀罗地区出土 约2世纪 加尔各答印度博物馆藏

资料来源：《圣境印象：印度佛教艺术》，第43页。

　　绘制于北魏莫高窟第263窟北壁的"初转法轮"图，画面中释迦牟尼右手施说法印，结跏趺坐，正在给五比丘说法。佛座前有三个法轮象征的三宝，法轮两侧有对卧双鹿。虚空中有诸天伎乐为释迦牟尼的初转法轮飞舞赞叹（如图4-4所示）。绘制于同一时期莫高窟第260窟北壁的"鹿野苑初转法轮"图，画面与前者相类似，释迦牟尼两侧有八位听法者，其中包括五位比丘。佛座前有三宝，虚空中有诸天以示欢喜赞叹（如图4-5所示）。

图4-4 初转法轮 莫高窟
第263窟 北魏

资料来源：樊锦诗编著《敦煌石窟全集·佛传故事画卷》，第46页。

图4-5 鹿野苑初转法轮 莫高窟
第260窟 北魏

资料来源：敦煌文物研究所编著《中国石窟·敦煌莫高窟》第1卷，文物出版社，1981，第34页。

　　绘制于隋代，位于莫高窟第 417 窟西壁龛下的"初转法轮"，画面中央绘制有象征三宝的三个法轮，下面对卧双鹿表明事件的发生地为鹿野苑（如图 4 - 6 所示）。整个画面以极其简洁明了的手法寓意释迦牟尼鹿野苑初转法轮的圣迹。

　　绘制于宋代，位于莫高窟第 76 窟东壁门南侧的"初转法轮第三塔"，塔龛内绘制有释迦牟尼的法身、报身、应身之相的三佛，三佛双手于胸前施说法印，结跏趺坐于莲台上。塔身下方正中为法轮，塔基前为对卧双鹿，表明释迦牟尼于鹿野苑初转法轮（如图 4 - 7 所示）。

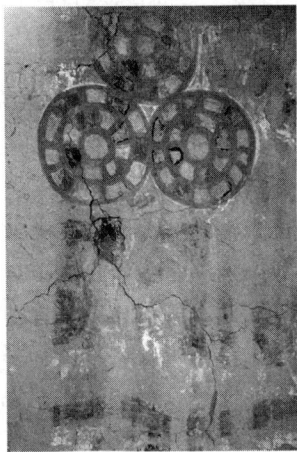

**图 4 - 6　初转法轮　莫高窟
第 417 窟　隋代**

资料来源：樊锦诗编著《敦煌石窟全集·佛传故事画卷》，第 93 页。

**图 4 - 7　初转法轮第三塔　莫高
窟第 76 窟　宋代**

资料来源：樊锦诗编著《敦煌石窟全集·佛传故事画卷》，第 197 页。

　　西夏榆林窟第 3 窟东壁中央的"初转法轮塔"，与莫高窟第 76 窟的"初转法轮第三塔"的绘画手法相类似，画面中的释迦牟尼也是双手于胸前作说法印，结跏趺坐于莲花台座之上。莲座正中是法轮，两旁为对卧双鹿（如图 4 - 8 所示）。

**图 4 - 8　初转法轮塔
榆林窟第 3 窟
西夏**

资料来源：樊锦诗编著
《敦煌石窟全集·佛传故事
画卷》，第 222 页。

从图像表现来看，释迦牟尼三转法轮时不仅有五比丘聆听者，还包括诸位天神、地祇见证者。《方广大庄严经》记述，释迦牟尼"以妙梵之音，转于法轮，其声遍至，十方佛土。彼诸如来，各闻三转十二行，妙梵之声。咸见世尊，住波罗奈鹿野苑中，而转法轮"。[①]《众许摩诃帝经》不仅记述了这一过程，而且描绘了释迦牟尼初转法轮时，一位名为菩摩的夜叉将这一"三转四谛十二行法轮"的重要事件高声唱出，转眼间，须弥山上的诸天神都得知此事，这时地动天明，梵天、帝释天等诸天手执各种宝幢、幡盖来到鹿野苑，雨天妙花，作天伎乐，以示庆贺的欢乐场面。[②]

另有一部分莫高窟"初转法轮"图像，依据佛传文本表现了释迦牟尼初次说法的一些细部情节。《过去现在因果经》记述，释迦牟尼成道后，随即赶往波罗奈国，为正在鹿野苑修持的憍陈如五人说法，五人听法后，"须发自落，袈裟着身，即成沙门"。[③]绘制于北周莫高窟第 290 窟中心柱东向龛前平顶的"初转法轮"，表现的就是这一情节。画面中，释迦牟尼结跏趺坐，右手施说法印，有头光和举身光。释迦牟尼两侧为已经落发、着袈裟的比丘在虔诚听法（如图 4 - 9 所示）。

---

① （唐）地婆诃罗译《方广大庄严经》卷 11，《中华藏》第 15 册，第 337 页上中。
② （宋）法贤译《众许摩诃帝经》卷 7，《中华藏》第 64 册，第 361 页下～362 页上。
③ （刘宋）求那跋陀罗译《过去现在因果经》卷 3，《中华藏》第 34 册，第 551 页中。

图 4 – 9　初转法轮　莫高窟第 290 窟　北周

资料来源：樊锦诗编著《敦煌石窟全集·佛传故事画卷》，第 46 页。

　　《佛本行集经·转妙法轮品下》记述，释迦牟尼于鹿野苑初转法轮时，现五百狮子高座，释迦牟尼见此狮子座，"即发敬心，以敬过去，诸世尊故，三匝围绕，三高座已。至第四座，即上其上，加趺而坐，譬如师子，无所怖畏，无所惊动"。[①] 过去三佛已入般涅槃，释迦牟尼于是坐于第四个狮子高座上。绘制于五代，位于莫高窟第 61 窟北壁下部的"初转法轮"，表现的就是释迦牟尼坐于第四个狮子高座上，为憍陈如五比丘初转法轮的情景（如图 4 – 10 所示）。

图 4 – 10　初转法轮　莫高窟第 61 窟　五代

资料来源：樊锦诗编著《敦煌石窟全集·佛传故事画卷》，第 159 页。

---

① （隋）阇那崛多译《佛本行集经》卷 34，《中华藏》第 35 册，第 867 页中。

　　大英博物馆藏唐代和五代至北宋时期的敦煌染织释迦牟尼说法图（如图 4 - 11 和图 4 - 12 所示）都突出表现了菩提树在释迦牟尼成道说法中的重要作用。创作年代约为 8 世纪初的说法图是敦煌藏经洞中绢画年代较早的一幅，宝树华盖下的释迦牟尼，身着朱红色的和软袈裟结跏趺坐于宝莲台上，正在向四周神态雍容安详的中菩萨和比丘说法。布局对称工整。

图 4 - 11　树下说法　唐代（8 世纪初）　大英博物馆藏

资料来源：大英博物馆监修、ロデリック・ウイットフイールド编集解说《西域美術（全 3 卷）大英博物館スタイン・コレクシヨン 第 1 卷 敦煌繪画Ⅰ》，第 15 页。

图 4 - 12　树下说法　五代—北宋（10 世纪）　大英博物馆藏

资料来源：大英博物馆监修、ロデリック・ウイットフイールド编集解说《西域美術（全 3 卷）大英博物館スタイン・コレクシヨン 第 2 卷 敦煌繪画Ⅱ》，第 257 页。

　　龟兹地区的初转法轮图像也别具特色。位于克孜尔石窟第 189 窟
主室右壁的"初转法轮"图，释迦牟尼结跏趺坐于佛座之上，身着
袒右肩袈裟，有头光和举身光，结说法印，平和庄严地宣讲佛法，两
侧比丘则专注地聆听释迦牟尼说法。佛座下部刻有象征鹿野苑的对卧
双鹿（如图 4 - 13 所示）。此窟前壁左侧的"释迦牟尼说法"图中，
释迦牟尼着袒右肩袈裟，有头光和举身光，右手轻提袈裟，呈行走
状；左手施说法印，神态平和、目视前方。双足旁的海水中有六条蛇
形龙，周围有五身头戴宝冠、手持宝盖的菩萨（如图 4 - 14 所示）。
再现了《佛所行赞·阿罗蓝郁头蓝品》关于释迦牟尼菩提树下成道
之后，盲龙王感受到地有动感，随即心生欢喜、双目开明，从水中而
出的文本记述：

图 4 - 13　初转法轮　克孜尔石窟第 189 窟　约 7 世纪

资料来源：星云大师总监修《世界佛教美术图说大辞典》（石窟），
第 558 页。

图 4 – 14　释迦牟尼说法　克孜尔石窟第 189 窟　约 7 世纪

资料来源：星云大师总监修《世界佛教美术图说大辞典》（石窟），第 558 页。

> 菩萨独游行，诣彼吉祥树，
>
> 当于彼树下，成等正觉道。
>
> 其地广平正，柔泽软草生，
>
> 安祥师子步，步步地震动。
>
> 地动感盲龙，欢喜目开明，
>
> 言曾见先佛，地动相如今。
>
> 牟尼德尊长，大地所不胜，

步步足履地，轰轰震动声。

妙光照天下，犹若朝日明，

五百群青雀，右绕空中旋，

柔软清凉风，随顺而回转。

如斯诸瑞相，悉同过去佛，

以是知菩萨，当成正觉道。①

位于克孜尔石窟第 69 窟主室前壁上方半圆形的"鹿野苑说法"图，是克孜尔石窟现存鹿野苑说法图中最大、最完整的一幅。画面中，释迦牟尼身着袒右肩袈裟，结跏趺坐，佛座前卧有双鹿，表明发生地为鹿野苑。周围绘有菩萨、佛弟子以及供养人等，释迦牟尼前中间为法轮和三宝（如图 4-15 所示）。绘制于蓝色菱形图案中的"释迦牟尼说法"图，清晰地描绘出释迦牟尼说法时天地震动、华英降落的情景（如图 4-16 所示）。

图 4-15　鹿野苑说法　克孜尔石窟第 69 窟　约 7 世纪

资料来源：星云大师总监修《世界佛教美术图说大辞典》（石窟），第 466 页。

---

① （北凉）昙无谶译《佛所行赞》卷 3，《中华藏》第 50 册，第 440 页下 ~ 441 页上。

图 4 - 16 　释迦牟尼说法　克孜尔石窟第 38 窟

资料来源：马世长、丁明夷：《佛教美术全集·中国佛教石窟考古概要》，文物出版社，2009，第 49 页。

二　双鹿、法轮、三宝的象征意义

综上所述，"对卧双鹿"、"法轮"以及"三宝"是释迦牟尼鹿野苑初转法轮的象征性要素。大约在公元前 2500 年的古代印度河文明中就出现了双鹿侧伴湿婆的泥印图案。释迦牟尼神话初转法轮图像中，双鹿常常顺从而平和地对卧于法轮两侧，公鹿在右，母鹿在左。鹿（Mriga）有从不在同一个地方连续过夜的习性。鹿野苑曾是湿婆的神圣丛林之一，是湿婆派瑜伽师的修持之地。[①] 因此，"双鹿对卧"

---

① Robert Beer, *The Handbook of Tibetan Buddhist Symbols* (Shambhala Publications, 2007), p. 64.

不仅象征着佛法的兴起，而且暗示着释迦牟尼初次说法的鹿野苑与湿婆信仰有某种关联。法轮（Dharmacakra），是对佛法的喻称，也是释迦牟尼成道后说法传道的象征。佛教的兴起使信徒用象征着佛法的法轮取代了湿婆像。

释迦牟尼"初转法轮"后，憍陈如等五比丘，"皆悉了达，诸法因缘，漏尽意解，成阿罗汉"。随即三宝出现，"婆伽婆为佛宝，三转十二行法轮为法宝，五跋陀罗为僧宝"。① 佛宝、法宝、僧宝即为"三宝"。

"自原始佛教以来，皈依三宝一直是信仰的中心。"② 三宝，如同基督教中象征着圣父、圣子、圣灵的三位一体的"三股叉"（Trishula）。三股叉意为"三个大钉或三个尖"。作为鱼叉，它是古代希腊海神波塞冬的主要器物；作为象征符号，最早出现在美索不达米亚和印度河流域的泥印上。古代印度吠陀神话中，它是因陀罗的金刚杵。印度教神话中，它象征着湿婆的"三力"——意志力、智力、业力；也被拟人化为三相神：梵天、毗湿奴、湿婆的三位一体。

佛教义学将追求人生的真谛、把握世界的"真实"意义作为根本的理论任务，相对于突出信仰主义的一般宗教而言，早期佛教更加注重理性和思考。因此，佛教的智慧也就分为世间智和出世间智、漏智和无漏智。出世间智以"真谛"为对象，"四谛"（四个真理）——苦、集、灭、道是释迦牟尼在菩提树下觉悟所得和后于鹿野苑"三转法轮"所讲的内容。"四谛"实际上是早期佛教的理论总结与教义基础，存在于佛所说法和传播佛说的僧侣中，也是佛、法、僧被尊为"三宝"的原始含义所在，是区别于其他宗教哲学派别的唯一特性。

---

① （唐）地婆诃罗译《方广大庄严经》卷11，《中华藏》第15册，第337页上。
② 〔日〕水野弘元：《佛教的真髓》，第242页。

第二节　释迦牟尼的转轮圣王与太阳神形象

一　转轮圣王形象

"转轮王"（Chakravartin），通常被译为"宇宙之王"或者"帝王"，即力图征服全世界的统治者，以征战他国为能，居于古代印度史的中心位置。"Chakra"一词有"轮"之意，最早指太阳的火轮或者太阳神的战车，双轮代表着天与地。在印度教与佛教中有诸多含义，其中最为重要的，一指转轮王的标识，二指释迦牟尼教义的法轮，因此具有双重象征的意味。不仅因为"轮子"源自毗湿奴掌心和脚底上的轮盘圣记而象征着征服世界的"转轮圣王"的轮宝，象征着"转轮圣王"统治的广袤大地，而且因为"轮子"被吸收至佛教后象征着释迦牟尼教义的达摩或者佛法的法轮（Dharmachakra），而成为不杀生的绝对标志。"Chakravartin"，则指"转轮者"或者"无障碍旋转的轮"，"转轮"表示运动、扩展、变化以及新秩序的形成，代表着世俗与宗教的权威。

英国学者罗伯特·比尔认为，转轮王的观念源于毗湿奴教（Vaishnavite）大圣贤陀提吉（Dadhichi）的理念。陀提吉是毗湿奴的化身，出生时具有三十二相和八十种好。[1] 印度教中，释迦牟尼被认

---

[1]　Robert Beer, *The Handbook of Tibetan Buddhist Symbols*, p. 57.

为是毗湿奴的第九个化身。释迦牟尼通过多世的行善修德，诞生之时亦有"超人间"的三十二瑞相，显示出隐藏的圣王特质。[①]《增一阿含经·序品》记述，释迦牟尼的前身乃是大天，即摩诃提婆（Mahādeva），释迦牟尼的弟子阿难也是大天的继承者，大天是贤劫之中出世的转轮圣王。

转轮圣王诞生之时，七财——信财、戒财、惭财、愧财、闻财、施财、慧财与七宝——金轮宝、白象宝、绀马宝、神珠宝、玉女宝、居士宝、主兵宝，同时出现。七宝是转轮圣王治理天下所依靠的七种宝物，是转轮圣王身份和地位的象征。阿玛拉瓦蒂附近贾加雅佩塔窣堵波遗址出土的、约作于公元前1世纪的"转轮圣王"，现藏于马德拉斯政府博物馆。画面中，身形瘦高的转轮圣王被王后、王子、大臣以及宝象、宝马、珠宝、轮宝七宝围绕（如图4-17所示）。

图4-17　转轮圣王　公元前1世纪　马德拉斯政府博物馆藏

资料来源：马德拉斯政府博物馆藏。

《长阿含经》详细记述，释迦牟尼之所以选择贫穷而落后的小城拘尸那揭罗城为涅槃之地，是因为拘尸那揭罗城的国王善见王是释迦牟尼的前身，"大善见王，七宝具足，王有四德，主四天下"。善见王不仅英明无比，而且有七宝辅佐，拘尸那揭罗城曾经繁荣辉煌。善见王命终之时，七宝也自然毁灭。[②] 克孜尔石窟第123窟后

---

① 〔德〕赫尔曼·库尔克、迪特玛尔·罗特蒙特：《印度史》，第9页。
② （后秦）佛陀耶舍译《长阿含经》卷3，《中华藏》第31册，第36页上～39页上。

室顶部有残存的七宝示现图，是整个龟兹地区唯一的一例。画面中有庄严美丽的玉女及飞天形象；飞天下方为象和马，背景中有残存的珠宝和花（如图4－18所示），画面表现的正是转轮王的七宝。

图4－18　七宝示现　克孜尔石窟第123窟　约7世纪

资料来源：霍旭初编著《克孜尔石窟壁画：丝绸之路流散国宝》，山东美术出版社，2013，第127页。

　　大英博物馆藏有唐代表现释迦牟尼七宝的图像（如图4－19所示）。金轮宝象征着转轮圣王的理想；神珠宝象征着理想的实现；玉女宝象征着冷静；白马宝象征着佛所具有的神奇速度；白象宝能搬运八万四千卷经典，是信仰的象征；主藏臣宝象征着正义和幸福；主兵臣宝象征着智慧。①

　　七宝中的金轮宝和神珠宝是转轮圣王世俗权力与尊贵身份最主要的象征。金轮宝（Chakravatna），区别于铁轮王、铜轮王与银轮王之轮宝，"轮王有四。一铁轮王，治一天下；二铜轮王，治二天下；三银轮王，治三天下；四金轮王，统治四天下"。② 金轮王统

① 参见大英博物馆监修、ロデリック・ウイットフイールド编集解说《西域美术（全3卷）大英博物馆スタイン・コレクション第1卷敦煌绘画Ⅰ》，第380页。
② （唐）王勃：《释迦牟尼如来成道记》，（宋）道诚注，《大藏新纂卍新续藏》第75册，第2页中。

治四洲界，"其轮千辐，具足毂辋，众相圆净，如巧匠成"。① 毗湿奴轮盘（Sudrshana-chakra）在传统意义上一般为六辐或八辐，而金轮王的轮盘为珍贵的千辐金轮，由南赡部洲洲部河中采集的黄金特制而成，转轮王的马兵、象兵、车兵和步兵四兵分布在轮的车毂上，轮的直径有五百由旬。一由旬长约三十里，是古代印度一日行军路程之长度，天兵则可日行十万由旬。转轮王驾其轮可到环绕须弥山的四大部洲的任何地方以及四天王的圣地。释迦牟尼金色法轮的八大轮辐象征着"八正道"。

因此，转轮王是释迦牟尼在神话世界中的重要形象之一。转轮王有三十二大人相，释迦牟尼也具有三十二大人相；转轮王以七宝平治天下，释迦牟尼也以七宝化众生；转轮王的轮宝在空中旋转时，一切都归顺降伏，释迦牟尼说法使众生信服，所以称佛的说法为"转法轮"；转轮王的葬法是荼毗建塔，释迦牟尼涅槃后也荼毗建塔。② 因此，"转法轮"的释迦牟尼为释迦牟尼神话世界的统治者。

图 4-19　释迦牟尼的七宝
唐代（9世纪）
敦煌染织　大英
博物馆藏

资料来源：大英博物馆监修、ロデリック・ウイットフイールド编集解说《西域美術（全3卷）大英博物館スタイン・コレクシヨン 第1卷 敦煌繪画Ⅰ》，第168页。

① （唐）玄奘译《阿毗达磨俱舍论》卷12，《中华藏》第47册，中华书局，1991，第109页上。
② 参见释印顺《印顺法师佛学著作全集》第16卷《初期大乘佛教之起源与开展》，中华书局，2009，第39页。

二 太阳神形象

无论是起源于太阳符号的轮子，还是转轮圣王本身，都与古代神话世界中的太阳意象、太阳神话密切相关。"凡是在由国王、英雄或者帝国推动历史前进的地方，太阳都是至高无上的。"[①] 英国著名的梵文学者麦克斯·缪勒创立了神话学中的"太阳学派"，也称为"太阳神话中心说"。他在《宗教学导论》中说："在雅利安人种分裂之前，在梵语、希腊语和拉丁语出现之前，在吠陀的诸神受到崇拜之前，在多多纳神圣橡树林里出现第一个宙斯神庙之前，人类的祖先曾有过、命名过、求助过一个最高的神……后世的特尤斯、宙斯、丘比特等名字，原来的意思都是光明或明亮。"[②]

古老的太阳神话主要叙述太阳之产生或多余太阳之消弭，常常被描述为女性，并与月亮紧密相连，处于次要、从属地位。繁盛期的太阳神话中，太阳成为主神，与雷电神并列成为两主神，形成繁复的体系，并与王者相关联。伊利亚德将人的心态分为"心灵亮区"和"心灵暗区"两种，月亮对应的是"心灵暗区"，是人的理性所不能企及的地方；太阳对应的是"心灵亮区"，是一系列理性推理的结果。[③] 这一点与希腊神话中太阳神阿波罗象征着秩序、公正、理性等相关内容不谋而合。

印度吠陀时代，随着雅利安人的渐进，雅利安人崇拜的天神与印度土著人崇拜的诸神相融合，形成了以太阳神系和月亮神系为主的"两大主系列神"。苏利耶、因陀罗、毗湿奴等属太阳神系；湿婆、

---

① 〔美〕米尔恰·伊利亚德：《神圣的存在：比较宗教的范型》，晏可佳、姚蓓琴译，广西师范大学出版社，2008，第 121 页。

② 〔英〕麦克斯·缪勒：《宗教学导论》，陈观胜、李培茱译，上海人民出版社，1989，第 35 页。

③ 〔美〕米尔恰·伊利亚德：《神圣的存在：比较宗教的范型》，第 121～122 页。

阎摩、楼陀罗等属月亮神系。虽然到吠陀后期，印度教时期，神祇在地位以及职能上有所变化，最终形成了梵天、湿婆、毗湿奴"三大主神"的崇拜格局，但"两大主系列神"是吠陀时期形成的婆罗门教的崇拜对象，是受到共同崇拜的祭祀神。①

苏利耶（Surya），即意为"太阳"，是古代印度神话中的太阳神。据《原人歌》讲述，太阳是从宇宙巨人普鲁沙的眼睛中诞生的。因此，苏利耶以众神无所不见的眼睛或者密多拉和伐楼那的眼睛而闻名，无所不知、无所不见，眼观世界、洞察善恶。《梨俱吠陀》中有献给苏利耶的十首颂歌，苏利耶生于东方，他的车驾由一匹名为伊塔沙（Etasa）的马拉着，行经大地和天空，并将一日分为昼与夜。

持世者毗湿奴是创造之父迦叶波（Kāśyapa）与世界之母阿底提（Aditi）的第十二子，因此位于太阳神之列。毗湿奴是太阳能量的化身，能在三界中畅通无阻。他第五次下凡化身为侏儒时，从恶魔巴力的手中夺取了三界的统治权。他的三大步象征着太阳的升起、停留和降落。轮是他的标志，呈轮盘状，也作为吉祥的标志出现在众神的掌心和足底。

释迦牟尼为毗湿奴的第九个化身，巴黎学者辛纳通过整理出版三卷本《大事》的最早校勘本，确定释迦牟尼承担着太阳神的神性职责。② 与此同时，辛纳认为关于释迦牟尼的故事，有传说的成分，也有真实的成分。辛纳之前的学者普遍认为，释迦牟尼传记中传说性质的内容，是在史实的基础上发展起来的，只要剔除传说部分，有关释迦牟尼的真实历史就会出现。但辛纳相信，保存在佛本生故事中的那些神话传说内容，早在释迦牟尼在世之前就已存在，而且还构成了一个一致的体系。所以，辛纳依据《普曜经》《因缘说话》《佛统纪》等资料，尤其是在详细研究了转轮圣王与七宝概念、大人与其相好概念之后，认为

① 参见郭良鋆《印度教三大主神的形成》，《南亚研究》1993年第4期，第54页。
② Emile Senart, *Essai sur la Legend du Buhhda：son Caractere et ses Origins.*

**图4－20　释迦牟尼瑞像　唐代
（7~8世纪）　敦煌
染织　大英博物馆藏**

资料来源：大英博物馆监修、ロデリック・ウイットフイールド编集解说《西域美術（全3卷）大英博物館スタイン・コレクシヨン 第2卷 敦煌繪画Ⅱ》，第61页。

释迦牟尼是"太阳神"——最高的神，他以一个光辉的形象从天而降，他的母亲摩耶夫人代表着至高无上的创造能力。

现藏于大英博物馆的唐代敦煌染织"释迦牟尼瑞像"图（如图4－20所示）中的释迦牟尼，右手托举一轮红日，似乎是对自己神圣身份的言说。两河流域太阳神乌图（Utu）的祭祀出现得也很早，太阳神被描绘成留着长须、手持锯齿状刀的"长手臂"、白天巡游天空的神。

荷兰学者克恩的观点更为极端，在他的著作《印度佛教史》（*History of Buddhism in India*）中基本否定释迦牟尼是一个历史人物，与辛纳一样，认为释迦牟尼为太阳神，并将佛学与天文学相比附：十二因缘象征一年中的十二个月；六师外道则是围绕着太阳的六个行星；释迦牟尼初转法轮是在中夏，因此，"中道"成为佛法的主题；提婆达多的反叛即为月亮对太阳的争斗。克恩几乎完全把释迦牟尼融合在"太阳神"中。[1]

---

[1]　参见〔荷〕狄雍（J. W. de Jong）《世界佛学名著译丛》卷71《欧美佛学研究小史》，第30~32页。

第三节 舍卫城神变与千叶莲花

一 舍卫城神变

"舍卫城神变"常常与释迦牟尼"初说法"并存，巴黎学者阿·福歇称之为"千佛化现"，表现的是释迦牟尼在憍萨罗国都城舍卫城（Śrāvastī）施展神通降服外道的奇迹，在释迦牟尼神话中的重要性无可争辩。梵文《天神譬喻》将"神变"视为释迦牟尼在涅槃之前必须完成的十件事之一。巴利文传说将其称为"芒果树下的奇迹"。《本生经》序言记述，早在释迦牟尼成菩提的第八日，就示现了双神变。

"舍卫城神变"在 13 部汉译佛传文本中有多处记述，在释迦牟尼神话图像中亦时有所见。《太子瑞应本起经》《普曜经》均记述，释迦牟尼为诸弟子现"神变"，"一者飞行，二者说经，三者教诫"，[①] 以示佛之神威。《方广大庄严经》有简要记述，释迦牟尼降服众魔，"身处虚空现神变，犹如履地无罣碍"。[②]《过去现在因缘经》记述，释迦牟尼为诸弟子，"现大神变，并为说法"。[③]《佛本行经》有《大神变品》，《佛本行集经》与《众许摩诃帝经》有完整的"舍

---

① （三国吴）支谦译《太子瑞应本起经》卷下，《中华藏》第 34 册，第 502 下。

② （唐）地婆诃罗译《方广大庄严经》卷 10，《中华藏》第 15 册，第 322 页中。

③ （刘宋）求那跋陀罗译《过去现在因果经》卷 4，《中华藏》第 34 册，第 562 页下。

卫城神变"故事。

据佛传文本可知，释迦牟尼在舍卫城外为降服魔众与外道，显大神变的事迹可分为两个层次。首先，释迦牟尼飞入虚空之中，"身下分放其火光，于身上分出其冷水"，为"双神变"（Yamara Pratiharya）之神变；然后，释迦牟尼于金刚座入思惟状态："欲界、色界、无色界，苦、集、灭、道四谛行相，若染、若净，分别、俱生，根随诸惑。"① 随后魔众皆退散。其次，如《根本说一切有部毗奈耶杂事》记述，释迦牟尼显"双神变"后，结跏趺坐于二龙王所造之千叶莲花上，此花大如车轮，以宝为茎，金刚为须；接着"于上右边及以背后，各有无量妙宝莲花，形状同此，自然踊出，于彼花上一一皆有化佛安坐。各于彼佛莲花右边及以背后，皆有如是莲花踊出，化佛安坐，重重展转上出，乃至色究竟天"。② 见此奇迹，外道纷纷逃离，释迦牟尼居中讲说佛法。因此，汉译佛传文本记述的重点为释迦牟尼的"神变"层次；说一切有部的经典文本还重点记述了"千佛化现"的层次。

释迦牟尼神话图像中，巴尔胡特大塔栏楯南门入口处的柱子上的浮雕中，有一个以花环装饰的轮子，阿·福歇认为这是"舍卫城大神变"的最早象征。此浮雕底部是一国王乘坐四马两轮战车出行的场景，铭文指明国王是"憍萨罗国的波斯匿王"以及该场景的位置为憍萨罗国的都城舍卫城。波斯匿王与随从驾车向一座敞开的大殿走去，大殿内有一个顶上有伞盖、轮轴上悬挂着巨大花环的轮子（如图4-21所示）。不言而喻，法轮是释迦牟尼说法的象征，法轮的两边是释迦牟尼的胁侍帝释天与梵天，而大殿则是为"大神变"建造的殿堂。③

---

① （宋）法贤译《众许摩诃帝经》卷6，《中华藏》第64册，第355页中。

② （唐）义净译《根本说一切有部毗奈耶杂事》卷26，《大正新修大藏经》第24册，第332页上。

③ 参见〔法〕阿·福歇《佛教艺术的早期阶段》，第139页。

收藏于加尔各答印度博物馆的约2世纪贵霜王朝时期的"舍卫城神变"圆形浮雕，表现的是释迦牟尼在舍卫城施展神通的情景，与佛传文本中的记述相吻合。释迦牟尼结跏趺坐入三昧，体内生出火焰，持伞天神在其头顶飞舞。释迦牟尼左右各绽放出一朵莲花，左侧莲花上有一尊释迦牟尼的立像与伏于其足下的披发人物，表现的是燃灯佛本生故事；右侧莲花上为一童子向释迦牟尼敬献一捧尘埃的场景。值得注意的是，画面中的释迦牟尼的双肩上喷出火焰，背光周围也雕饰了一圈火焰，呈"焰肩佛"形象（如图4-22所示）。

图4-21　公元前2世纪　巴尔胡特　加尔各答博物馆藏

资料来源：〔法〕阿·福歇：《佛教艺术的早期阶段》，第136页。

图4-22　舍卫城神变　贵霜时期（约2世纪）　加尔各答印度博物馆藏

资料来源：《圣境印象：印度佛教艺术》，第49页。

**图4－23 舍卫城神变 约3
世纪 巴黎吉美
博物馆藏**

资料来源：Jeannine Auboyer
Buddh，*A Pictorial History of His Life
and Legacy*，pic. No. 110。

同样类似的释迦牟尼形象以及构图还
有现藏于巴黎吉美博物馆的，约制于3世
纪的"舍卫城神变"（如图4－23所示）
浮雕作品。这种构图方式符合以卡列宁为
代表的学者所认为的"早期犍陀罗地区对
神变主题保持着低调隐晦的姿态，文字叙
述也含而不露"的方式。①

"焰肩佛"的表现方式属于前期犍陀
罗艺术风格，被认为是"迦毕试样式"
（Kapisa style）的典型特征之一，有别于
一般希腊风格的犍陀罗艺术。主要采用硬
直的形式，佛像形象是为前世释迦牟尼授
记的燃灯佛（Dipamakara Buddha）或舍卫
城神变中的"焰肩佛"。如图4－22的浮
雕恰好将"燃灯佛"与"焰肩佛"形象统
一在一个画面中。迦毕试样式兴盛于兴都库
什山脉南麓的贝格拉姆地区，此地区在贵霜
时期曾作为迦腻色迦王的夏都，硬直的形式符合贵霜人的审美趣味。

与此同时，大约于2世纪初期，贵霜人在其发祥地兴都库什山
脉北麓的巴克特里亚的苏尔赫·科塔尔（Surkh Kotal）建立了"王
朝火神庙"（Dynastic Temple of Fire）。火焰被作为王权的神圣象
征，波斯的拜火教依然是迦腻色迦王的信仰之一。因此，焰肩佛
的形象是贵霜人将波斯拜火教信仰与佛教信仰相互调和与融合的
结果。

---

① 参见〔意〕卡列宁等编著《犍陀罗艺术探源》，第41页。

二　千佛化现

"舍卫城神变"的"千佛化现"场景在阿旃陀石窟（Ajanta Caves）的释迦牟尼神话图像中有很多表现。阿旃陀石窟位于今印度德干高原马哈拉旃特拉邦重镇奥兰加巴德（Aurangabad）西北100公里处，处于叠岭连嶂、清流交带之间，茂林掩映，闲旷幽邃，是与敦煌莫高窟同样驰名世界的佛教艺术宝库。

如图4-24所示，依据《因缘谭·神变经》，整幅图像分为九排，由下至上，第一排正中刻有一枝左右由两龙王支撑的莲茎，莲茎分枝衍生出许多莲花，外侧各一坐佛和三合掌供养人；第二排为五尊坐佛与一尊立佛；其上每排均为七尊坐佛。布满虚空的化佛，与文本中"重重展转上出，乃至色究竟天"相对应。

位于阿旃陀石窟第17窟过厅左壁，约作于5世纪下半叶的"千佛化现"图，画面中共有大小相同、分层排列的化现佛一千零五十五尊，佛像均带有头光和身光。双手于胸前结印，结跏趺坐于莲座上（如图4-25所示）。位于阿旃陀石窟第2窟过厅正、左、右壁的"千佛化现"图，图中数以千计的释迦牟尼佛像紧密地排列在壁间，表现释迦牟尼以一身化成无数身的壮丽情景。无数化现的大小相若的释迦牟尼结跏趺坐于莲台上，有圆形头光和椭圆形举身光，仅手印与袈裟颜色有所差异（如图4-26所示）。

图4-24　舍卫城神变（千佛化现）阿旃陀石窟第7窟　约5世纪末印度马哈拉旃特拉邦奥兰加巴德

资料来源：〔日〕宫治昭：《吐峪沟石窟壁画与禅观》，贺小萍译，上海古籍出版社，2009，第153页。

**图 4 - 25　千佛化现　阿旃陀石窟第 17 窟　约 5 世纪下半叶
印度马哈拉旃特拉邦奥兰加巴德**

资料来源：星云大师总监修《世界佛教美术图说大辞典》（石窟），第 700 页。

**图 4 - 26　千佛化现　阿旃陀石窟第 2 窟　6 世纪上半叶
印度马哈拉旃特拉邦奥兰加巴德**

资料来源：Jeannine Auboyer Buddha, *A Pictorial History of His Life and Legacy*,
pic. No. 111。

　　敦煌莫高窟第76窟营造于唐代，于宋代重绘，主室东壁入口门的两侧绘有围绕释迦牟尼之"八相"展开的八塔变相。第五塔龛内绘有"千佛化现"图，画面绘有释迦牟尼和两个化佛（如图4-27所示），表现了释迦牟尼于舍卫城现种种神通，作无数化佛，战胜外道的情景。

图4-27　千佛化现　莫高窟第76窟　宋代

资料来源：樊锦诗编著《敦煌石窟全集·佛传故事画卷》，第201页。

三　大光明神变

　　犍陀罗浮雕中的"大光明神变"（如图4-28、图4-29、图4-30所示），是"舍卫城神变"的变相式图像。图像中的释迦牟尼形象巨大，结跏趺坐于千叶莲花之上。此莲花正如文本记述，"大如车轮，其数无量，色香具足，而未开敷，一切花内，皆有化佛"。[①] 簇拥在释迦牟尼周围的圣众，以二维构图的方式，有前后上下次序之分，形象地表现了当看到释迦牟尼入三昧，放光明化现千佛，花雨从

---

① （东晋）佛陀跋陀罗译《大方等如来藏经》卷1，《大正新修大藏经》第16册，第457页上。

天而降，大地震动时，圣众一同仰视释迦牟尼发出惊叹，显出不可思议的情景。浮雕中的人物，有的目不转睛地注视着释迦牟尼，有的惊异万分举手仰天观望，有的面向释迦牟尼合掌尊拜、散花赞叹。

图 4 - 28　大光明神变　犍陀罗

资料来源：〔巴基斯坦〕穆罕默德·瓦利乌拉·汗：《犍陀罗：来自巴基斯坦的佛教文明》，第 143 页。

图 4 - 29　大光明神变（局部）

资料来源：〔巴基斯坦〕穆罕默德·瓦利乌拉·汗：《犍陀罗：来自巴基斯坦的佛教文明》，第 143 页。

图 4 - 30　大光明神变（局部）

资料来源：〔巴基斯坦〕穆罕默德·瓦利乌拉·汗：《犍陀罗：来自巴基斯坦的佛教文明》，第 143 页。

　　拉合尔中央博物馆的片岩浮雕中央，高大的释迦牟尼坐于虚空之中的莲花宝座上说法，以其神力化现的莲花千佛布满虚空。梵天与帝释天为左右胁侍，手持佛幢。位于莲花上或柱廊中的诸多姿态各异的大小菩萨围绕在释迦牟尼的四周，惊叹地仰望着释迦牟尼的神迹。释迦牟尼的头顶有手捧花冠的飞天和擎举伞盖的天神。莲花座下的莲花池中有游动的鱼和精灵（如图4-31所示）。整个"神变"浮雕的构图恢宏复杂，装饰繁缛富丽，突出了释迦牟尼无比高大的神性形象。

图4-31　大光明神变　3世纪或4世纪　拉合尔中央博物馆藏

资料来源：〔意〕卡列宁等编著《犍陀罗艺术探源》，第174页。

图4-32 大光明神变 犍陀罗地区出土 拉合尔博物馆藏

资料来源：〔法〕阿·福歇：《佛教艺术的早期阶段》，第137页。

如图4-32所示，浮雕的中部表现了大神变的场景。释迦牟尼结跏趺坐于千叶莲花之上，此莲花是从布满鱼和莲花的池塘中升起的一枝莲茎上的莲花。其头顶的莲花之下，两龙王向后倾斜注视着释迦牟尼。有大小不成比例、没有翅膀的两个小天使托着镶嵌着珠宝饰物的王冠。另有由辐射状的光轮环绕着的菩萨、僧人、普通随从等。释迦牟尼的右边为头戴冠状头饰、手持金刚杵的金刚菩萨；左边为头戴塔状冠的舍卫城守护神那伽龙（Nagara-devata）。

值得注意的是，"舍卫城神变"表现了释迦牟尼坐于莲花之上进入冥想，不断化现，形成千佛的主题。而"大光明神变"重在表现释迦牟尼入三昧放大光明，照亮了从天到地的诸世界，以及无限的佛国土的不可思议与奇瑞的景象。

四 千叶莲花的象征意义

综上所述，释迦牟尼结跏趺坐于千叶莲花座上以及从莲茎分枝上衍生出的莲花上的化佛，成为"舍卫城神变"和"大光明神变"图像中的明显特征。因此，"千叶莲"成为释迦牟尼神话图像中别具内涵的意象。

释迦牟尼神话文本中的莲花主要有优钵罗（Utpala）、拘物头（Kumuda）、波头摩（Padma）、芬陀利（Pandarika）与泥卢钵罗

（Nilotpala）五种，前四者依次为青、黄、赤、白四色。古代印度人通常崇拜的为白色芬陀利，此花的三种形态有不同的名称，未敷之时称为屈摩罗（Mukula）；敷而将落时称为迦摩罗（Kamala）；中盛时称为芬陀利（Pandarika）。芬陀利最早是敬献给月神旃陀罗（Candra）的祭品，后来作为千叶莲花出现在释迦牟尼神话文本和图像中。

莲花代表了水生植物的总体结构：根生水下，象征一切生命来源于水，水是万物创生的根源，与"水为一切之母"的吠陀神话观念相应合；叶铺水面，象征着繁茂的大地；美丽的花朵从水和大地中长出并结出丰硕的果实。莲花是创生万物的仓库，是约尼，象征着原始的胎藏和母亲的子宫；林伽从其深处产生，也象征着丰饶。因此，"水中生莲"的意象，实为宇宙原初生成的象征。《莲花往事书》（Padma Purāna）的《创造篇》描述了梵天从毗湿奴肚脐中生出的莲花中出生并创造世界的传说。毗湿奴在宇宙每一个周期的末期（劫末），化身为"宇宙之人"那罗延（Nryana），将宇宙置于自己体内，卧于由千首蛇舍湿盘曲身体而成的榻上，处于瑜伽睡眠（Yoganidrā）的状态（如图4-33所

图4-33　躺在蛇床上沉睡的毗湿奴

资料来源：安瑞军：《印度教主神的大千世界》，《大众考古》2014年第5期，第57页。

示）。过往的一切都融入毗湿奴体内，意味着宇宙的消解，一切都沉寂了。毗湿奴一旦苏醒，就意味着新的宇宙周期开始。此时，毗湿奴的肚脐中生出一朵莲花（如图 4-34 所示），莲花中又生出梵天（Brahma），由梵天创造新的世界。沉睡与苏醒反复不已，宇宙也随之循环不已。

吉祥天女拉克希米（Lakṣmī）也从莲花中诞生，据说她是诸天神搅乳海时出现的第三宝，手持莲花并坐于大莲花之上，美貌绝伦，象征着丰裕。基于这种次生的创生神话，她被视为一切生命的原初母亲。① 还有一种用来敬献给吉祥天女、名为圣罗勒（Tulasī）的植物，常常会化身为罗勒女神（Tulasīdevī），如同吉祥天女一样坐于莲花之上，两手分别持有蓝色莲花和白色莲花（如图 4-35 所示）。

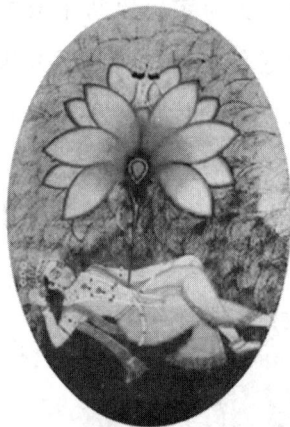

图 4-34　肚脐生莲花的毗湿奴

资料来源：安瑞军：《印度教主神的大千世界》，《大众考古》2014 年第 5 期，第 57 页。

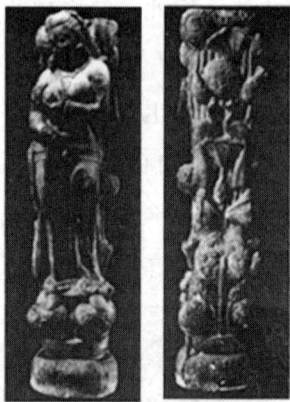

图 4-35　吉祥天女（正面）
莲花和孔雀（背面）
秣菟罗出土　新德
里国立博物馆藏

资料来源：〔日〕宫治昭：《涅槃和弥勒的图像学》，李萍、张清涛译，文物出版社，2009，第 554 页图版 7a 和 7b。

① 参见〔德〕施勒伯格《印度诸神的世界——印度教图像学手册》，第 103 页。

印度神话中，毗湿奴的第九个化身为释迦牟尼，因此，印度教中存有释迦牟尼是毗湿奴化身的造像，表现的形式多为释迦牟尼坐于莲花座，掌心与足心也饰有莲花图案。[1] 《普曜经·降神处胎品》云，释迦牟尼入胎之夜，"水界六百六十万由旬，生大莲花"，直达梵天界。[2] 《方广大庄严经》记述，释迦牟尼在兜率天宫周边观察，准备降神入胎时，现八瑞相，其中一种即为，"王宫池沼，皆生莲花，大如车轮，有百千叶，覆映水上"。[3]

莲花也常常被作为象征物出现在释迦牟尼神话图像的装饰图案中。巴尔胡特大塔栏楯的贯石和立柱浮雕上与桑奇大塔塔门上的装饰图案中，基本都有盛开的双重莲花图案（如图 4-36、图 4-37、图 4-38 所示）。

图 4-36　莲花及药叉　巴尔胡特　公元前 1 世纪初　加尔各答印度博物馆藏

资料来源：星云大师总监修《世纪佛教美术图说大辞典》（雕塑），佛光山宗委会，2013，第 238 页。

---

① 参见〔德〕施勒伯格《印度诸神的世界——印度教图像学手册》，第 61 页。
② （西晋）竺法护译《普曜经》卷 2，《中华藏》第 15 册，第 370 页中。
③ （唐）地婆诃罗译《方广大庄严经》卷 2，《中华藏》第 15 册，第 240 页下。

图 4 – 37　莲花卷草纹光相　巴尔胡特　公元前 1 世纪　加尔各答印度博物馆藏

资料来源：星云大师总监修《世纪佛教美术图说大辞典》（雕塑），佛光山宗委会，2013，第 238 页。

图 4 – 38　摩羯鱼口中生出的莲花蔓草　桑奇第 1 塔东门　1 世纪初
巴尔胡特　加尔各答印度博物馆藏

资料来源：Anil de Silva-vigier, *The Life of The Buddha*: *Retold From Ancient Sources*, p. 65。

《方广大庄严经》记述，释迦牟尼于无忧树下诞生后，"不假扶持，即便自能，东行七步，所下足处，皆生莲华"。① 释迦牟尼六年苦修无果，入尼连禅河沐浴，食牧女所奉乳糜后气力恢复，前往菩提道场的菩提树下打算降服众魔，"以大人相，四面而行……所践之地，皆生莲花"。② 据说，神的脚掌不能像人类一样直接接触地面，接触地面则暗示着将受制于世俗万物，就不得不遵从宇宙循环的法则。因此，莲花被用作释迦牟尼的宝座（Padmāsana）或者基座，佛居于底座之上，是其神圣性的象征。

莲花座中十六角形的莲花座被称为"万有莲花座"（Visvapadmāsana），象征着宇宙。释迦牟尼的莲花座"花大如车轮，以宝为茎金刚为须"，莲花大如车轮，表示莲花具有车轮——日轮的同等价值，莲花等同于太阳，是绝对者的象征，体现了印度《奥义书》莲花孕育"绝对"的观念。莲茎为宝石所制，粗壮而坚固，象征着古印度"宇宙之柱"的观念。在释迦牟尼神话图像中，莲花座上往往饰有动物形象，如狮子、大象、摩羯鱼和龙神，这些动物补充了神像的整体象征性。狮子象征着手握统治权的君主，而坐于莲花座之上的释迦牟尼是世界的绝对统治者。

---

① （唐）地婆诃罗译《方广大庄严经》卷3，《中华藏》第3册，第251页中。
② （唐）地婆诃罗译《方广大庄严经》卷8，《中华藏》第15册，第301页中。

第五章

涅槃

众多涅槃经将释迦牟尼在拘尸那迦城的婆罗树下的入灭称为"涅槃"（Nirvāna）。东汉竺大力《修行本起经》、三国吴支谦《太子瑞应本起经》、宋释宝云《佛本行经》为"入灭"；前秦僧伽跋澄《僧伽罗刹所集经》、隋阇那崛多《佛本行集经》、唐地婆诃罗《方广大庄严经》为"涅槃"。北凉昙无谶《佛所行赞》、刘宋求那跋陀罗《过去现在因果经》、宋法贤《众许摩诃帝经》"入灭"与"涅槃"概念混用。

　　涅槃世界是佛教主张的存在于现实世界之外的清净、圆满与永恒的彼岸世界。追求涅槃世界意味着对现实世界的否定，从而要求人们抛弃现实世界的生死，追求彼岸世界的涅槃。因此，企求脱离现实世界，抵达冥冥中超自然境界的涅槃世界，是释迦牟尼神话中最精华的部分，是佛教宗教性最集中的反映，是佛教的宗教作用发挥至极致的重要体现。

第一节　涅槃的含义与窣堵波的符号象征

一　涅槃神话的文本与含义

13 部汉译佛传文本中的《佛所行赞》共 5 卷 28 品,最重要的意义在于第一次将释迦牟尼现在世从出生到涅槃的一生完整地展现出来,每一品围绕着释迦牟尼"八相成道"中重要的经历进行记述。与"涅槃"相关的有:第 25 品《涅槃品》描述释迦牟尼在双娑罗树间寂灭的情形;第 26 品《大般涅槃品》探讨涅槃更为深刻的含义;第 27 品《叹涅槃品》围绕着"苦谛"思想对释迦牟尼的一生展开感叹;第 28 品《分舍利品》详述八王分舍利的经过。对后世大乘涅槃类经典产生了深远影响。

"涅槃"的内容还主要记录在北传《长阿含经·游行经》和《根本说一切有部毗奈耶杂事》中,尤其是后者,从卷 35 开始记述释迦牟尼"涅槃"事迹的详细过程。另外,南传和北传的《大般涅槃经》、西晋白法祖译的《佛般泥洹经》以及失译的《般泥洹经》都是关于释迦牟尼"涅槃"这一重要事迹的圣典文本,其中南北传的《大般涅槃经》均有汉译本。由南朝僧慧严、慧观等人删定的 36 卷《大般涅槃经》,世称南传本;由东晋法显译的 6 卷《大般涅槃经》、北凉昙无谶译的 40 卷《大般涅槃经》,世称北传本。20卷《般泥洹经》今佚，最初由南朝刘宋的智猛在凉州译出。另外，《摩诃摩耶经》和《佛母经》中主要记述的是摩耶夫人在睡梦、听闻以及从忉利天下凡人间与涅槃场景中的各个情节。

"涅槃"原意为"火灭"、"风散"或"清凉"、"平静"。婆罗门教和耆那教也使用"涅槃"这个概念。耆那教将灵魂摆脱诸业，升至世界的顶端，享受绝对的安乐称为"涅槃"。古印度婆罗门教的《薄伽梵歌》将达到"梵我合一"的境界称为"梵涅槃"。《杂阿含经》将"涅槃"称为"上清凉"，"贪欲永尽，瞋恚永尽，愚痴永尽，一切烦恼永尽，是名上清凉"。[1] 释迦牟尼将贪、瞋、痴视为火，必须予以熄灭；熄灭此火，内心便得以清凉和宁静。"早期佛教理论中，涅槃是熄灭一切'烦恼'，从而超越时空，超越生死，与现实世界对立的一种境界。""不受后有"是涅槃的另一个含义，即死后不会再生，意味着超越了"轮回"。[2]

《长阿含经·游行经》记述释迦牟尼对阿难说："今我成无上正觉，复舍性命，措身于此，自今已后，生死永绝，无有方土，措吾身处，此最后边，更不受有。"[3] 然后在拘尸那揭罗城娑罗园中双树间，临将灭度。由此，释迦牟尼将修行达到的伦理上以及心理上的最高境界理解为"涅槃"，成为原始佛教追求的最高目的。

原始佛教与部派佛教传统将涅槃分为"有余涅槃"（Sopādhiśeṣanirvāṇa）和"无余涅槃"（Nirupadhiśeṣnirvāna）两种状态与境界。《阿毗达磨大毗婆沙论》曰：

> 如《契经》说，有二涅槃界。谓有余依涅槃界，及无余依

---

① （刘宋）求那跋陀罗译《杂阿含经》卷18，《中华藏》第32册，第841页上。

② 参见杜继文主编《佛教史》，第20页。

③ （后秦）佛陀耶舍译《长阿含经》卷4，《中华藏》第31册，第44页上。

涅槃界……云何有余依涅槃界？答：若阿罗汉，诸漏永尽，寿命犹存，大种造色，相续未断，依五根身，心相续转，有余依故。诸结永尽，得获触证，名有余依涅槃界。……云何无余依涅槃界？答：即阿罗汉，诸漏永尽，寿命已灭，大种造色，相续已断，依五根身，心不复转，无余依故。诸结永尽，名无余依涅槃界。①

"有余"即为"有执着剩余"，"无余"为"无执着剩余"，两者之间的根本区别在于"执着"，即"执着生存因素"。摆脱"生存因素"的执着实为涅槃的关键。② 释迦牟尼在佛陀伽耶的菩提树下成佛的状态与境界为"有余涅槃"，即烦恼已尽，肉身犹存。释迦牟尼在娑罗树下肉体死亡而完全进入寂灭的状态与境界为"无余涅槃"，即烦恼和肉身皆已灭尽。

"漏尽解脱，入般涅槃。""般涅槃"（Parinivana），虽然常常与"涅槃"一词通用，但更强调的是"完全涅槃"的原本含义，因此，汉译经典常译为"圆寂"，特指释迦牟尼的死去。《中阿含经·未曾有法品》记述了释迦牟尼般涅槃后，"地大动时，四面大风起，四方彗星出，屋舍墙壁，皆崩坏尽"的情景。③

《杂阿含经》云："得此上清凉……谓八正道。"④ 灭寂欲望，达到涅槃的重要途径是修习"八正道"。原始佛教的基本教义"四圣谛"——苦、集、灭、道，是释迦牟尼悟道的核心，也是初转法轮

---

① （唐）玄奘译《阿毗达磨大毗婆沙论》卷32，《中华藏》第45册，中华书局，1990，第280页中。
② 参见郭良鋆《佛教涅槃论》，《南亚研究》1994年第4期，第27页。
③ （东晋）僧伽提婆译《中阿含经》卷9，《中华藏》第31册，中华书局，1987，第403页上。
④ （刘宋）求那跋陀罗译《杂阿含经》卷18，《中华藏》第32册，第841页上。

的根本思想。① 苦、集二谛说明人生痛苦的本质及其形成的原因；灭、道二谛指明人生得以解脱的归宿和途径。"涅槃"就是在"四圣谛"的"灭谛"中提出的。

《中阿含经·罗摩经》不仅记述了释迦牟尼初转法轮的传说，而且详细记述了释迦牟尼第一次宣讲佛法的内容：

> 五比丘！当知有二边行，诸为道者，所不当学：一曰着欲乐下贱业，凡人所行；二曰自烦自苦，非贤圣求法，无义相应。五比丘！舍此二边，有取中道，成明成智，成就于定，而得自在，趣智趣觉，趣于涅槃，谓八正道，正见乃至正定，是谓为八。②

释迦牟尼认为真正达到解脱的途径，既不是普通人贪求享乐从事的各种世俗活动，也不是外道从事的各种无益于解脱的苦行。而是应该舍弃这两种偏见，采取"中道"的途径，即"正见、正志、正语、正业、正命、正精进、正念和正定"八正道，可将"八正道"概括为戒、定、慧三学。"戒"包括"正语""正业""正命"三者；"定"包括"正念""正定"两者；"慧"包括"正见""正志""正精进"三者。

综上所述，我们可以理解为：释迦牟尼35岁时出家修行，在菩提树下通过禅定悟道成佛，已经达到涅槃境界；然后在鹿野苑初转法轮，通过宣讲佛法，使得憍陈如等五比丘也获得涅槃；但是释迦牟尼并没有住于涅槃，而是周游各地进行布道，直到80岁于娑罗双树间最终达到"般涅槃"境界。"般涅槃"境界意味着释迦牟尼已经完全

---

① 参见杜继文主编《佛教史》，第12页。
② （东晋）僧伽提婆译《中阿含经》卷56，《中华藏》第31册，第955页上。

脱离三世轮回，达到永远寂灭的境界，这种境界是佛教理想中的终极
境界。

二 八王分舍利与阿育王建八万四千塔

《根本说一切有部毗奈耶杂事》卷38、卷39与《大般涅槃经后
分·圣躯廓润品》都详细记述了释迦牟尼涅槃后，拘尸那揭罗城的
末罗族人与佛弟子将佛舍利供养在城中之事。七日后，用五百寻的布
缠裹释迦牟尼的遗体，并放入铁制的棺中进行荼毗，然后将舍利装入
八个七宝坛中，置于狮子七宝座上，重兵守护。

周边以阿阇世王为主的七国国君"于其聚落，总集四兵，象马
车步，各自严办，种种器仗"来城欲分舍利。[1]末罗族人以释迦牟尼
寂灭于他们的土地而拒绝，由此引起"争舍利之战"。有一名为突路
拏（Drona）的婆罗门，"见此诸人，欲争舍利，共相战伐"，于是出
面调停，将释迦牟尼舍利分为八等份，"第一分，与拘尸那城诸壮士
等广兴供养；第二分，与波波邑壮士；第三分，与遮罗博邑；第四
分，与阿罗摩处；第五分，与吠率奴邑；第六分，与劫比罗城诸释迦
牟尼子；第七分，与吠舍离城栗姑毗子；第八分，与摩伽陀国行雨大
臣"，随后各还本国，起窣堵波，恭敬供养。[2]《大般涅槃经》记述的
八分舍利建宝塔的八个国家为：北末罗、南末罗、拔耆、摩揭陀、释
迦牟尼、克劳地亚、布罗迦、毗纽韦坡。[3]

最早的"八王分舍利"图像见于桑奇大塔栏杆上的浮雕，连续

---

① 参见（唐）义净译《根本说一切有部毗奈耶杂事》卷38，《大正新修大藏经》第
24册，第401页下。
② 参见（唐）义净译《根本说一切有部毗奈耶杂事》卷39，《大正新修大藏经》第
24册，第402页上。
③ 参见〔英〕渥德尔《印度佛教史》，王世安译，商务印书馆，1987，第208页。

七个场景分别表现分得舍利满载而归的场景，七头大象上载有七位国王和象指导（如图 5 – 1 所示）。

图 5 – 1　八王分舍利　公元前 2 世纪　印度新德里国家博物馆藏

资料来源：Jeannine Auboyer Buddha, *A Pictorial History of His Life and Legacy*, No. 127。

犍陀罗地区出土的 2 ~ 3 世纪的片岩浮雕（如图 5 – 2、图 5 – 3、图 5 – 4、图 5 – 5 所示），分别形象地表现了释迦牟尼寂灭之后，茶

图 5 – 2　荼毗　2 ~ 3 世纪　白沙瓦博物馆藏

资料来源：〔巴基斯坦〕穆罕默德·瓦利乌拉·汗：《犍陀罗：来自巴基斯坦的佛教文明》，第 291 页。

毗、八王分舍利、各自返国以及建塔供养的场景。释迦牟尼于娑罗双树下涅槃后，拘尸那揭罗城的末罗族人将其供养起来，七天后运到城东的天冠寺（Makuta-bandhana）举行隆重的"轮王葬法"，即"荼毗

图 5-3　分发舍利　2~3 世纪　拉合尔博物馆藏

资料来源：〔巴基斯坦〕穆罕默德·瓦利乌拉·汗：《犍陀罗：来自巴基斯坦的佛教文明》，第 291 页。

图 5-4　携舍利返回本国　2~3 世纪　拉合尔博物馆藏

资料来源：〔巴基斯坦〕穆罕默德·瓦利乌拉·汗：《犍陀罗：来自巴基斯坦的佛教文明》，第 292 页。

（Jhapita）建塔"。先以布、毡重重裹身，安放到灌有油的金椁中，再以铁椁盖蔽，然后堆积香柴，用火来焚化，称为"荼毗"。荼毗遗留下来的舍利，再建塔供养。

图 5-5　建窣堵波供奉舍利　2～3 世纪　拉合尔博物馆藏

　　原位于克孜尔石窟第 224 窟左甬道内侧壁，现藏于德国柏林国立博物馆亚洲艺术馆的"八王分舍利"图，表现了八国争夺舍利和八王分得舍利的情景。画面由下半部分的"争舍利"和上半部分的"分舍利"共同构成。"争舍利"的画面背景为城墙，中间为城门，城门两侧各有身披甲胄的兵将四人，或挥剑、或持矛，作呼和状。"分舍利"画面的整个背景位于城墙上，表示人物均在城内，两旁有八位持舍利盒者（如图 5-6 所示）。画面中央的调停者婆罗门突路拏因被日本人揭取而缺失。

　　位于克孜尔石窟第 163 窟左甬道内侧壁的"八王分舍利"图，画面同样也分为上、下两个部分，图下部右侧绘有四位身穿甲胄、手持弓箭的武士，骑马列于拘尸那揭罗城的城门外，正在等候争

图5-6　八王分舍利　克孜尔石窟第224窟　约7世纪
德国柏林国立博物馆亚洲艺术馆藏

资料来源：星云大师总监修《世界佛教美术图说大辞典》（石窟），第574页。

舍利。图上部中央为婆罗门突路拏左手托一个深色的舍利罐，将右手伸入罐中；右侧有四位正在等待分舍利的国王（如图5-7所示）。

　　原位于克孜尔石窟第8窟后室前壁，现藏于德国柏林国立博物馆亚洲艺术馆的"八王分舍利"图，是同类题材壁画中保存最完好的一幅。画面仍然由"争舍利"和"分舍利"两个重要情节构成。上部画面中央为调停者突路拏盘腿坐于城上方，双手捧舍利盒。两侧各有两位或持盘散花或双手合十的天人；后侧为手持舍利的八国国王。下部画面，城门两侧各有戎装骑马的三名武士，表现等待"争舍利"的情景（如图5-8所示）。

　　《根本说一切有部毗奈耶杂事》还记述了八王分舍利后的情况，"时赡部洲，世尊舍利，乃有八塔，第九瓶塔，第十炭塔。……佛有

图5-7　八王分舍利（局部）
克孜尔石窟第163
窟　约6~7世纪

资料来源：星云大师总监修
《世界佛教美术图说大辞典》
（石窟），第532页。

图5-8　八王分舍利　克孜尔石窟
第8窟　约6~7世纪
德国柏林国立博物馆
亚洲艺术馆藏

资料来源：星云大师总监修《世界佛教美术
图说大辞典》（石窟），第404页。

四牙舍利：一在天帝释处；一在健陀罗国；一在羯陵伽国；一在阿罗摩邑海龙王宫，各起塔供养……时波咤离邑无忧王，便开七塔取其舍利，于赡部洲，广兴灵塔，八万四千，周遍供养"。[1] 最初建造的是为八份舍利而建的八座舍利塔，加上调停者突路拏为装舍利的瓶子而建的瓶塔以及迟到的孔雀族使者回去建造的炭塔，一共是十座窣堵波。阿育王皈依佛教后，认为佛教经典包括八万四千个部分，而按照古印度的面相学，人体也由八万四千个部位组成。于是便开取其中七塔舍利，敕建"八万四千塔"于各地。"八万四千"如同"恒河沙数"，极言其多。

莫高窟第454窟甬道顶部的"阿育王建八万四千塔"图，图中绘有一只大手，分开的五指遮住太阳，指间的光芒四射，万道光芒中可见诸多宝塔（如图5-9所示）。简单的构图彰显宏大的气势。

---

[1]　参见（唐）义净译《根本说一切有部毗奈耶杂事》卷39，《大正新修大藏经》第24册，第402页中。

图 5-9　阿育王建八万四千塔　莫高窟第 454 窟　北宋

资料来源：星云大师总监修《世界佛教美术图说大辞典》（石窟），第 1374 页。

　　玄奘在印度各地目睹阿育王时期所建的窣堵波尚有一百余座，高者达二百余尺，有的"宝为厕饰，石作栏杆"，有的"崇基已陷，覆钵犹存"。根据巴基斯坦学者穆罕默德·瓦利乌拉·汗的研究，窣堵波的分布是从犍陀罗西部开始的。[①]

　　玄奘抵达犍陀罗国时，该国已经呈现一片荒凉景色。玄奘还记述了迦腻色迦王修建窣堵波的逸事。迦腻色迦王是在释迦牟尼涅槃后的第四个百年，"君临膺运，统赡部洲，不信罪福，轻毁佛法"。一日，游经草泽得知树林间高三尺的小窣堵波乃释迦牟尼舍利聚集之处。于是迦腻色迦王"因发正信，深敬佛法"，"更建石窣堵波，欲以功力弥覆其上。随其数量，恒出三尺，若是增高，踰四百尺，基趾所峙，周一里半，层基五级，高一百五十尺，方乃得覆小窣堵波"，是为迦

-----

　　① 参见〔巴基斯坦〕穆罕默德·瓦利乌拉·汗《犍陀罗：来自巴基斯坦的佛教文明》，第 296 页。

腻色迦大窣堵波。窣堵波建成后，"有婴疾病欲祈康愈者，涂香散华，至诚归命，多蒙瘳差"。①

玄奘到达犍陀罗东部的呾叉始罗时，城周有 4 座佛教建筑，其中第 3 座佛教建筑即为阿育王所建的"舍头窣堵波"。按照法显的解释，释迦牟尼于过去世在此处以头施人，故以为名。② 即今天的巴拉尔塔（Bhallar Stūpa），"时放光明，神花天乐"。③ 第 4 座佛教建筑是阿育王之子拘浪拏被继母诬陷而挖去双目之处所建的窣堵波，"盲人祈请，多有复明"。④

再往东行就是犍陀罗塔克西拉的达摩拉吉卡窣堵波（Dharmarajika Stupa），它的修建与阿育王最初的弘传佛教有关，是佛教进驻犍陀罗地区的象征、存在的明证，也被认为是阿育王敕令修建的最古老的窣堵波。阿育王号称"达摩罗阇"（Dharmaraj），意为"法"（Dharma）的护卫者。塔克西拉达摩拉吉卡窣堵波的名称，反映了传说中阿育王对佛舍利的重新分配，或者直指佛教典籍中阿育王的尊称"法王"。⑤

犍陀罗的斯瓦特河东有上军王（Uttarasena）窣堵波，上军王即释迦牟尼去世前后的乌仗那国的国王。《长阿含经》、《大般涅槃经》以及《佛般泥洹经》记述"八王分舍利"时曾提及上军王。玄奘的《大唐西域记》以及《释迦牟尼方志》中明确为"乌仗那国上军王"。犍陀罗斯瓦特塞杜沙里夫窣堵波出土的一件浮雕残板，表现的就是上军王载舍利返回的场景（如图 5 - 10 所示）。"昔上军王以大白象负舍利归，至于此地，象忽踬仆，因而自毙，遂变为石，即于其

① 参见（唐）玄奘《大唐西域记》，第 239 页。
② （东晋）释法显：《法显传》，第 858 页。
③ （唐）玄奘：《大唐西域记》，第 304 页。
④ （唐）玄奘：《大唐西域记》，第 307 页。
⑤ 参见〔意〕卡列宁等编著《犍陀罗艺术探源》，第 35 页。

侧起窣堵波。"① 根据玄奘的记载，上军王骑着白象载着舍利返回时，在城门外白象突然暴毙而亡化作一块巨石，于是上军王就在这块奇石旁边修建了保存舍利的窣堵波，世人称为"上军王窣堵波"。

图 5-10　上军王载回舍利　犍陀罗出土　约 1 世纪
斯瓦特博物馆藏

资料来源：〔意〕卡列宁等编著《犍陀罗艺术探源》，第 145 页。

桑奇大塔的覆钵核心始建于阿育王时代，晚于达摩拉吉卡窣堵波，即阿育王敕令建造的"八万四千个窣堵波之一"，规模只为现有桑奇大塔的二分之一。

---

① （唐）玄奘：《大唐西域记》，第 285 页。

三　窣堵波覆钵与舍利的含义

"释迦牟尼涅槃"事迹在早期的印度释迦牟尼神话图像中，是以窣堵波象征性地加以表现的。换言之，释迦牟尼入般涅槃意味着其脱离了三世轮回，达到了永远寂灭的境界，而窣堵波就是这种佛教终极理想实现的象征。

窣堵波（Stūpa），即佛塔，也被译为大聚、方坟、圆冢、灵庙、高显处、功德聚等。玄奘《大唐西域记》曰："诸窣堵波，即旧所谓浮图也，又曰鍮婆，又曰塔婆，又曰私鍮簸，又曰薮斗波，皆讹也。"季羡林在《大唐西域记校注》中对此解释为："塔婆"由巴利文 Thūpa 而来，都是译音，玄奘根据梵文音认为其他音译"皆讹也"。[①] 因此，玄奘认为的"讹"，非真讹，只是对"窣堵波"不同的音译而已。如普拉克里特语称之为"土巴"（Thūpa），缅甸称之为"帕戈拉"（Pagoda），斯里兰卡称之为"达伽巴"（Dagaba），尼泊尔称之为"支提"（Chaitya），等等。[②]

窣堵波可以安放佛物或经文、埋佛舍利等，以此标识佛生前的德行。《方广大庄严经·往尼连河品》记述，释迦牟尼悟道成佛之前，在尼连禅河沐浴后所剃须发，被起塔供养；释迦牟尼为平复身体气力，食毕乳糜的金钵被龙王收于宫中供养，后被由帝释天所变化之金翅鸟夺得，起塔供养；龙妃所献的贤座，释迦牟尼坐毕之后也被起塔供养。[③]《众许摩诃帝经》也记述了帝释化身为金翅鸟，龙王被惊退

---

① （唐）玄奘：《大唐西域记》，第105页。
② 参见〔巴基斯坦〕穆罕默德·瓦利乌拉·汗《犍陀罗：来自巴基斯坦的佛教文明》，第285页。
③ （唐）地婆诃罗译《方广大庄严经》卷7，《中华藏》第15册，第299页中下。

后，帝释得钵，安于忉利天建塔供养的情节。① 《释迦牟尼如来成道记注》记载："《本行经》云：太子自以宝装佩刀，左手握绀青之发，而发愿云，我今落此发，誓与众生断除烦恼及与习障。寻即截下，掷向空中。天帝释接，往忉利天建塔安贮供养，此天上四塔之二也。"释迦牟尼食完乳糜，将其钵掷向尼连禅河。"天帝释收归天上，建塔安置供养，此四塔之三也。"② 可见，窣堵波最早的功能在于：供养释迦牟尼在尼连禅河沐浴完毕后所剃的须发、盛装乳糜的金钵、所坐之贤座等。

　　窣堵波塔身"覆钵"备受关注。首先，覆钵在梵文文献中有两个称谓。一为"噶尔巴"（Garbha），即"胎"的意思，"噶尔巴"的词根"garb"，意为把某物放入其中，具有胎、藏的原本含义，意味着具有某种"孕育"可能性的母胎。《梨俱吠陀》中存有关于"希拉尼亚·噶尔巴"（Hiranya-garbha）的赞歌。"希拉尼亚·噶尔巴"意为"黄金胎儿"，出生于太初之水，是孕育万物的"胚子"，亦是世间万物的主宰者，可以支撑天地、创造生命。③

　　二为"安达"（Anda），即"卵"的意思，象征着印度神话中孕育宇宙的"黄金之卵"。《百道梵书》和《歌者奥义书》中讲述了"黄金之卵"或者"宇宙之卵"的神话故事。太初之时，宇宙充满了水，经过艰难蜕变，水中生出"黄金之卵"，一年以后，"被视为创造者的生主，生于黄金之卵"。④ 从现存的古老的覆钵遗迹来看，覆钵明显都是半球形或者卵形。如图 5 - 11 所

---

① （宋）法贤译《众许摩诃帝经》卷 6，《中华藏》第 64 册，第 350 页中～351 页上。

② （唐）王勃：《释迦牟尼如来成道记》卷 1，（宋）道诚注，《大藏新纂卍新续藏》第 75 册，第 4 页中。

③ 参见魏庆征编《古代印度神话》，第 34 页。

④ 参见魏庆征编《古代印度神话》，第 72 页。

示，为约建于公元前 200 年的南印度帕丁普罗（Bhattiprolu）窣堵
波断面图。

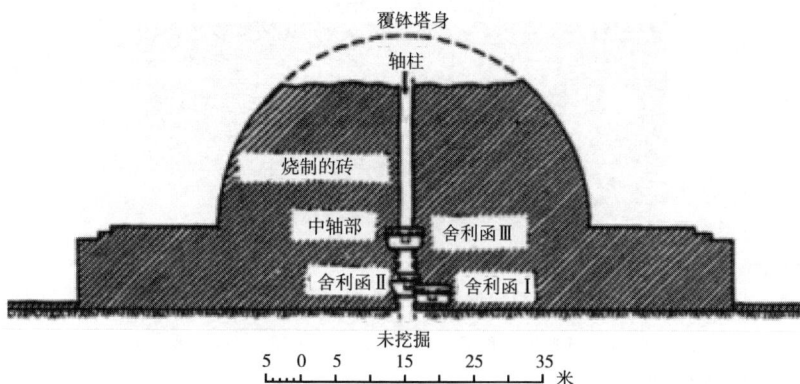

图 5 − 11　帕丁普罗窣堵波断面　约公元前 200 年

资料来源：〔日〕宫治昭：《涅槃和弥勒的图像学》，第 24 页。

　　正如宫治昭在其著作中说："窣堵波的建造和窣堵波的信仰，
起源于对释迦牟尼涅槃的象征——舍利的崇拜。"[①] 释迦牟尼之遗
骨舍利被称为"种子"（Bīja），通常被盛装在舍利容器中埋在伞盖
正下方覆钵核心的密室中，作为变现万法的"种子"。盛装舍利的
容器常常为窣堵波形、筒形、扁平形、圆形、带纽的球形壶状等，
材质可为石制、象牙制、水晶制、金制等。塔克西拉博物馆藏的
"石制球形带盖舍利盒"是带纽球形壶状舍利盒的典型。舍利盒整
体为球形壶的造型，盖子与器身在半腰中咬合，盖顶装饰有小窣
堵波形状（如图 5 − 12 所示）。这种造型的舍利盒与圆形覆钵恰好
相呼应。

　　壶（Ghata）为古代印度颇受欢迎的器物。《旧杂譬喻经》记述，
一国王的太子在山中游观时见一清泉，偶遇一婆罗门入泉水洗浴，后

　　[①] 〔日〕宫治昭：《涅槃和弥勒的图像学》，第 16 页。

图 5 – 12 石制球形带盖舍利盒 塔克西拉博物馆藏

资料来源：〔巴基斯坦〕穆罕默德·瓦利乌拉·汗：《犍陀罗：来自巴基斯坦的佛教文明》，第 289 页。

其作法吐出一壶，壶中生有一女；女子再作法吐出一壶，壶内生一少年。① 显然，壶具有孕育生命的功能。据《大史》记述，建造佛塔的过程中，有一个重要环节就是要将八只金壶和八只银壶装满水，置于佛塔的中心位置，然后再在这十六只壶的周围放置一千零八只新壶。建筑师在"黄金之钵"中注满水，用手拍打水面，根据拍打水面而产生的"硕大的水泡"来建造佛塔。

舍利盒往往被埋在窣堵波覆钵的内部中央，成为窣堵波的核心。值得注意的是，希腊人死后，骨灰也被装在制作精良的陶罐中，并埋葬在墓穴中。② 迦腻色迦舍利容器，大约制作于 2 世纪中期，藏于白沙瓦博物馆。这件舍利盒的盒身以"扛花环的童子"装饰，童子形象来自希腊艺术，意味着"胜利""庆祝""乐园"。裸体童子一般头戴花环，胸前戴有串珠，有的还有双翼。花环由花瓣和树叶组成，呈波浪状，夹杂着葡萄卷叶，底部有茂盛的葡萄叶和果实（如图 5 –

---

① （三国吴）康僧会译《旧杂譬喻经》卷 1，《中华藏》第 51 册，第 855 页上中。

② 参见〔美〕马克·D. 富勒顿《希腊艺术》，第 37 页。

13 所示）。葡萄，在希腊神话中是酒神狄俄尼索斯的象征物，象征着丰饶和再生。以丰饶的乐园和再生图像修饰释迦牟尼的舍利盒，极具象征意义。

图 5 – 13　舍利容器　犍陀罗大王塚出土　2 世纪中期　白沙瓦博物馆藏

资料来源：林保尧编著《佛教美术全集·佛像大观》，第 80 页。

与舍利盒同时埋葬的还有多为金制或金箔制的圣物盒，内装水晶、宝石、珍珠、钱币等物。在梵文中，宝石等珍贵的东西都被称为"Manikyah"（"宝"或"有念珠的地方"），念珠（Manka）一词与其同源，具有魔力和不死的力量，暗示着再生、丰饶多产。窣堵波的圆形覆钵，作为舍利种子的收藏之处，在印度与胎、卵、壶的形象相结合，它的形象犹如种子孕育于母胎之中，并由此而产生万物，可以称

之为生命的源头。① 在这一点上，佛教之涅槃境界与《奥义书》的
"梵我如一"并无本质差异，《奥义书》的世界本原为"梵"，具有
创世之功能。佛教中的舍利以及窣堵波信仰也彰显了其暗示出的再
生、丰饶多产的意义。

　　窣堵波往往有南、北、东、西四座塔门，象征着宇宙的四个方
位，常被解释为宇宙图式（Cosmic Diagram）。当信徒按顺时针方向
绕塔巡礼时，据说与太阳的运行轨迹一致，与宇宙的律动相吻合，并
可以由尘世超升至灵境。② 于1世纪建成面世的犍陀罗斯瓦特布特卡
拉三号寺院出土的浮雕板，上面刻有僧侣礼拜四角立柱窣堵波的情形
（如图5-14所示）。此窣堵波由覆钵和双层圆柱形塔身构成，并增
设了一个方体基座，方体基座的四角竖立着四根柱子。四柱象征着宇
宙的四个重要方位，整个窣堵波的构造暗示着弥漫着佛法的整个宇
宙，隐现了后来金刚乘中更明确陈述的曼陀罗宇宙精神图。③

图 5 - 14　礼拜窣堵波　犍陀罗斯瓦特出土　1 世纪

资料来源：〔意〕卡列宁等编著《犍陀罗艺术探源》，第36页。

---

① 〔日〕宫治昭：《涅槃和弥勒的图像学》，第31页。
② 参见王镛《印度美术》，第58页。
③ 〔意〕卡列宁等编著《犍陀罗艺术探源》，第35~36页。

　　于阿玛拉瓦蒂出土的，大约建制于 3 世纪的窣堵波（如图 5 - 15
所示），由圆形基坛与半球形覆钵共同构成，覆钵顶端建有平台和圣
树。据说此窣堵波为八王为供养舍利
而建的其中一个，也是玄奘曾经拜访
过的窣堵波。由于那伽蛇王的看守，
阿育王没能开启此塔取得舍利。大众
部 所 传 的《 摩 诃 僧 祇 律》
（*Mahasangha-vinaya*）称这种形制的
窣堵波为"方牙四出"，不仅是阿玛
拉瓦蒂派艺术的典范，也是南印度窣
堵波不同于其他地区的典型特征。[1]
因此，释迦牟尼的身体和教义并没有
因涅槃而消亡。窣堵波是脱离轮回转
生，达到永远寂灭境界的佛教理想实
现的象征。"窣堵波信仰之所以广泛
渗透，扎根于印度社会，不只是象征
涅槃这一教义方面的原因，还意味着
窣堵波作为神圣之物的观念已经深入
人们的思想。"[2]

图 5 - 15　窣堵波　阿玛拉瓦蒂出土
3 世纪　马德拉斯政府
博物馆藏

资料来源：Jeannine Auboyer
Buddha, *A Pictorial History of His
Life and Legacy*, No. 124。

---

[1]　参见王镛《印度美术史话》，第 87 页。
[2]　〔日〕宫治昭：《涅槃和弥勒的图像学》，第 16 页。

第二节　圣树崇拜

与此同时，印度人在窣堵波的建造中融入了古老的圣树崇拜观念。巴尔胡特与桑奇大塔浮雕上的窣堵波图样中，以圣树和窣堵波相结合象征释迦牟尼涅槃的图像比较常见，这种带有圣坛的圣树，铭文中称为"支提"。

一　支提释义与图像表现

支提（Caitya），为"积聚之义"，旧译支帝、支征，新译制多、制底，即以积聚土石而成之也。① 唐代义净撰写的《南海寄归内法传》曰："大师世尊既涅槃后，人天并集，以火焚之，众聚香柴，遂成大蕰，即名此处，以为质底，是积聚义……详传字义如是，或名窣堵波，义亦同此。"② 隋代吉藏撰写的《法华义疏》曰："依《僧祇律》，有舍利名塔婆，无舍利名支提。《地持》云'莫问有无皆名支提'，《明了论》云'支提此云净处也'。"③《大方广佛华严经》详细讲述了支提的供养方式，涂香、散华、伞盖、燃灯、幢幡、五指印等，与窣堵波的供养方式一致。④ 日本学者宫治昭在《印度早期佛教美术》一文中提及，在南印

---

① A place where the relics of Buddha were collected, hence a place where his sūtras or images are placed，通常译为刹、塔、庙。参见 Digital Dictionary of Buddhism。

② （唐）义净：《南海寄归内法传校注》，王邦维校注，中华书局，1986，第 222 页中。

③ （隋）吉藏：《法华义疏》卷 11，《中华藏》第 34 册，第 621 页上。

④ （唐）般若译《大方广佛华严经》卷 37，《大正藏》第 11 册，第 833 页下。

度的阿马拉瓦蒂、纳加尔朱纳康达的奉献铭文中，"支提"一词专指窣堵波，两者同义。① 在尼泊尔语中，"支提"即为"窣堵波"。

由此可见，支提可为窣堵波的同义词。但是从支提一词在《梨俱吠陀》中以及两大史诗《摩诃婆罗多》和《罗摩衍那》中出现和使用的语境来看，支提在被当作佛教用语之前，则更强调其"圣树"的意义。"支提"被印度人看作精灵（药叉、罗刹）栖息或者降凡之处。与此同时，栖息于圣树上的精灵不仅可以施与丰饶多产的恩惠，也可以毁灭生命。因此，支提具有了"精灵栖息的圣树"与"伴随着窣堵波的圣树"的双重含义。

约翰·马歇尔博士在犍陀罗地区塔克西拉的皮尔丘和斯尔卡普考古发掘中发现很多钱币，这些钱币图案中最普遍的就是"伴随着窣堵波的圣树"的图案。"支提（佛塔），佛塔顶上是个新月形，以示佛塔的神圣性。佛塔旁边的图案，以一棵圣树最为常见。"② 发掘于塔克西拉斯尔卡普弃土中的方形铜钱（如图5-16所示），币面因磨损而不甚清晰，正面为大象，左边是支提和方"十"字形，右边是栏杆中的树。栏杆中的树，约翰·马歇尔认为，很可能是阿育王让人将菩提伽耶的菩提树的一枝种在了塔克西拉这个重要的伽蓝。钱币上出现神圣的菩提树，强调了佛塔的性质。③

"在早期印度雕塑中，大象朝佛（或是象征着佛的一棵树或一座

图5-16　方形铜钱栏杆中的树　大英博物馆藏

资料来源：〔英〕约翰·马歇尔：《塔克西拉Ⅲ》，第235页，No.31。

---

① 〔日〕宫治昭：《印度佛教美术系列讲座——第一讲　印度早期佛教美术》，王云译，《艺术设计研究》2011年第4期，第87页。

② 〔英〕约翰·马歇尔：《塔克西拉Ⅱ》，第1100页。

③ 参见〔英〕约翰·马歇尔《塔克西拉Ⅱ》，第1100页。

塔）献花的图案，也很普遍。"① 加尔各答印度博物馆藏的"大象朝佛"，浮雕的铭文上写着"芒果树上的支提"（Abode Chātiyam），两头大象用象鼻卷起花束，虔诚地朝拜在以窣堵波和芒果圣树结合的支提旁（如图 5 - 17 所示）。大英博物馆藏的安达罗阿玛拉瓦蒂的浮雕"大象朝佛"，两头扬起前腿、憨态可掬的大象位于象征着释迦牟尼存在的窣堵波与圣树结合的支提两侧（如图 5 - 18 所示）。纳加尔朱纳康达考古博物馆藏的 3 世纪的浮雕"大象朝佛"中，出现了六头大小不等的大象，其中两头为身形矮小的象宝宝，同样围绕在象征着释迦牟尼存在的方形窣堵波与圣树结合的支提周围（如图 5 - 19 所示）。

图 5 - 17　大象朝佛　巴尔胡特　约公元前 2 世纪　加尔各答印度博物馆藏

资料来源：Anil de Silva-vigier, *The Life of The Buddha：Retold From Ancient Sources*, p. 165。

图 5 - 18　大象朝佛　安达罗阿玛拉瓦蒂　2 世纪初　大英博物馆藏

资料来源：Anil de Silva-vigier, *The Life of The Buddha：Retold From Ancient Sources*, p. 165。

---

① 〔英〕约翰·马歇尔：《塔克西拉 I》，第 94 页。

图 5 - 19　大象朝佛　龙树山遗址　3 世纪　印度龙树山
（纳加尔朱纳康达）考古博物馆藏

资料来源：Anil de Silva-vigier, *The Life of The Buddha*：*Retold From Ancient Sources*，p. 167。

二　圣树意象

　　树木逢冬凋零，逢春回生，具有再生力量和神秘的生命力，一些生命力极其旺盛的树木尤其被当作圣树加以崇拜。佛传文本与图像的发展也与圣树崇拜有密切的关系。"圣树"之意象在释迦牟尼神话世界的建构中具有特殊的象征含义。释迦牟尼从三千大千世界的兜率天降凡南赡部洲，诞生于娑罗树（sāla）或无忧树（Asoka）下，思惟于阎浮树（Jambu）下，成道于菩提树（Asvattha）下，般涅槃于娑罗树（sāla）下。释迦牟尼于现在世经历的重要人生阶段都与圣树相关联，在关于释迦牟尼的本生故事中也有多处提及圣树。

释迦牟尼神话中的圣树之一为"菩提树"，又名云觉树、思惟树，是法显所言的"贝多树"，玄奘所言的"毕钵罗树"（Pippala），当时的印度也将此种树称为"无花果树"。按照植物学的分类，印度次大陆上有多达六百种的无花果树，此树为桑科榕属，是热带乔木。"茎干黄白，枝叶青翠，冬夏不凋，光鲜无变。"① 具有速生和长寿两大特点。

《修行本起经·出家品》将菩提树描述为："高雅奇特，枝枝相次，叶叶相加，花色蓊郁，如天庄饰。"② 给人以神圣和肃穆感。菩提树是典型的生命之树，在古老的印度神话中，天女们常常住在此树之下，空中充满着她们的欢声笑语。对毗湿奴来说，此树也十分神圣，被称为"马站树"（Asvattha，阿湿婆多），因为马匹会被自然吸引到树边，在树下纳凉并得到保护。③ 毗湿奴还拥有另外两种圣树，尼拘陀（Nyagrodha）和优昙跋罗（Udumbara），都属于无花果树类。尼拘陀树龄极长，树根可以从树干中长出，并扎根于很深的土壤，从中又可以生出新芽，长成大树。

释迦牟尼逾城出家后，经过了六年严酷的苦行，身体羸弱不堪，对于心灵和思想却毫无助力。于是，释迦牟尼在摩揭陀国尼连禅河沐浴完毕后，前往尼连禅河之正觉山西南十四五里菩提树处，色界诸天以天缯幡盖悬于树上，以使释迦牟尼便于识别。至菩提树处，"三千大千世界、所有大小诸树，皆悉低枝向菩提树，三千大千世界、须弥山等大小诸山，皆悉低峰向菩提"。④ 释迦牟尼身放光明，千百诸天奏乐散花，诸兽发声，百鸟和音，此谓"菩提场"。菩提场在"阎浮提地方之中，是三世诸佛成道之处"。⑤ 因释迦牟尼在

① （唐）玄奘：《大唐西域记》，第915页。
② （东汉）竺大力译《修行本起经》卷2，《中华藏》第34册，第440页上。
③ Robert Beer, *The Handbook of Tibetan Buddhist Symbols*, p. 216.
④ （唐）地婆诃罗译《方广大庄严经》卷8，《中华藏》第15册，第301页下。
⑤ 王孺童：《佛传——〈释迦牟尼如来应化事迹〉注译》，第23页。

其树荫下成道，菩提意为觉悟，因此得名"菩提树"（Bodhidruma 或
Bodhivṛikṣha）。

释迦牟尼亦为"过去七佛"[①] 之一，七佛各自拥有各自的圣树。
"菩提树"是七佛的象征物之一，在圣树供养图中常常可见。加尔各答印
度博物馆收藏的巴尔胡特栏柱浮雕残件"礼拜菩提树"，浮雕的铭文上写
着"拘留孙佛之圣树"，刻画的是虔诚的信徒正在礼拜象征着拘留孙佛的
菩提树"尼拘陀"（如图 5 - 20 所示）。同样为加尔各答印度博物馆藏的
巴尔胡特栏柱浮雕"礼拜菩提树"，浮雕的铭文上写着"拘那含牟尼佛之
菩提树"，据说拘那含牟尼佛曾在菩提树下获得证悟，画面正中男女信众
正在礼拜拘那含牟尼佛的象征物"菩提"（如图 5 - 21 所示）。

图 5 - 20　礼拜菩提树　巴尔
胡特　约公元前 2
世纪　加尔各答
印度博物馆藏

资料来源：《圣境印象：印度佛教
艺术》，第 67 页。

图 5 - 21　礼拜菩提树　巴尔
胡特　约公元前 2
世纪　加尔各答
印度博物馆藏

资料来源：《圣境印象：印度佛教
艺术》，第 68 页。

① 也称为"原始七佛"，分别为毗婆尸佛、毗舍浮佛、尸弃佛、拘留孙佛、拘那含
牟尼佛、迦叶佛以及释迦牟尼。

另一种引人注目的圣树为"娑罗双树"（sāla-vṛkṣa），sāla 为"坚固、高远"之意，学名为"Shorea Robusta"，槲树类，高达三四十米，喜马拉雅山麓与印度全境都很常见。据巴利文《大般涅槃经》记述，此树位于末罗族人的领地拘尸那揭罗城外。《大般涅槃经疏》曰："娑罗双树者，此翻坚固。一方二株，四方八株，悉高五丈，四枯四荣，下根相连上枝相合，相合似连理。"① 娑罗树盘根错节，枝叶交复，多为双树。"其叶丰蔚，华如车轮，果大如瓶，其甘如蜜，色香味具，因兹八树，通名一林。"② 即为佛教典籍中所言的"娑罗林（园）"。娑罗树的树叶形如马的耳朵，因此也叫"马耳树"。

诸多经典都记载了释迦牟尼在娑罗双树间入般涅槃的重要事件。《大般涅槃经后分》详细记述，涅槃之时，释迦牟尼于七宝床右胁而卧，头枕北方、足指南方、面向西方、后背东方。娑罗树恰巧四双八只，分别以一双两只之格局朝向释迦牟尼的四个方向。释迦牟尼入涅槃后，"其娑罗林，东西二双，合为一树。南北二双，合为一树。垂覆宝床，盖于如来。其树实时，惨然变白，犹如白鹤。枝叶、花果、皮干，悉皆爆裂、堕落，渐渐枯悴，摧折无余"。③

圣树崇拜早已渗透在早期释迦牟尼神话的图像中，象征着释迦牟尼的存在。释迦牟尼的"诞生""成道""转法轮""涅槃"，通过圣树或者在圣坛前设置圣树的形式，象征性地表现释迦牟尼的存在与在场。收藏于加尔各答印度博物馆，制于公元前 2 世纪的巴尔胡特方形浮雕"从三十三天降凡"，是以象征手法表现释迦牟尼的最早尝试之一。释迦牟尼在成佛后升至三十三天为母摩耶夫人

① （隋）章安顶：《大般涅槃经疏》卷 1，《中华藏》第 95 册，中华书局，1995，第812 页中。
② （隋）章安顶：《大般涅槃经疏》卷 1，《中华藏》第 95 册，第 812 页下。
③ （唐）若那跋陀罗译《大般涅槃经后分》卷 1，《中华藏》第 15 册，中华书局，1985，第 106 页下～107 页上。

说法，然后沿着金、银、琉璃三重宝阶降凡于人间。中央竖立着三重梯子，最上层和最下层的梯级上各有一个足心刻着法轮的足印，象征着释迦牟尼从这三重宝阶上拾级而下。画面的右方是一棵菩提树、一柄挂着花环的伞盖和一个撒满鲜花的台座，也象征着释迦牟尼的存在。合掌肃立的信徒环绕在菩提树、伞盖和台座周围（如图 5 - 22 所示）。

浮雕"祇园布施"（如图 5 - 23 所示），右半侧画面表现的是舍卫城富商给孤独（Anathapindika）长者购买祇园的故事情节，右上方的三棵旃檀树代表着祇园，给孤独则指挥着两个男仆从牛车上卸下金币，树下的两个男仆蹲在地上用方形的金币铺地。左半侧画面表现的是给孤独把祇园捐赠给释迦牟尼修建精舍的情节，给孤独托着一把水壶——象征着财产的转移，将其奉献给了一棵菩提树——象征着释迦牟尼的存在。相传释迦牟尼是在佛陀伽耶的一棵菩提树下悟道成佛，因此，阿育王曾参谒此地的菩提树，并在树下建造了一座"金刚座"，将此地列为佛教圣地之一。

图 5 - 22　从三十三天降凡　巴尔
　　　胡特　公元前 2 世纪
　　　加尔各答印度博物馆藏

资料来源：王镛：《印度美术史话》，
第 39 页。

图 5 - 23　祇园布施　巴尔胡特
　　　公元前 2 世纪　加尔
　　　各答印度博物馆藏

资料来源：王镛：《印度美术史话》，
第 40 页。

巴尔胡特"伊罗钵蛇王礼佛"也是以圣树象征释迦牟尼的存在。有五个眼镜蛇头兜的蛇王伊罗钵从莲池中浮出，化作人形，向以圣树和台座为象征的释迦牟尼跪拜（如图 5 - 24 所示）。现藏于佛陀伽耶博物馆的圆形浮雕"祇园布施"（如图 5 - 25 所示），整个画面表现出的情节较巴尔胡特的同题材浮雕少了很多，但仍然以菩提树象征释迦牟尼的存在。

图 5 - 24 伊罗钵蛇王礼佛 巴尔胡特 公元前 2 世纪 加尔各答印度博物馆

资料来源：王镛：《印度美术史话》，第 49 页。

图 5 - 25 祇园布施 公元前 1 世纪 佛陀伽耶博物馆藏

资料来源：王镛：《印度美术史话》，第 55 页。

公元前 1 世纪桑奇大塔塔门浮雕"礼佛"，画面中两位裸体女子向"不在场"的释迦牟尼敬献花环（如图 5 - 26 所示）。浮雕"说法"，表现的是虔诚的信徒双手合十聆听释迦牟尼的教化，画面中央的菩提树以及树下的台座象征着释迦牟尼的存在（如图 5 - 27 所示）。

根据东晋迦留陀伽译《佛说十二游经》记述，释迦牟尼"三年为迦叶兄弟三人说法，满千比丘"。[1] 释迦牟尼在鹿野苑初转法轮后

① （东晋）迦留陀伽译《佛说十二游经》卷 1，《中华藏》第 51 册，第 917 页下。

图 5-26　礼佛　桑奇大塔
公元前 1 世纪

资料来源：Jeannine Auboyer
Buddha, *A Pictorial History of His Life
and Legacy*, p. 129, pic. No. 61。

图 5-27　说法　桑奇大塔
公元前 1 世纪

资料来源：Anil de Silva-vigier, *The Life of
The Buddha: Retold From Ancient Sources*, p. 52。

的第二年，也就是成道后的第三年，长途跋涉返回尼连禅河，释迦牟
尼返回的目的是使三迦叶兄弟皈依佛法。

> 于此摩揭陀国，谁有最尊外道及婆罗门，闻我说法，生信敬
> 心，令众多人，得入我法？时有外道，名优楼频螺迦摄，老年一
> 百二十，有五百弟子，在尼连禅河边林中住，修习苦行。时摩揭
> 陀国，一切诸人，皆生恭敬，尊重供养，为胜福田，如阿罗汉。
> 我今往彼，为说妙法，令众多人，获大胜利。[1]

三迦叶皈依释迦牟尼的顺序为：优楼频螺迦叶（Uruvela-Kāś

---

[1]　（唐）义净译《根本说一切有部毗奈耶破僧事》卷 6，《大正新修大藏经》第 24
　　册，第 130 页下。

yapa）、那提迦叶（Nadi-Kāśyapa）、伽耶迦叶（Gaya-Kāśyapa）。"毗婆尸佛时，三人共立刹柱，以是因缘感报，遂为兄弟。"[1] 表明三迦叶并非同胞兄弟，只是因为共同的信仰与因缘而结拜为兄弟。由于三迦叶是摩揭陀国有名的宗教师，他们的皈依为释迦牟尼增加了近千名信众，加之尼连禅河边的村落在释迦牟尼时代是外道与婆罗门教徒修行和祭祀的圣地，因此，三迦叶尼连禅河边皈依与释迦牟尼于尼连禅河边的菩提道场获无上正觉，都具有了特殊意义。

《过去现在因果经》记述释迦牟尼"入尼连禅河，以神通力，令水两开。佛所行处，步步尘起，使两面水，皆悉涌起"[2]。迦叶兄弟以为释迦牟尼没溺，后来才知是释迦牟尼所施神通之一。公元前1世纪桑奇大塔塔门浮雕，其中图左中石板为"经行石"，是释迦牟尼在其父亲和大臣面前可以在空中随意行走的道路。图右表现的是释迦牟尼佛为使三迦叶皈依而施展的步行渡尼连禅河的神通情景（如图5-28所示）。但画面中均以圣树的方式象征释迦牟尼的存在。

图5-28　返回迦毗罗卫·度化三迦叶　桑奇大塔　公元前1世纪

资料来源：Jeannine Auboyer Buddha, *A Pictorial History of His Life and Legacy*, p. 146, pic. No. 85-86。

---

[1]　（明）一如编纂《大明三藏法数》卷7，《永乐北藏》第181册，第633页上。
[2]　（刘宋）求那跋陀罗译《过去现在因果经》卷4，《中华藏》第34册，第561页下。

　　1 世纪桑奇 1 号大塔塔门浮雕"释迦牟尼说法",表现的是释迦牟尼返回迦毗罗卫城度化三迦叶之后,为诸多信众说法的场景(如图 5 – 29 所示)。画面中仍然以圣树以及树下的佛足印象征释迦牟尼的在场。巴黎吉美博物馆藏,2 世纪印度阿玛拉瓦蒂出土的浮雕"魔王率领魔军袭击",用圣树与佛座象征性地表现释迦牟尼的在场(如图 5 – 30 所示)。显而易见,在早期的释迦牟尼神话图像中,以巴尔胡特大塔和桑奇大塔浮雕上的图像为例,主要以"圣树"或者"圣树"结合"佛座""佛足印"等象征性的方式,暗示释迦牟尼的存在。

图 5 – 29　释迦牟尼说法　桑奇
大塔塔门　1 世纪

资料来源: Jeannine Auboyer Buddha, *A Pictorial History of His Life and Legacy*, p. 146, pic. No. 87。

图 5 – 30　魔王率领魔军袭击
印度阿玛拉瓦蒂　2 世
纪巴黎吉美博物馆藏

资料来源: Jeannine Auboyer Buddha, *A Pictorial History of His Life and Legacy*, p. 146, pic. No. 56。

　　约翰·马歇尔在犍陀罗地区塔克西拉的皮尔丘和斯尔卡普考古发掘时也注意到,此地区公元前 2 世纪和公元前 1 世纪的钱币图像中,主要也是以象征性的方式表示释迦牟尼诞生、成道、初转法轮、涅槃这四个事迹。常见的为:"莲花"象征释迦牟尼的"诞生";"栏杆中的树"象征释迦牟尼的"成道"；"有轮辐的轮子"象征释迦牟尼的"初转法轮"；"佛塔"象征释迦牟尼的"涅槃"。① 最为常见的是钱币上刻有很多圣树图案（如图 5 - 31 所示）。如图 5 - 32 所示，方形铜钱正面为栏杆中的莲花树，反面为方"十"字形。以莲花树象征永恒的生命力。

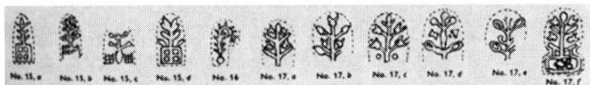

图 5 - 31　钱币上的各种圣树　犍陀罗地区塔克西拉出土

资料来源：〔英〕约翰·马歇尔：《塔克西拉 Ⅲ》，第 231 页，No. 15a-No. 17f。

图 5 - 32　方形铜钱　栏杆中的莲花树　斯尔卡普出土

资料来源：〔英〕约翰·马歇尔：《塔克西拉 Ⅲ》，第 235 页，No. 13。

　　还有值得注意的地方在于，释迦牟尼入般涅槃，荼毗后的遗骨舍利建窣堵波供养，窣堵波覆钵的顶部设有平头（Harmikā），多为方形栏楯形式，中间设有支柱，上有伞盖。支柱、伞盖并由方形栏楯围护，显然是栏楯围绕圣树的场面，是圣树崇拜传统的残留。因而，供养释迦牟尼舍利的窣堵波原本意味着永恒的"死亡"（涅槃），但因

---

　　① 参见〔英〕约翰·马歇尔《塔克西拉Ⅱ》，第 1100 页。

为吸收了意味着永恒生命的圣树而植根于印度大地，广为流传。① 这些足以说明印度圣树崇拜与信仰的根深蒂固。

三　圣树崇拜溯源

事实上，圣树（Vrksa）崇拜由来已久，在人类早期文明中尤为突出。在古希腊，神圣的树木崇拜观念非常普遍。在古希腊神话中，人们认为树木是神祇的诞生之地与栖息之所，圣树常常成为神祇的象征。

据说，众神之父宙斯的第七位妻子天后赫拉（Hera）诞生于洋牡丹树下，因吸入花香而生下儿子战神阿瑞斯（Ares）。神使赫尔墨斯（Hermes）诞生于草莓树下。宙斯的女儿阿耳忒弥斯（Artemis）是古希腊最重要的神祇之一，在阿卡提亚（Arcadia），她是坚果树与雪松之神；在斯巴达（Sparta），她是柳树之神；在亚加亚（Achaea），她是森林之神；在拉科尼亚（Laconia），她是月桂之神。

阿多尼斯（Adonis）的神话是古代许多宗教神话中广泛流传的讲述死而复生之神的传说之一。阿多尼斯最早是腓尼基的主宰自然界之神，是死而复生的植物化身。公元前 5 世纪，阿多尼斯崇拜传入希腊，成为美女密耳拉（Myrrha）的儿子。阿多尼斯逝去时躺在莴苣床上，重生于没药树上，没药树所生的男孩俊美绝伦。

弗雷泽（James Frazer）著的被称为古典人类学"圣经"的《金枝》（*The Golden Bough*）对此进行过细致讨论。首先，"金枝"名称的由来与圣树崇拜相关。古罗马曾经盛行对森林女神狄安娜（Diana）的崇拜，为此，修建了狄安娜神庙。有趣的是，神庙祭祀司的重要职

① 参见〔日〕宫治昭《印度佛教美术系列讲座——第一讲　印度早期佛教美术》，王云译，《艺术设计研究》2011 年第 4 期，第 89 页。

责是看管神庙内一棵枝叶繁茂的圣树，一旦圣树上的金枝被折，祭司将性命不保。[①] 其次，特洛伊战争中的英雄埃涅阿斯（Aeneas）就是因为折取了金枝，才得以到哈尔斯的冥府找到父亲的灵魂，在他的指引下最终建立罗马城。其他许多民族也都有把树木当作神灵崇拜的习俗，圣树崇拜是万物有灵观念与巫术信仰的统一和融合的表现。德国学者雅各布·格林曾对"神殿"一词进行过考察，表明人类最古老的圣所可能都是自然森林。[②]

印度钟爱的圣树题材，亦可以追溯到原始的圣树崇拜。"古代印度地处热带，森林茂密，树木繁多。人们的生活早就与树结下密切的关系。"[③] 早在公元前 10 世纪下半叶形成的《森林书》（Aranyaka）就是在幽深的密林中探究和讲授《吠陀》的奥义所得结集而成。约制于公元前 3000 年，出土于摩亨佐达罗的冻土印章"毕波罗树女神"，印章上刻画着一群头饰树枝的信徒正在礼拜一位站在毕波罗树（Pipal Tree）树枝间的女神（如图 5 - 33 所示）。此树之树叶常因微风轻拂而抖动，所以被想象成女神或精灵的住处。

曼多树（Mandāra）、珊瑚树（Pārijāta，也称波利质多树）、莎米树（Sami）、檀香树（Haricandra）和如意树（Kalpavrksa，也称劫波树）是著名的印度搅乳海神话中搅出的，并生长于天堂的五棵树。在印度，从远古到吠陀时代，森林被完全人格化为林木女神阿兰尼（Arani）。在《梨俱吠陀》中，阿兰尼被视为神圣之林的化身；在《阿闼婆吠陀》中，阿兰尼为林中野兽之母。她周身散发着树木油脂的香气，并发出风吹树叶的种种响声。

与林木女神一起受到崇拜和供奉的还有树神林主（Vanaspati）。

① 参见〔英〕詹·乔·弗雷泽《金枝：巫术与宗教之研究》，徐育新等译，大众文艺出版社，1998，第 166 页。
② 〔英〕詹·乔·弗雷泽：《金枝：巫术与宗教之研究》，第 167 页。
③ 方广锠：《渊源与流变：印度初期佛教研究》，第 104 页。

图 5－33　毕波罗树女神印章　摩亨佐达罗出土　公元前 3000 年
卡拉奇国立博物馆藏

资料来源：王镛：《印度美术》，第 9 页。

湿婆、毗湿奴、梵天、阿耆尼和因陀罗分别变成了娑罗树（Vata）、
无花果树（Asvattha，音译为阿湿婆多）、菩提树（Plaksa）、莎米树
和霸王鞭树（Vajrī）。① 喜马拉雅山神之女、湿婆之妻波哩婆提
（Pūrvatī）化身为树神时，就会变得更有力量。

　　印度神话中的每一位神都与某棵树有关联，以表示其特定的身份
职能或者具有一定的象征含义。比如珊瑚树，是搅乳海时搅出的五棵
圣树中的其中一棵，后来被黑天夺得并带入天宫成为天堂五棵树之
一。此后，天空中总是充溢着珊瑚树的花香。因为珊瑚树的每一个叶
柄上都长着三片小叶子，所以象征着神性的三位一体——梵天、湿婆
与毗湿奴。无忧树（Asoka），不仅是敬献给湿婆的树，而且也被敬
献给爱神迦摩（Kama）。迦摩出于梵天之心，手持五枝花之箭，此花

————————

①　参见〔德〕施勒伯格《印度诸神的世界——印度教图像学手册》，第 169 页。

即为无忧树的花朵，此箭可以送去爱的欲望和情感。

圣树崇拜在印度相当广泛，也是印度河文明生殖崇拜的一个重要方面。在一座著名的湿婆崇拜浮雕中有一棵圣树，学者们推测，这棵圣树就是著名的湿婆树（Himālayan devadāru），或为喜马拉雅松，或为菩提树。① 湿婆崇拜的源头就是印度古老的生殖崇拜，与此同时，菩提树为宇宙之轴的象征，在印度自古被当作圣树崇拜，至今印度妇女还向菩提树献祭祈愿生育男孩。印度河印章上还经常会出现菩提树叶、"十"字、"卍"字（Swastika）等纹样，都属于与生殖崇拜或太阳崇拜有关的吉祥符号。"卍"字纹样被认为最早出现于起源于古希腊克里特岛的米诺斯（Minos）文明的印章中，象征着太阳。

《大般涅槃经》记述，释迦牟尼从王舍城的灵鹫山出发游行至毗舍离（Vaisāli），于遮波罗支提下休息，并向阿难提及此地的另外五种支提：优陀延支提、瞿昙支提、庵罗支提、多子支提、娑罗支提，"甚可爱乐"。②

其中，"多子支提"（Bahuputta Chetiya）的汉译名称取"多子多福"之意。现藏于阿玛拉瓦蒂博物馆的关于"释迦牟尼最后的旅程故事画"的浮雕中的一个场景恰好表现了"多子支提"的含义。如图 5 - 34 所示，画面中有三棵由栏楯围绕的圣树，两人正在礼拜中央位置的其中一颗圣树，一人双手合十，另外一人怀抱婴儿。画面下方刻有两行铭文：多子支提、毗舍离诸圣树。浮雕中的这个场景与两行铭文，不仅表明支提在与窣堵波相关联之前，已有作为"圣树"的含义；而且也表明圣树所具有的生命之源的功能意义。

颇有趣味的是，多子支提即为玄奘在《大唐西域记·毗舍离国》

---

① 〔英〕渥德尔：《印度佛教史》，第 23 页。
② （东晋）法显译《大般涅槃经》卷上，《中华藏》第 33 册，中华书局，1988，第 464 页中。

图 5 - 34　多子支提、毗舍离诸圣树　阿玛拉瓦蒂出土
阿玛拉瓦蒂博物馆藏

资料来源：〔日〕宫治昭：《涅槃和弥勒的图像学》，第 72 页。

中提及的"千子见父母处"，《长阿含经》中的"多子塔"以及《根本说一切有部毗奈耶杂事》中的"放弓仗支提"。千子即为贤劫千佛。上述文本中均讲述了千子出生时的情景："日月既满，生一莲花，花有千叶，叶坐一子。"千子被母亲鹿女弃于恒河，下游的乌耆延王（Ujiyana）拾得千子并将其乳养成人，后来"恃有千子，拓境四方"。[①]

---

①　参见（唐）玄奘《大唐西域记》，第 594～597 页。

第三节　释迦牟尼涅槃的象征意义

一　涅槃之地与神话的二维世界

饶有趣味的是，释迦牟尼最终选择的涅槃之地的构造竟然与须弥山以及天宫的种种构造十分相似。《长阿含经·游行经》记述，阿难对于释迦牟尼选择在鄙陋小城、荒毁之土的拘尸那揭罗城涅槃十分不解，释迦牟尼告知阿难，此地意义重大。不仅是释迦牟尼前身、名为大善见的转轮圣王的都城，而且此地有种种妙处：

> 谷米丰贱，人民炽盛，其城七重，绕城栏楯，亦复七重，雕文刻镂，间悬宝铃。……其城周圆，四宝庄严，间错栏楯，亦以四宝。金楼银铃，银楼金铃，宝堑七重，中生莲花：优钵罗花、钵头摩花、俱物头花、分陀利花。下有金沙，布现其底……其城处处，生多邻树，其金树者，银叶花实，其银树者，金叶花实，水精树者，琉璃花实，琉璃树者，水精花实。树间亦有，四种宝池，生四种花……微风四起，吹诸宝树，出柔软音，犹如天乐。其国人民，男女大小，共游树间，

以自娱乐。[①]

这个曾经名为拘舍婆提的转轮圣王之都城、释迦牟尼涅槃之地与须弥山以及须弥山上诸天神的宫殿是一样的。

"须弥山"（Sumeru），即苏迷卢山，从宇宙的中央隆起，位于金轮之上九座山的中央，号称"山王"，是"宇宙之轴"。九山之间有八海，最外一海，名外海。南部赡部洲（阎浮提）、北部俱卢洲、东部胜身洲、西部牛货洲位于外海内，并分别朝向须弥山的四个方向。东部胜身洲为白色半圆形；西部牛货洲为红色圆形；北部俱卢洲意译为"最上"或"最胜"，为金色方形，即为世界上最美好殊胜的地方；南部赡部洲呈蓝色斧头状，也叫"蒲桃岛"（Jambu Fruit）[②]。

唯有赡部洲有金刚座，也是整个宇宙中唯一可以成佛的地方。从赡部洲中部向北有三座山——黑山、雪山、香醉山，著名的阿耨达池位于雪山和香醉山之间，意为"无热恼"。

"阎摩罗王国"位于赡部洲的地下，"阎王"是入狱众生的最高审判者，有"生""老""病"三使者或者象征着人生时刻、老年、疾病、死亡、牢狱的"五天使"，召收命终的罪人。不仅如此，众生还要经历三大灾难：万兵劫、饥饿劫和疾疫劫。王国由七重栏楯、七重罗网、七重行树构成，有无数鸟相悲鸣，是众生受苦的地方。

须弥山是神与魔的居处，生活中快乐与险恶并存，人性十足。到达须弥山，首先要经过有鬼神居住的三重阶道。山腰处是白色的东方持国天王、青色的南方增长天王、红色的西方广目天王、绿色的北方

---

① （后秦）佛陀耶舍译《长阿含经》卷3，《中华藏》第31册，第35页下~36页上。

② 南赡部洲之名源自蒲桃落水发出的"Jambu"声，龙蛇吃了蒲桃之后，其粪便就成了南赡部洲赡部河中的黄金。参见 Robert Beer, *The Handbook of Tibetan Buddhist Symbols*, p. 90。

多闻天王，四大天王居住在"地居天"。须弥山山顶是"三十三天"的天宫所在，"三十三天"又名"忉利天"，纵广十千踰缮那量，天女、天乐、天歌、天舞充盈其中，一派华贵美好的景象，也是释迦牟尼唯一经常往来的天处。

"帝释"是须弥山诸天的最高统治者，居于三十三天中心，即如意树的天上童龙磨（Chitratatha）树丛中的"帝释天宫"，华贵殊胜。释迦牟尼的母亲摩耶夫人死后就生于此天，释迦牟尼曾升三十三天为母说法。

须弥山上空的"空居天"分四层，兜率天宫位于第二层，"兜率天"意译为"知足"，即达到世间可以充分满足的程度，是充满喜乐的世界，是释迦牟尼历劫修行到将要成佛阶段的居留之地。释迦牟尼选择合适的时机与父母，由兜率天宫降凡到赡部洲投胎为人，出家成佛。位于最上层——欲界顶端的"他化自在天"，能"夺他所化而自娱乐"，是魔王波旬的居处。可见"魔"之地位极高，"佛魔相对"。

须弥山的山底有四个隆起的层面。龙神居第一层；神鸟鸟王、龙蛇的宿敌金翅鸟（Garuda）居第二层；恶魔罗刹（Rakahasa）和陀罗那（Davana）居第三层；护宝的夜叉居第四层。

从目前佛教遗迹的考古发现来看，印度与中亚地区尚未发现"须弥山"图形，最早的须弥山图像为4~5世纪的克孜尔石窟第118窟和第205窟中的"须弥山"壁画。西魏时期莫高窟第249窟窟顶西披上存有壁画"须弥山"（如图5-35所示），有四个延至须弥山山顶的龙首，大概象征着须弥山的四个方向。敦煌石窟的中心柱窟经过北魏、西魏、北周的发展后，至隋代演变成了特殊的"须弥山形的中心柱窟"①。须弥山形的中心柱窟依据佛教典籍中关于须弥山的

---

① 关于"须弥山形中心柱窟"的说法，参见樊锦诗、马世长、关友惠《莫高窟隋代石窟分期》，《中国石窟·敦煌莫高窟》第2卷，文物出版社，1984，第66页。

相关描述，包括塔身和塔座的中心柱下部为方柱体，四面开龛造像。塔的上部则为七层倒圆锥体，上大下小。圆锥体的下部与方柱体塔身的连接处，是由莲花承托着上部、有龙相围绕的须弥山（如图 5 - 36 所示）。

**图 5 - 35　须弥山　莫高窟
第 249 窟　西魏**

资料来源：赵声良：《敦煌隋代中心柱窟的构成》，《敦煌研究》2015 年第 6 期，第 15 页。

**图 5 - 36　须弥山形的中心柱窟
莫高窟第 303 窟　隋代**

资料来源：赵声良《敦煌隋代中心柱窟的构成》，《敦煌研究》2015 年第 6 期，第 14 页。

须弥山仅仅是一小世界的中心。一千个一小世界为一小千世界，一千个小千世界为一中千世界，一千个中千世界为一大千世界。"小千""中千""大千"中的三个"千"相叠加，为庞大无比的三千大千世界。

《长阿含经》有关于"三千大千世界"构成的记述：

如一日月，周行四天下，光明所照，如是千世界。千世界中有千日月、千须弥山王、四千天下、四千大天下、四千海水、四千大海、四千龙、四千大龙、四千金翅鸟、四千大金翅鸟、四千

恶道、四千大恶道、四千王、四千大王、七千大树、八千大泥
犁、十千大山、千阎罗王、千四天王、千忉利天、千焰摩天、千
兜率天、千化自在天、千他化自在天、千梵天，是为小千世界。
如一小千世界，尔所小千千世界，是为中千世界。如一中千世
界，尔所中千千世界，是为三千大千世界。[①]

　　三千大千世界是释迦牟尼教化的"婆娑世界"，意为"堪忍世
界"。每个世界都由下及上包括地狱（泥犁）、人与动物的居所以及
多重天神的居所三个层次。人被泛称为"众生"，众生亦可称为"有
情"，"有情"泛指一切有感情、有识别能力的生类，他们生活于
"有情世间"，区别于日月星辰、房屋宫殿等"器世间"。天神又分属
不同的世界，即"三界"——欲界、色界、无色界。

　　"'世界'一词由'世'（Loka）与'界'（Dhātu）两个词组成
的一个并列式复合词。"[②]"世"为生死之意，一生一死谓一世。"三
世"即生命个体在过去世、现在世、未来世三种时态中的存在方式，
是过去、现在、未来的各自生死一度。三世循环，没有尽期，则谓
"三世轮回"，肯定了众生个体生命的不朽。"界"具有上述空间之含
义。"世"与"界"意味着释迦牟尼神话世界是一个由时间与空间构
成的二维世界。

　　释迦牟尼从须弥山的兜率天宫降凡，诞生、成佛于赡部洲，涅槃
时选择与须弥山近似的拘尸那揭罗城，实为完成了一个圆满的三世轮
回。最终的涅槃，则为进入超然三界的境界，意味着不再坠入三世之
生死轮回，是智慧的选择和自觉的结果，是佛教最高的价值取向。

---

① （后秦）佛陀耶舍译《长阿含经》卷18，《中华藏》第31册，第223页下~224
页上。
② 陈明：《印度佛教神话：书写与流传》，中国大百科全书出版社，2016，第56页。

二　狮子卧法的文本

释迦牟尼神话世界中，诸天的寿命是有限度的。《佛本行集经》详细记述了护明菩萨大士与帝释天将逝时，出现的"五衰相貌"。①当天宫中出现此种情况时，诸天会与凡人一样悲痛哭泣。

《释迦牟尼谱》与《释迦牟尼氏谱》则记述了释迦牟尼行将涅槃时的情形：

> 《摩耶经》云，佛般涅槃，摩耶夫人，天上五衰相现。一者头上花萎；二者腋下汗出；三者顶中光灭；四者两目数瞬；五者不乐本座。又于其夜得五大恶梦，一须弥山崩，四海水竭；二罗刹奔走，挑人眼目；三天失宝冠，身无光明；四宝珠幢倒，失如意珠；五师子啮身，痛如刀割……必是我子涅槃之相。②

《长阿含经·游行经》记述，释迦牟尼自知行将涅槃，于是入拘尸那揭罗城，向本生处末罗双树间，告阿难曰：

> 汝为如来，于双树间，敷置床座，使头北首，面向西方。所以然者？吾法流布，当久住北方……尔时，世尊自四襵僧伽梨，偃右胁如师子王，累足而卧。③

《中阿含经》记述，释迦牟尼最后欲入涅槃，阿难于双娑罗树间

---

① （隋）阇那崛多译《佛本行集经》卷35，《中华藏》第35册，第876页下～877页上。
② （梁）释僧祐译《释迦牟尼谱》卷4，《中华藏》第52册，第607页上。
③ （后秦）佛陀耶舍译《长阿含经》卷3，《中华藏》第31册，第35页上。

为其北首敷床，中夜时分，释迦牟尼入涅槃，"襞僧伽梨作枕，右胁而卧，足足相累"。① 《杂阿含经》同样记述："尔时，世尊诣双树间，于绳床上，北首右胁而卧，足足相累。"②

阿含经是早期佛教的基本经典，反映了原始佛教的基本样貌。关于释迦牟尼涅槃时的姿态，后来的涅槃经典与《长阿含经》中的记述基本一致。如《大般涅槃经》也有释迦牟尼"入娑罗林，至双树下，右胁着床，累足而卧，如师子眠，端心正念"的记述。③

释迦牟尼涅槃的姿态即为佛教典籍中所谓的"狮子卧法"。④

狮（Simha），乃万兽之王，在古代印度是君权与护佑的象征。释迦牟尼八大名号之一即为"释迦牟尼狮子"（Shakyasimha），音译为"释迦牟尼僧格"，意为"释迦牟尼部落的狮子"。释迦牟尼常坐于由八头狮子承托的宝座上，这是其权力的象征。在释迦牟尼神话中，狮子常常是释迦牟尼的象征。

释迦牟尼在兜率天宫选择降生之家族时，"释彼迦毗罗婆苏都，释种所生，其王名为，师子颊王，其子名为，输头檀王"，⑤认定净饭王为师子颊王之子，世系高贵，遂指定为父。

释迦牟尼从兜率天宫俯降王宫时，"如师子王，欲下生时，其心安隐，不惊不怖，不畏不乱"。⑥

悉达太子诞生时，天降三十二瑞相，五百头白色的狮子从雪山而来，环绕迦毗罗卫城，欢跃震吼各守城门为其一。太子从母亲摩耶夫人右胁

---

① （东晋）僧伽提婆译《中阿含经》卷 14，《中华藏》第 31 册，第 469 页中下。
② （刘宋）求那跋陀罗译《杂阿含经》卷 35，《中华藏》第 33 册，第 59 页中。
③ （东晋）法显译《大般涅槃经》卷 2，《中华藏》第 31 册，中华书局，1987，第 469 页中。
④ （东晋）僧伽提婆译《中阿含经》卷 8，《中华藏》第 31 册，第 395 页上。
⑤ （隋）阇那崛多译《佛本行集经》卷 6，《中华藏》第 35 册，第 630 页下。
⑥ （隋）阇那崛多译《佛本行集经》卷 7，《中华藏》第 35 册，第 637 页上。

而出，"梵释咸承捧，威猛如狮子"。① 继而"堕地便行七步，举头而吼，面四十里，其中飞鸟、走兽、蜎飞、蚑行、蠕动之类，莫不慑伏"。② 以百兽之长狮子的吼声比喻佛声的"无畏之义"。

悉达太子出生后，相师占相说，太子具三十二瑞相，其中之一为"额臆身之上半，威容广大，如师子王"。③ 也就是说，悉达太子不仅具有"狮子颊相"（siṃha-pūrvârdha kāya），两颊隆满如狮子，而且具有"狮子身相"（siṃha-hanu），身体平正、威仪严肃，如狮子王。

释迦牟尼身为太子之时，试艺所用之弓就是祖父师子颊王之弓，此弓奇异无双，师子颊王去世后，"一切诸释，无能张者，无能用者，着于天祠"。太子"以手捩张，抨弓之声，悉闻城内"。所射之箭"皆悉洞过，没于虚空"。④ 位于莫高窟第290窟人字坡西坡的"箭射七鼓"图（如图5-37所示）中，在群山与树林之间，每隔十里安置一铁鼓作为箭靶，共置七鼓。释迦牟尼太子的弟弟调达可穿一鼓，中二鼓；难陀可穿二鼓，中三鼓。唯有释迦牟尼太子所拉之弓传声四十里，首发即可穿七鼓；再发，穿鼓入地，泉水涌出；三发，穿鼓中铁围山。

图5-37　箭射七鼓　莫高窟第290窟　北周

资料来源：樊锦诗编著《敦煌石窟全集·佛传故事画卷》，第71页。

① （唐）地婆诃罗译《方广大庄严经》卷11，《中华藏》第15册，第335页中。
② （东汉）竺大力译《修行本起经》卷上，《中华藏》第34册，第426页下。
③ （宋）法贤译《众许摩诃帝经》卷2，《中华藏》第64册，第338页中。
④ （西晋）竺法护译《普曜经》卷3，《中华藏》第15册，第389页下。

毗湿奴下凡化身为阿逾陀（Ayodhyā）国王的长子罗摩时，曾到毗提诃（Videha）国王遮那竭（Janaka）的王宫，不仅成功地给一把从来没有任何人能拉得开的巨弓上弦射箭，而且因此赢得了遮那竭的养女、漂亮的悉多为妻。在残存的古老的英格兰亚瑟王传奇中，也有类似的传说。石中剑（The Sword in the Stone）第一次出现在圣诞节前夜，剑身刻有这样的铭文"Only The King Can Take The Sword From The Stone"（得剑者得天下），在场的所有人无人能将其拔出，包括诸多德高望重的骑士，唯有年幼的亚瑟王（Arthur）可以将其轻而易举地拔出。

释迦牟尼逾城出家时，"所行平等光明清净，犹若师子"。① 妻子恩爱，财宝重业，皆为牢狱。太子出得城门，回看迦毗罗城时，又作"师子无畏吼声"，以示"如师子王，坏裂坚网，裂家牢网"② 的满足感。一日，释迦牟尼在王舍城外，但见一处山麓，鸟兽飞走，花果泉流，于是"端身正心，结累加趺，俨然而坐，犹如师子，入孔穴中，不畏不惊"。③ 释迦牟尼于雪山苦行六年身形消瘦，剃除须发，入尼连禅河沐浴，食毕善生女以金钵盛满的乳糜后，"行步如师子"。④

释迦牟尼降服众魔时，作狮子吼："我今已断，诸欲爱结，已定欲心，干竭一切，诸烦恼水，更不复流；度尽苦边，更无复余。"⑤狮子吼如天鼓鸣，于世俗间无所可畏。狮子吼（Simhanada），旨在说明释迦牟尼的教法优于其他外道的教法。

释迦牟尼初转法轮时，现五百狮子高座，释迦牟尼择第四座，"加趺而坐，譬如师子，无所怖畏，无所惊动"，为憍陈如等五比丘

---

① （西晋）竺法护译《普曜经》卷4，《中华藏》第15册，第403页中。
② （宋）释宝云译《佛本行经》卷2，《中华藏》第50册，第315页中。
③ （隋）阇那崛多译《佛本行集经》卷23，《中华藏》第35册，第776页下。
④ （唐）地婆诃罗译《方广大庄严经》卷7，《中华藏》第15册，第299页下。
⑤ （隋）阇那崛多译《佛本行集经》卷31，《中华藏》第35册，第844页上。

说法。① 如图 5 – 38、图 5 – 39 所示，释迦牟尼莲花座底座浮雕两端
是狮子。

图 5 – 38　释迦牟尼坐像　犍陀罗　2 世纪或 3 世纪　白沙瓦博物馆

资料来源：王镛：《印度美术》，第 94 页。

图 5 – 39　释迦牟尼坐像（局部）

资料来源：王镛：《印度美术》，第 94 页。

---

① （隋）阇那崛多译《佛本行集经》卷 34，《中华藏》第 35 册，第 867 页中。

狮子以及狮子的图案意义重大。约翰·马歇尔爵士在塔克西拉的考古发掘中，发现许多钱币上常常出现统治者的名字。钱币上的图案，一是狮子与骑马或者戴头盔的国王结合的形象；二是以"狮子""大力神赫拉克勒斯""立姿的胜利宙斯"等代表国王的图案。如阿泽斯一世征服了东旁遮普后，在塔克西拉发行钱币，钱币上的佉卢文铭文中，阿泽斯一世自称"总督""大总督"或者希腊文的"Basileus"（王、大王），不仅表现出当时统治者采用波斯人建立行省的政治制度，以保卫边境；而且也显示出统治者政治版图的扩大。

阿泽斯一世的行省从塔克西拉一直延伸到秣菟罗。在犍陀罗地区的塔克西拉还发现了两块刻有阿泽斯纪年年代的石板，"一块上刻着136年字样，于达摩罗吉卡窣堵波出土；另一块刻有134年字样，发现于卡拉万佛废墟"。① 这一点不仅表明，这一地区通行的是阿泽斯纪年，即摩腊婆纪年；而且足以表明，阿泽斯王的伟大性以及阿泽斯王朝盛极一时。

因此，狮子在释迦牟尼神话中与释迦牟尼身份的神圣性相关联。

三　狮子卧法的图像

涅槃图像创立于犍陀罗地区，犍陀罗艺术是直接通过死亡的场景来表现释迦牟尼涅槃这一事件的。犍陀罗这种直接表现"释迦牟尼之死"的方式，打破了印度以窣堵波间接象征性地表现释迦牟尼涅槃的传统，是对希腊罗马丧葬文化传统的继承，具有划时代的意义。

从下面两幅浮雕画面中可以了解希腊艺术在处理死亡时的方式。图 5-40 是公元前 5 世纪末的作品，表现的是一位普通的已故妇女赫

---

① 〔巴基斯坦〕穆罕默德·瓦利乌拉·汗：《犍陀罗：来自巴基斯坦的佛教文明》，第 194 页。

格索（Hegeso），坐在那里，手里拿着从站着的女奴隶捧着的首饰盒
中挑选出来的项链。图5－41讲述了希腊神话中最感人的故事之一。
俄耳普斯（Orpheus）到冥府寻找被蛇咬伤致死的妻子欧律狄刻
（Eurydice），他用动听的歌声深深打动了冷酷无情的珀耳赛福涅
（Persephone），珀耳赛福涅准许他把妻子带回人间，但告诫其在走出
冥府前不得回头看妻子的影子，不得同妻子说话。但俄耳普斯没有遵
守禁令，因而永远失去了妻子。浮雕中的画面并没有刻意表现出突发
性的悲痛，而是俄耳普斯和妻子互相望着对方，死者灵魂的引路人赫
尔墨斯（Hermes）做了一个召回欧律狄刻的温柔手势，渲染了一种
淡淡的哀愁。

图5－40　希腊雅典坟墓浮雕
公元前5世纪末

资料来源：〔美〕F. B. 塔贝尔：
《希腊艺术史》，殷亚平译，上海人民出
版社，2010，第120页。

图5－41　希腊俄耳普斯浮雕
公元前5世纪末

资料来源：〔美〕F. B. 塔贝尔：《希腊艺
术史》，第121页。

古代希腊罗马人有直接在墓室外的墙壁上或者石棺上刻画死者生
前经历的重要事件和死亡场面的传统。地中海西顿（Sidon）出土的

亚历山大大帝的宏伟石棺（如图 5-42 所示），石棺的四边和盖子的山墙上都装饰着浮雕雕塑。其中的一边表现的是爆发于公元前 333 年的希波战争，最左端身着类似赫拉克勒斯（Heracles）狮子头上兽皮的是亚历山大大帝。对战争中人物的外套、马鞍、盔甲甚至弓弦的细微雕刻，以及在有限空间内对众多人物的展现，不仅表现了战争场景的宏大叙事，而且展现了希腊艺术的精湛技艺。

图 5-42　亚历山大大帝石棺　约公元前 4 世纪

资料来源：〔美〕F. B. 塔贝尔：《希腊艺术史》，第 148 页。

犍陀罗涅槃图像除了直接表现涅槃场景之外，与涅槃相关的"入殓""荼毗""分舍利""起塔供养"等场面也有所表现。但最为重视的还是涅槃场景。犍陀罗有大约 70 件广为人知的涅槃作品，基本完全遵循文本记述的释迦牟尼涅槃姿态进行造像，开启和影响了印度以及中亚、东亚地区涅槃图像的基本形式。

现藏于白沙瓦博物馆的"释迦牟尼涅槃"浮雕，清晰地表现了释迦牟尼在位于两棵马耳状的娑罗树间的寝台上，以手为枕，北首面西，双脚相叠，右胁而卧。围绕在释迦牟尼周围的人，有捶胸顿足伤心不已的末罗人，有倒地不起的阿难（Ananda），有披覆头衣的释迦牟尼的最后一位弟子须跋陀罗（Subhadra），只有已经超脱世俗凡人之爱的阿那律（P. Aniruddha）冷静地规劝大家（如图5－43所示）。现藏于大英博物馆与柏林私人收藏的"释迦牟尼涅槃"浮雕（如图5－44、图5－45所示），画面中也都表现了释迦牟尼以手为枕，北首面西，右肋而卧，足足相累的涅槃姿态。

**图5－43　释迦牟尼涅槃　犍陀罗地区　2～3世纪
白沙瓦博物馆藏**

资料来源：〔巴基斯坦〕穆罕默德·瓦利乌拉·汗：《犍陀罗：来自巴基斯坦的佛教文明》，第290页。

图5－44　释迦牟尼涅槃　犍陀罗出土　2～3世纪　大英博物馆藏

资料来源：Anil de Silva-Vigier, *The Life of The Buddha：Retold From Ancient Sources*, p. 179。

图 5 - 45　释迦牟尼涅槃　犍陀罗出土　2 ~ 3 世纪　柏林私人藏

资料来源：〔德〕赫尔穆特·吴黎熙：《佛像解说》，第 126 页。

　　学者们一致认为中国涅槃图像出现较晚，直到汉译《大般涅槃经》出现，大致于北朝晚期，龙门普泰洞、莫高窟第 428 窟等才出现涅槃图像。绘制于北周（557 ~ 581），位于莫高窟第 428 窟西壁中层的"涅槃"图，是莫高窟最早的涅槃图。释迦牟尼头带圆形头光枕方枕，右胁而卧，双手垂直。身后有两排伤心悲泣的举哀者，前排为身着袈裟、有头光的出家弟子；后排为身穿俗装的在家弟子。释迦牟尼足边身着白衣、手抚其双足者，为匆匆赶回的弟子大迦叶（如图 5 - 46 所示）。弟子身后为四棵开满白花的娑罗双树，烘托了画面的悲伤气氛。

　　绘制于五代，位于莫高窟第 61 窟北壁下部的"涅槃"图，展现了释迦牟尼在娑罗双树下的狮子床上右胁而卧涅槃的情景。众弟子以及天龙八部个个悲戚、纷纷举哀，其中释迦牟尼身前的最后一位弟子须跋陀罗先佛自焚涅槃（如图 5 - 47 所示）。

　　绘制于隋代（581 ~ 618），位于莫高窟第 295 窟人字坡西坡的"涅槃"图，画面中释迦牟尼带圆形头光，右胁而卧，足足相累于寝

图 5 - 46　涅槃　莫高窟第 428 窟　北周

资料来源：樊锦诗编著《敦煌石窟全集·佛传故事画卷》，第 51 页。

图 5 - 47　涅槃　莫高窟第 61 窟　五代

资料来源：樊锦诗编著《敦煌石窟全集·佛传故事画卷》，第 163 页。

台之上。寝台两端的娑罗树，满树白色的树叶烘托出悲伤的氛围
（如图 5 - 48 所示）。同时，这幅壁画展现了众多举哀者：释迦牟尼
头端、娑罗树下的是摩耶夫人，她坐于莲瓣束腰圆凳，双脚踩踏于莲

花台上，俯身向前，表现了摩耶夫人知闻释迦牟尼涅槃后，从忉利天宫下至娑罗双树前肃穆哀伤的情形。

图 5-48　涅槃　莫高窟第 295 窟　隋代

资料来源：星云大师总监修《世界佛教美术图说大辞典》（石窟），第 1248 页。

摩耶夫人脚前方有一条正在吞吸莲枝上如意宝珠的小龙，此为摩耶夫人在释迦牟尼涅槃之前做的五个噩梦之一：四毒龙口中吐火，吸食如意珠。① 释迦牟尼身后则为众多举手垂头沉浸在悲痛中的菩萨、比丘和世俗弟子，其中二身世俗弟子正在拉扯自己的头发，表现得更为悲痛欲绝。寝台前还有悲伤倒地的密迹金刚（Vajrapānj Yakkha）以及不忍见佛涅槃而坐于熊熊烈火中、自己先行般涅槃的弟子拘尸那揭罗城的耆旧多智的须跋陀罗。释迦牟尼脚边有闻讯赶来、抱着释迦牟尼双脚而痛苦不已的弟子大迦叶。

其中，密迹金刚是金刚力士之一，在古印度神话中属于下级丰饶神的药叉或密迹，两者常常同时出现在《摩诃婆罗多》中，跟随俱毗罗，善于隐匿和储藏财富。玄奘在《大唐西域记·拘尸那揭罗国》

---

① 参见（萧齐）释昙景译《摩诃摩耶经》卷 2，《中华藏》第 20 册，中华书局，1986，第 721 页上中。

中记述，密迹金刚见佛灭度，悲恸唱言："如来舍我入大涅槃，无归依，无覆护，毒箭深入，愁火炽盛！"舍金刚杵，闷绝躄地。①

　　位于莫高窟第46窟主室南壁券形龛内的"涅槃"（如图5-49所示）绘制于盛唐时期，龛内顶部绘双树，龛内中央部位绘释迦牟尼右侧，累足而卧，双目微闭，神态祥和，表现出释迦牟尼涅槃时超脱尘世的超凡状态。从伯希和拍摄的照片还可以清晰地看到，释迦牟尼涅槃时围绕在其周围呈坐状的摩耶夫人，跪在佛脚侧、低头垂目的舍利弗、地藏以及表情各异的众弟子。现如今佛身后的众弟子形象已完全被损毁，显示出照片的珍贵性。

图5-49　涅槃　莫高窟第46窟　盛唐

资料来源：郑炳林、高国祥主编《敦煌莫高窟百年图录·伯希和敦煌图录》（北魏、唐、宋时期的佛教壁画和雕塑·敦编第3-465号窟及其他）（上），甘肃人民出版社，2008，第109页。

　　位于克孜尔石窟第38窟后甬道后壁的"涅槃"图，大约绘制于4世纪。画面中，释迦牟尼卧于七宝床上，右手支头，右胁而卧，双

---

① 参见（唐）玄奘《大唐西域记》，第546页。

足相累。释迦牟尼身后两端为娑罗树，双树间为梵天、三眼帝释天、四大天王以及举哀的众弟子。七宝床前为先佛自焚的婆罗门须跋陀罗（如图 5-50 所示）。位于克孜尔石窟第 17 窟后甬道后壁的"涅槃"图，释迦牟尼右手支头，右胁而卧于七宝床上，有五彩圆形头光和椭圆形举身光，身体上方绘有七条火焰。众弟子、梵天等立于释迦牟尼身后，佛足处为跪着的弟子大迦叶（如图 5-51 所示）。大约绘制于同一时期，位于克孜尔石窟第 80 窟后甬道后壁的"涅槃"图，与前者相类似。图中释迦牟尼依然以右胁而卧的姿态卧于七宝床上，也有五彩的圆形头光和椭圆形的举身光（如图 5-52 所示）。

图 5-50　涅槃　克孜尔石窟第 38 窟　约 4 世纪

资料来源：星云大师总监修《世界佛教美术图说大辞典》（石窟），第 455 页。

图 5-51　涅槃　克孜尔石窟第 17 窟　约 6 世纪

资料来源：星云大师总监修《世界佛教美术图说大辞典》（石窟），第 421 页。

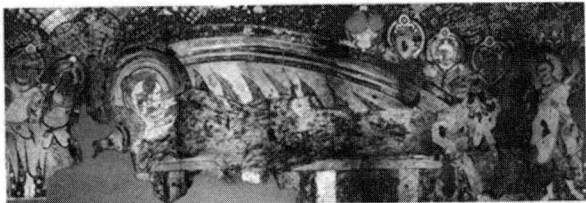

图 5 – 52　涅槃　克孜尔石窟第 80 窟　6 ~ 7 世纪

资料来源：星云大师总监修《世界佛教美术图说大辞典》（石窟），第 482 页。

综上所述，中国莫高窟以及克孜尔石窟中绘制的涅槃图基本沿袭了犍陀罗涅槃图中释迦牟尼"右胁而卧"寂灭姿态的传统。两者的区别仅仅在于，莫高窟石窟中的涅槃图侧重以绽满白花或者满树白叶的娑罗双树来烘托释迦牟尼涅槃后的悲伤氛围；克孜尔石窟中的涅槃图则侧重描绘七宝床和释迦牟尼头上以及身上的五彩光圈，以突显释迦牟尼寂灭的神圣属性。

四　右胁而卧与尚右文化

无论是涅槃佛传文本还是犍陀罗地区以及莫高窟与克孜尔石窟关于释迦牟尼涅槃事件的图像表现，都强调了释迦牟尼狮子卧法（Sihaseyya）的涅槃姿态。据《中阿含经》，"狮子卧法"为"若欲眠时，足足相累，伸足在后，右胁而卧，过夜平旦，回顾视身"。[1] 释迦牟尼涅槃的姿态恰为"右胁而卧"的"狮子卧法"，区别于《增一阿含经》记述的"左胁向下"的"爱欲者的卧法"（Kamabhogiseyya）。

公元前 150 年至 50 年，相当于印度历史上的贵霜王朝时期，犍陀罗塔克西拉的西尔卡普有一批数量众多、实际功能不甚明确的化妆盘。其中一件名为"死者的飨宴"的化妆盘，画面中表现了人物于

---

① （东晋）僧伽提婆译《中阿含经》卷 8，《中华藏》第 31 册，第 395 页上。

寝台上，头置右边、用左肘支起上半身、左胁侧卧的姿态（如图 5 - 53 所示）。

图 5 - 53　死者的飨宴　犍陀罗塔克西拉
西尔卡普出土　公元前 150 ~ 50
卡拉奇国立博物馆藏

资料来源：〔日〕宫治昭：《犍陀罗美术寻踪》，第 114 页。

在古希腊罗马的文化中，以右为尊，右行与左行是英雄与恶徒生前与死后身份象征的标志。柏拉图在《理想国》中讲述，义人准许沿着右边走路，恶徒则被遣送到左边。意大利南部和克里特岛的墓地出土的镌刻在金盘上的铭文写着："万福，右行前往圣地并佩尔塞福涅园地者……你将在哈俄斯住所的左边找到一眼泉水，泉水之旁有一棵白杉树。切勿走进那眼泉水。你将找到另外一眼泉水，流淌着来自记忆之池（Mnemosyne）的凉水。当你饮到圣泉中的水，从此你就会位列诸位英雄之中。"

巴黎著名的人类学家罗伯特·赫尔兹（Robert Hertz）在收录于其代表作《死亡与右手》（*Death and The Right Hand*）中的《右手的优越》（"The Preeminence of The Right Hand"）一文表达了，基于原始时期人类思维中固有的神圣与世俗的二元对立观念以及太阳神话中太阳东升西落的事实，对右与左进行象征性的二元区分，并得出全世界多数民族中盛行"褒右而贱左，右侧高贵于左侧"的观点。[①] 罗德

[①] Robert Hertz, *Death and The Right Hand*, trans. by Rondey and Claudia Needham, with an introduction by E. E. Evans-Pritchard (London and New York：Routledge Taylor and Francis Group, 2004), p. 56.

尼·尼达姆（Rodney Needham）在其论文《Mugwe 的左手》（"The left Hand of Mugwe"）中表述了右手关乎神圣、左手关乎世俗等与赫尔兹相类似的观点。[1]

印度文化中长期以来都有尚右的习俗和传统。右手负责进食，是"净手"；左手协助排泄，是"触手"。佛教文化自印度文化而出，在一定程度上保留和沿袭了"尚右"的传统。《普曜经·降神处胎品》有"菩萨所以处于右者，所行不左"的记述。[2] 释迦牟尼的发髻为"三十二相"之一的右旋发髻；着袒右肩袈裟；诞生时从摩耶夫人右胁而出；涅槃时右胁而卧。

诸多释迦牟尼的神话文本还记述了"右绕三匝"的礼佛方式，《杂阿含经》第 93 经与《增一阿含经·五王品》都有长身或婆罗尸婆罗门聆听完释迦牟尼说法后，为佛作礼，右绕三匝而去的记述。《普曜经》记述，释迦牟尼太子于深夜悄然逾城出家后，其父念儿心切，"与诸群臣诣山水边"找到释迦牟尼太子处，试图劝回太子，太子志坚意定，说明自己舍家为道的原因后，其父"礼菩萨足，右绕三匝，与群臣俱，严驾还国"。[3]《方广大庄严经》详细记述了释迦牟尼初转法轮后，"十方三千，大千世界，所有释梵护世，及余无量诸天子众，皆悉顶礼佛足，右绕三匝，合掌向佛"的殊胜场景。[4]《佛本行集经》、《众许摩诃帝经》与《中本起经》等诸多经典也都记述了释迦牟尼说法后，众人"头面礼足，右绕三匝"的情景。

因此，佛教仪式中形成了"右旋礼佛"和"右绕佛塔"的礼佛方式。《法苑珠林·敬塔篇·旋绕部》，不仅讲述了绕旋佛塔的五种

---

[1] Rodney Needham ed., *Right and Left: Essays on Dual Symbolic Classification* (Chicago: The University of Chicago Press, 1973), p. 45.

[2] （西晋）竺法护译《普曜经》卷 2，《中华藏》第 15 册，第 369 页中。

[3] 参见（西晋）竺法护译《普曜经》卷 4，《中华藏》第 15 册，第 409 页下。

[4] 参见（唐）地婆诃罗译《方广大庄严经》卷 11，《中华藏》第 15 册，第 335 页下。

福德以及绕旋佛塔的三种禁忌，并讲明右绕佛塔以及祖右肩、顺于天时、面西北、转向佛者，都是态度恭敬的；左绕者则是对佛的不恭敬，会遭到神祇和世俗的斥责。① 唐代释叉难陀译有《右绕佛塔功德经》，该经典专门讲述右绕佛塔的种种功德与福报。② 在此基础上，源自印度支提窟的敦煌中心塔柱窟，其中心柱四面开龛安置释迦牟尼"四相""八相"彩塑的方式就是为了便于信徒"右旋礼佛"和"右绕佛塔"；莫高窟第 254 窟千佛榜提名号的排列顺序就是为了便于信徒"顺于天时面西北转向佛"。

按照巴黎著名汉学家葛兰言（Marcel Granet）在其极具代表性的论文《中国的左与右》（"Right and Left in China"）中的观点：基于对拥有宏大文明的中国古代社会的礼仪与习俗的研究，左与右的关系恰好对应的是阴与阳的关系，因而"尚左"与"尚右"在中国同时存在。③

五　举哀者

释迦牟尼横卧于拘尸那揭罗城娑罗双树之间的寝台上，其母摩耶夫人、佛弟子与其他人都悲痛欲绝。世俗之人有末罗族人；诸神有梵天、帝释天、执金刚神、树神等；佛弟子有始终侍奉释迦牟尼而痛不欲生的阿难、劝解阿难的阿那律、手持拂尘的优婆摩那、先于佛涅槃的释迦牟尼的最后一个弟子须跋陀罗，以及从外道那里得知释迦牟尼已入涅槃、急忙赶来的大迦叶等人。

---

① 参见（唐）释道世《法苑珠林》卷 37，《中华藏》第 71 册，中华书局，1994，第 800 页下～801 页上。
② 参见刘艳、燕吴军《莫高窟礼佛仪式的左旋与右旋》，《敦煌研究》2015 年第 6 期，第 49 页。
③ Marcel Granet, "Right and Left in China," *Right and Left: Essays on Dual Symbolic Classification*, ed. by Rodney Needham, Charter 3.

1. 摩耶夫人

释迦牟尼涅槃，最为伤心悲痛的莫过于其母摩耶夫人。如前文所述，摩耶夫人在释迦牟尼涅槃前，已于天上见五衰相、得五噩梦。阿那律见释迦牟尼涅槃后，升至忉利天宫告知摩耶夫人，夫人闻之，"闷绝躄地，诸天女等，以冷水洒面，良久乃稣。自拔头发，绝庄严具，悲泣垂泪"。然后摩耶夫人和诸天女等眷属下至双树间，远远看到释迦牟尼之圣棺，又"大闷绝，不能自胜，诸天女等，以水洒面，然后方稣"。①

玄奘在《大唐西域记》记述了拘尸那揭罗城的一处窣堵波曾为摩耶夫人哭佛处。释迦牟尼为了安慰母亲，"金棺自开，放光明，合掌坐，慰问慈母：'远来下降！诸行法尔，愿勿深悲。'阿难衔哀而请佛曰：'后世问我，将何以对？'曰：'佛已涅槃，慈母摩耶自天宫降，至双树间，如来为诸不孝众生，从金棺起，合掌说法。'"②

绘制于五代时期，位于莫高窟第 61 窟北壁下部的"金棺入殓·母从天降"图，表现了摩耶夫人闻释迦牟尼涅槃后，携眷属从天而降，见释迦牟尼已经入殓，深情呼唤的情景（如图 5 – 54 所示）。

敦煌莫高窟北周时期的第 428 窟、隋代时期的 295 窟和第 280 窟中的涅槃图，都有摩耶夫人出现。如前文关于第 295 窟涅槃场景的叙述，以及第 280 窟涅槃图（如图 5 – 55 所示），均表现了摩耶夫人知闻释迦牟尼涅槃后，从忉利天宫下至娑罗双树前肃穆哀伤的情形。

值得注意的是，犍陀罗地区的涅槃图像中，摩耶夫人鲜有出现。

---

① （萧齐）释昙景译《摩诃摩耶经》卷 2，《中华藏》第 20 册，第 721 页上中。
② （唐）玄奘：《大唐西域记》，第 549 页。

图 5 - 54 金棺入殓·母从天降
莫高窟第 61 窟 五代

资料来源：樊锦诗编著《敦煌石窟全集·佛传故事画卷》，第 164 页。

图 5 - 55 涅槃 莫高窟第
280 窟 隋代

资料来源：〔日〕宫治昭：《吐峪沟石窟壁画与禅观》，贺小萍译，上海古籍出版社，2009，第 194 页。

《长阿含经·游行经》只是简略记述释迦牟尼涅槃后，摩耶夫人在梵天、帝释天、阿难以及密迹金刚等之后作颂曰："佛生楼毗园，其道广流布；还到本生处，永弃无常身。"①

2. 末罗族人

《长阿含经·游行经》记述，释迦牟尼于拘尸那揭罗城的本生处、娑罗园的双树间临将灭度，阿难通知了当地的居民末罗族人（Malla），五百名末罗族人听说后，举声悲号，并前往双树前。涅槃后，阿难又前去将释迦牟尼灭度的消息告知了末罗族人。末罗族人莫不悲恸，扣泪而言："一何驶哉！佛般涅槃。一何疾哉！世间眼灭。"然后速诣双树，供养舍利。②

南传本《大般涅槃经》第五诵品也简要记述了这段情节。③ 按《摩奴法典》，末罗族人为刹帝利的后裔，因力大无比而著称，因此也

① （后秦）佛陀耶舍译《长阿含经》卷 4，《中华藏》第 31 册，第 47 页下。
② （后秦）佛陀耶舍译《长阿含经》卷 4，《中华藏》第 31 册，第 48 页下。
③ 《长部经典》（第 15 卷～第 23 卷），《大般涅槃经》第五诵品，《汉译南传大藏经》第 7 册，第 102 页上。

被意译为"力士"。《佛说力士移山经》详细记述了"五百力士试举石"的故事。释迦牟尼临将灭度,拘尸那揭罗城的臣民悉云集,释迦牟尼询问阿难原因为何,阿难告知,是一座方六十丈、高百二十丈的大石山阻挡了去路,"膂力世称稀有"的五百力士决定试举石山。① 释迦牟尼涅槃后,五百力士悲痛万分,又共担圣棺将其安置于天冠寺,供养七日后付荼毗。《大般涅槃经》《根本说一切有部毗奈耶药事》《阿毗达磨大毗婆沙论》等经典都有关于"五百力士试举石"的记述。

末罗族人的国家拘尸那揭罗国(Kusāvati),又称"力士生地"。在释迦牟尼时代,为共和政体,末罗族人的一切政教大事均需在议会大厅讨论决定,亦是佛教圣地。《法显传》记述此地是释迦牟尼涅槃之处、弟子须跋最后得道之处、以金棺供养释迦牟尼七日之处、金刚力士放金刚杵之处、八王分舍利之处。②

出土于犍陀罗地区、现藏于英国伦敦维多利亚与阿尔伯特博物馆的浮雕"涅槃",画面中以犍陀罗艺术中擅长的现实主义手法表现了佛传文本中五位表情不一、悲痛不已的末罗族人(如图 5 - 56 所示)。现藏于白沙瓦博物馆的浮雕"涅槃",画面中表现了站立于释迦牟尼身后、四位或将手高举头顶或捶胸顿足、悲痛中的末罗族人(如图 5 - 57 所示)。绘制于北周,位于莫高窟第 428 窟西壁的涅槃图为莫高窟最早的释迦牟尼涅槃图,画面中的举哀者,从身着圆领窄袖白色衣服的装束推测为末罗族的世俗男子,其高鼻深目,咧嘴号啕大哭,右手上举拍打,真切地表现了其痛不欲生的哀悼之情(如图 5 - 58 所示)。

---

① (西晋)竺法护译《佛说力士移山经》卷 1,《中华藏》第 34 册,第 307 页中下。
② 参见(东晋)释法显《法显传》,第 858 页。

图 5-56　涅槃　犍陀罗出土
2~3 世纪　英国伦敦维多
利亚与阿尔伯特博物馆藏

资料来源：〔日〕宫治昭：《涅
槃和弥勒的图像学》，第 99 页。

图 5-57　涅槃　犍陀罗出土
白沙瓦博物馆藏

资料来源：〔巴基斯坦〕穆罕默德·瓦利乌
拉·汗：《犍陀罗：来自巴基斯坦的佛教文明》，
第 299 页。

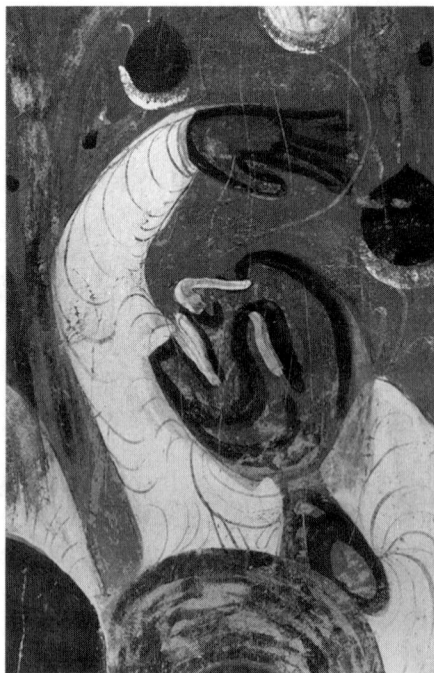

图 5-58　举哀者　莫高窟第 428 窟　北周

资料来源：樊锦诗编著《敦煌石窟全集·佛传故事画卷》，第 52 页。

3. 阿难与阿那律

无论是涅槃类佛传文本还是图像，阿难和阿那律都形成了意味深长的鲜明对比。阿难跟随释迦牟尼的时间最长，但始终没有离舍爱执，当得知释迦牟尼即将寂灭的消息后，阿难"心生苦痛，闷绝懊侬，泣涕流连，不能自胜"，并得到了释迦牟尼以梵音安慰之言。[①] 而阿那律因为已经离舍爱执，表现得最为冷静。《佛般泥洹经》记述，释迦牟尼涅槃时，"天地大动，诸天散华香，悲哭呼冤"，唯有阿那律冷静地对阿难说："止诸比丘，无使重哀；止王及臣民，止上诸天，莫复哀恸。"[②]

美国夏威夷州檀香山艺术博物馆与德国柏林国立博物馆亚洲艺术馆所藏的"释迦牟尼涅槃"浮雕（如图 5-59、图 5-60 所示），都突出了因为悲伤过度而昏倒在释迦牟尼枕边以及地上的比丘，以及试图拉起他的另一比丘。巴黎学者阿·福歇将两者认定为"失态的阿难"和"劝谏的阿那律"。

图 5-59　释迦牟尼涅槃　犍陀罗地区
2~4 世纪　美国夏威夷州檀
香山艺术博物馆藏

资料来源：Anil de Silva-Vigier, *The Life of The Buddha: Retold From Ancient Sources*, p. 179。

图 5-60　释迦牟尼涅槃　犍陀罗
出土　3 世纪　德国柏林国
立博物馆亚洲艺术馆藏

资料来源：星云大师总监修《世纪佛教美术图说大辞典》（雕塑），佛光山宗委会，2013，第 893 页。

① （东晋）法显译《大般涅槃经》卷上，《中华藏》第 14 册，第 466 页中。
② （西晋）白法祖译《佛般泥洹经》卷下，《中华藏》第 33 册，第 515 页下~516 页上。

　　西夏王朝于11世纪中叶开始统治敦煌地区，敦煌附近的安西榆林窟受到印度波罗王朝佛传美术的影响，出现大幅八塔变相图。位于其东壁中央上部的图像"举哀者"，形象地绘制了号啕大哭、痛不欲生的阿难和冷静地安抚劝解阿难的阿那律（如图5-61所示）。

图 5-61　举哀者　榆林窟第 3 窟　西夏

资料来源：樊锦诗编著《敦煌石窟全集·佛传故事画卷》，第 226 页。

4. 阿阇世王

　　《根本说一切有部毗奈耶杂事》记述，释迦牟尼涅槃后，"大地震动，流星星现，诸方炽然，于虚空中，诸天击鼓"。大臣行雨为了避免信根初发的阿阇世王听闻佛入涅槃后呕热血而死，将释迦牟尼右胁诞生、降魔成道、初转法轮和北首涅槃的事迹绘制于一幅画中，呈献给阿阇世王。阿阇世王"见彼堂中，图画新异，始从初诞，乃至倚卧双林。王问臣曰：'岂可世尊入涅槃耶？'是时，行雨默然无对。王见是，已知佛涅槃，即便号啕闷绝，宛转于地。臣即移举，置苏函

中，如是至七方投香水，从此已
后，王渐稣息"。①

约开凿于 6 世纪的克孜尔石窟
第 205 窟，绘制有情节非常丰富的
释迦牟尼涅槃图像。前壁绘有焚棺
图，表现释迦牟尼荼毗之前众弟子
以及天人哀悼的场面；左甬道内绘
有八王分舍利场景；右甬道内侧壁
绘有阿阇世王闻佛涅槃闷绝复苏图。
画面中，行雨大臣手持四相图的布
帛画，向阿阇世王报告释迦牟尼涅
槃的消息；阿阇世王得知此消息后
悲痛欲绝，随后便闷绝昏厥（如图
5 –62 所示）。大臣们将其依次置于
七个香水罐中，才使其苏醒。

图 5 –62　阿阇世王闻佛涅槃（局部）
克孜尔石窟第 205 窟　约 6
世纪　德国柏林国立博物馆
亚洲艺术馆藏

资料来源：星云大师总监修《世界佛
教美术图说大辞典》（石窟），第 566 页。

5. 树神

在诸天神举哀者中，树神也
是其中之一。《长阿含经》提及释迦牟尼于双树间行将灭度，树神
"以非时花，布散于地"，又"以非时华"供养释迦牟尼。② 犍陀罗
出土，分别收藏于美国纽约州纽约市大都会艺术博物馆（如图 5 –63
所示）、华盛顿弗利尔美术馆（如图 5 –64 所示）和加尔各答印度博
物馆（如图 5 –65 所示）等具有代表性的浮雕，都可以清晰地看到，
从娑罗双树的树叶间露出上半身的树神，从头饰以及突出的胸部特征
可判定树神为女神，是犍陀罗涅槃图中独具特色的图像要素。

---

① （唐）义净译《根本说一切有部毗奈耶杂事》卷 38，《大正新修大藏经》第 24
册，第 399 页中。
② （后秦）佛陀耶舍译《长阿含经》卷 3，《中华藏》第 31 册，第 35 页上中。

图5-63　释迦牟尼涅槃　犍陀罗地区　2~4世纪
美国纽约州纽约市大都会艺术博物馆藏

资料来源：星云大师总监修《世纪佛教美术图说大辞典》（雕塑），佛光山宗委会，2013，第894页。

图5-64　释迦牟尼涅槃　犍陀罗出土　华盛顿弗利尔美术馆藏

资料来源：〔日〕宫治昭：《涅槃和弥勒的图像学》，第97页。

图 5 – 65　涅槃　犍陀罗出土　2～3 世纪　加尔各答印度博物馆

资料来源：〔日〕宫治昭：《涅槃和弥勒的图像学》，第 556 页，图版 10。

　　绘制于克孜尔石窟第 76 窟孔雀窟侧壁的涅槃图，可见"涅槃""送葬、哀悼""入殓"连续的涅槃前后场景，因被割取破坏，涅槃图像仅见线绘图。画面中可见释迦牟尼枕手累足，右胁而卧于寝台之上，有头光与举身光。同时可见沿身体而起的向上的荼毗之火，以及在娑罗双树间示现半身、右手呈散花状的树神（如图 5 – 66 所示）。表现出与犍陀罗涅槃图像的沿袭性。

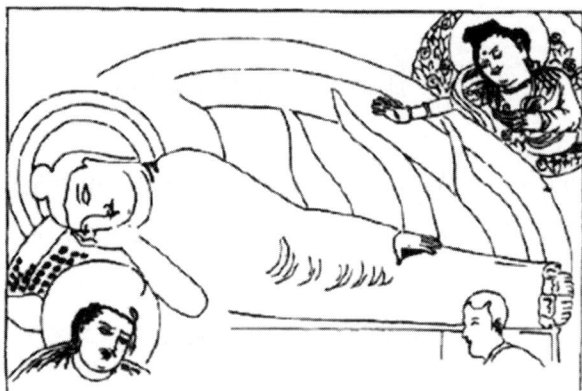

图 5 – 66　涅槃（线绘图）　克孜尔石窟第 76 窟

资料来源：〔日〕宫治昭：《涅槃和弥勒的图像学》，第 410 页。

事实上，树神不仅在释迦牟尼涅槃时示现，而且在释迦牟尼"八相成道"的关键时刻都有所示现。释迦牟尼降诞之前，世间呈现三十二瑞相，其中一种瑞相就是，"一切树神半身人现低首礼侍"。①

释迦牟尼诞生后，"树神示现"也是三十二天降瑞应之一。《杂阿含经》卷23、《修行本起经·菩萨降身品》、《太子瑞应本起经》卷上、《普曜经·降神处胎品》和《方广大庄严经·诞生品》都记述了释迦牟尼从摩耶夫人右胁诞生后，树神示现、低首礼侍、合掌恭敬的情形。

《佛本行集经》还记述了释迦牟尼经过六年的精勤苦行无果后，打算渡过尼连禅河，因为身体羸弱，水流湍急，无法渡过；住在尼连禅河边一棵名为頞谁那的大树上的柯俱婆树神，便伸出璎珞装饰的胳臂引释迦牟尼渡河的情形。②

释迦牟尼坐于菩提树下时，"菩提树所守护神，生大欢喜，心意踊跃，遍满其体，不能自胜，即解其身，所有璎珞，并散头髻，速疾而向，于菩萨所，以最胜妙，吉祥之事，赞美菩萨。……守护菩萨，恭敬俨然"。③ 表明了树神对释迦牟尼的护佑之情，树本身所具有的神性也赋予了释迦牟尼身份的神话性质。

六　迦叶抚足与佛法承继

大迦叶（S. Mahākāśyapa）是释迦牟尼众弟子中举足轻重者，释迦牟尼涅槃时，大迦叶虽然不在身边，但直到大迦叶出现，涅槃事迹才标志着完结。

诸多涅槃类佛传文本都记述了释迦牟尼涅槃，大迦叶与四辈共五

---

① （西晋）竺法护译《普曜经》卷2，《大正藏》第3册，第493页中。
② （隋）阇那崛多译《佛本行集经》卷25，《中华藏》第35册，第798页中。
③ （隋）阇那崛多译《佛本行集经》卷27，《中华藏》第35册，第811页下。

百弟子正在从波婆国往拘尸那揭罗城的路途中，偶遇一手持曼陀罗花（S. Mandāraka）、名为优为的外道从拘尸那揭罗城而来。通过简单的对话，大迦叶及四辈五百弟子得知释迦牟尼已于七日前涅槃。外道所持的曼陀罗花正是释迦牟尼涅槃七日天神所赐的天华，以证明拘尸那揭罗城发生的重大事件。

得知释迦牟尼涅槃的消息后，"四辈弟子，天人无数，悲哭且行，俱到佛所，绕殿三匝，头面着地，跄面奄土，吐血而绝者"。大迦叶懊恼自己来得太晚，"不及吾师，不知世尊，头足所在。佛便应声，双出两足。大迦叶即以头，面着佛足，陈佛功德"。①

《菩萨从兜术天降神母胎说广普经·菩萨处胎经复本形品》记述迦叶抚足的情节："时大迦叶将五百弟子，从摩伽提国，来至佛所。闻佛今日，当取灭度，悲啼嘘泣，不能自胜。尔时，世尊以天耳，闻迦叶来至，即从棺里，双出两足，迦叶见之，手捉摩扪，啼泣不能自胜。"②《释迦牟尼谱》有简略记述，"时大迦叶将五百弟子至，世尊以天耳闻，即从金棺，双出两足"。③

关于《佛般泥洹经》记述的大迦叶"以头面着佛足"的情节，在诸多涅槃图像中表现为"迦叶抚足"。在日本学者栗田功发表的个人收藏的涅槃浮雕中，有一件犍陀罗出土的"涅槃"浮雕，清晰地展现了释迦牟尼涅槃后，众弟子的悲痛之情。位于释迦牟尼足处、抚足礼佛者正是弟子大迦叶（如图5-67所示）。敦煌莫高窟以及克孜尔石窟涅槃图中，大迦叶也是图像中不可或缺的要素。因为受中国传统文化的影响，大迦叶常常以跪拜的方式抚足礼佛。

---

① （西晋）白法祖译《佛般泥洹经》卷下，《中华藏》第33册，第517页中。
② （后秦）竺佛念译《菩萨从兜术天降神母胎说广普经》卷7，《大正藏》第12册，第1057页中。
③ （梁）释僧祐译《释迦牟尼谱》卷4，《中华藏》第52册，第607页上。

图 5 – 67　涅槃　犍陀罗出土　日本个人藏

资料来源：〔日〕宫治昭：《涅槃和弥勒的图像学》，第 106 页。

　　《长阿含经·游行经》记载，释迦牟尼寂灭后，末罗族人按转轮圣王葬法供养释迦牟尼，当末罗族人"举金棺，置于第二大铁椁中，旃檀木椁，重衣其外，以众名香，而藉其上"时，末罗族大臣路夷，"执大炬火，欲燃佛积，而火不燃。又有大末罗次前燃其积，火又不燃"。阿那律告诉末罗族人，"火灭不燃，是诸天意"。末罗族人问何故，阿那律告知，是因为大迦叶与五百弟子正在从波婆国赶往拘尸那揭罗城的半途中，要见佛身，天知其意，所以火无法燃烧。大迦叶赶到后，接足礼佛之后，火不烧自燃。① 犍陀罗地区出土的浮雕"荼毗"，是珍贵的个人收藏作品，画面中表现了释迦牟尼从金棺中伸出双足、大迦叶抚足的情景（如图 5 – 68 所示）。

　　释迦牟尼之双足或者足印（迹）具有象征意义。在印度，自巽伽时期（Sunga，公元前 184 ~ 前 73）开始被奉为圣物顶礼膜拜。巴尔胡特塔门立柱浮雕"礼佛足印"，浮雕中央的一双足印、台座以及伞盖象征了释迦牟尼于菩提树下的成道与存在，周围围绕着虔诚的礼

---

　　①　参见（后秦）佛陀耶舍译《长阿含经》卷 4，《中华藏》第 31 册，第 49 页下 ~ 50 页下。

佛者。足印中心刻有带有轮辐的法轮，两侧的足台上刻有各种繁盛的
花卉（如图 5 - 69 所示）。

图 5 - 68　荼毗　犍陀罗出土　伦敦个人藏

资料来源：〔日〕宫治昭：《涅槃和弥勒的图像学》，第 559 页，图版 16。

图 5 - 69　礼佛足印　巴尔胡特　约公元前 1 世纪
加尔各答印度博物馆藏

资料来源：李静杰：《佛足迹图像的传播与信仰（上）——以印度与
中国为中心》，《故宫博物院院刊》2011 年第 4 期，第 8 页。

巴尔胡特大塔栏楣浮雕图案，画面中是象征着释迦牟尼成道与存在的菩提树、台座和刻有法轮的足印，以及守护在两侧的龙王（如图5-70所示）。画面恰巧形象地表现了释迦牟尼获得无上正觉的时间为雨季。桑奇大塔北门立柱浮雕（如图5-71所示）也有所表现。这是印度最早的将释迦牟尼的足印作为圣物加以崇拜的图像表现。

图5-70　佛足印　巴尔胡特　约
公元前1世纪　阿拉
哈巴德博物馆藏

资料来源：李静杰：《佛足迹图像的传播与信仰（上）——以印度与中国为中心》，《故宫博物院院刊》2011年第4期，第9页。

图5-71　桑奇大塔北门立柱
浮雕　约1世纪

资料来源：李静杰：《佛足迹图像的传播与信仰（上）——以印度与中国为中心》，《故宫博物院院刊》2011年第4期，第10页。

现藏于印度马德拉斯政府博物馆的浮雕"妇女礼佛"，约作于2世纪中叶，浮雕现仅存下部。画面中央以象征手法表现释迦牟尼坐在宝座上，宝座前方的脚凳上有一双中心刻着法轮的足迹代表着释迦牟尼。四名裸体的年轻妇女或双手合十，或五体投地跪拜在释迦牟尼脚下（如图5-72所示）。

图 5-72　妇女礼佛　阿玛拉瓦蒂出土　约 2 世纪中叶
马德拉斯政府博物馆藏

资料来源：Jeannine Auboyer Buddha, *A Pictorial History of His Life and Legacy*（New York：The Crossroad Publishing Company, 1983）, p. 146, pic. No. 116。

同样藏于马德拉斯政府博物馆的浮雕"礼拜释迦牟尼"，画面中央凸显了释迦牟尼之巨大的足印。足印中心刻有象征着释迦牟尼初转法轮的千辐法轮，足印两侧各有两位双手合十的虔诚礼佛者（如图5-73 所示），

图 5-73　礼拜释迦牟尼　阿玛拉瓦蒂　2 世纪
印度马德拉斯政府博物馆藏

资料来源：Anil de Silva-vigier, *The Life of The Buddha：Retold From Ancient Sources*, p. 65。

突出释迦牟尼之"千辐轮相"。日本个人收藏的"佛足印"，出土于
犍陀罗斯瓦特，大约制于 2 世纪。佛足的足心处刻有寓意为法力服众
的法轮，脚趾刻有"卐"字符（如图 5 – 74 所示）。

图 5 –74　佛足印　斯瓦特　约 2 世纪　日本个人藏

资料来源：〔日〕栗田功：《大美之佛像：犍陀罗艺术》，第 57 页。

"千辐轮相"源自毗湿奴掌心和脚底上的轮盘圣记，后成为释迦
牟尼三十二瑞相之一。多部佛传文本记述了相关事宜。《长阿含经》
记述释迦牟尼诞生后具有三十二瑞相："一者足安平，足下平满，蹈
地安隐。二者足下相轮，千辐成就，光光相照……"① 《修行本起经》
记述三十二瑞相为："一者太子足下安立，皆悉平满。二者太子双足
下，有千辐轮相，端正处中，可喜清净……"② 《方广大庄严经》记

---

① 参见（后秦）佛陀耶舍译《长阿含经》卷 1，《中华藏》第 31 册，第 5 页下 ~6
页上。
② 参见（隋）阇那崛多译《修行本起经》卷 9，《中华藏》第 35 册，第 654 页上中。

述，释迦牟尼往尼连禅河沐浴，食乳糜后平复气力，前往菩提树下修行成道，即以"千辐轮相，印文而行。足指网鞔甲，如赤铜照地而行"。①

《大般涅槃经后分》记述，大迦叶得知释迦牟尼涅槃的消息后，赶至拘尸那揭罗城，大迦叶哽咽悲哀，释迦牟尼"即现二足，千辐轮相，出于棺外，回示迦叶，从千辐轮，放千光明，遍照十方一切世界。尔时，迦叶与诸弟子见佛足已，一时礼拜千辐轮相，即更闷绝，昏迷躄地，良久乃醒。与诸弟子，哀号哽咽，右绕七匝，绕七匝已，复礼佛足，悲哀哭泣，声震世界"。② 诸涅槃类经典以及涅槃图像中的"迦叶抚足"情节，不仅使得涅槃故事得以完整地记述，而且也凸显了大迦叶作为释迦牟尼遗法继承者的地位和意义。

---

① （唐）地婆诃罗译《方广大庄严经》卷 8，《中华藏》第 15 册，第 301 页中。
② （唐）若那跋陀罗译《大涅槃经后分》卷下，《中华藏》第 15 册，第 115 页下。

结　语

一 释迦牟尼神话是以希腊文化为主的
多种文明交流与融合的产物

德国哲学家雅斯贝斯（Karl Jaspers）认为，在人类的轴心时期（约公元前800～前200），中国、印度、希腊、希伯来等地创立了各自的思想体系，随着文明之间的交流与借鉴，逐渐形成了具有世界性的人类文明的精神基础。

佛教起源于公元前6世纪左右的印度，其思想传统植根于当时印度社会风起云涌的沙门思潮。沙门思潮与代表着主流意识形态的雅利安人的婆罗门教相对立，佛教与其他的沙门团体既有反对婆罗门教的相同意愿，又有各自独立的思想倾向。因此，最初的佛教就是在与印度雅利安文明与土著文明之间的碰撞与融合中产生的。

纵观佛教发展史，佛教的发展与演变离不开与其他文明之间的碰撞与融合，尤其与希腊思想的结合密切相关。从历史背景来看，从公元前327年开始，亚历山大大帝东征入侵次大陆西北部。一年后，亚历山大大帝灭印度历史上第一个接触到的域外文明——波斯帝国，将其领土纳入希腊版图。公元前326年，渡过印度河，抵达犍陀罗的塔克西拉。公元前323年，亚历山大大帝在巴比伦去世。他的这段短暂的入侵是西北印度历史上的转折点，也为希腊思想渗入当地创造了良好的条件。基本形成于1世纪左右的部派佛教晚期、大乘佛教初期的释迦牟尼神话的文本、图像与希腊神话、传记文学和雕塑艺术之间呈或隐或显的密切关系。

古代印度蔑视无常、追求无限的思想，决定了古代印度没有作传记的传统。中国是传记文学成熟最早的国家，但并不长于以"传"命名的人物传记。显然，佛传有别于中国古代偏重纪实的传记文学。英语"神话"一词本身就包含了以记述为主的传记性质，与希腊民族有着深厚的渊源关系。希腊神话以清晰的神谱体系、深刻的哲学思想以及浓郁的人文主义精神而彪炳于世，是西方文化的重要来源之一，也是希腊艺术创作题材的重要来源。古代希腊人长于叙事，很早就开启了传记文学的写作传统。佛传是受到希腊神话与希腊传记双重影响形成的一种长于叙事、神话色彩极其浓厚、偏向于借助人物生平表达信仰观念的文学样式，它的形成和产生具有重要的历史意义。

公元前 2 世纪，佛教已经开始从印度本土向外传播。随着贵霜王朝逐渐发展成为横跨中亚、印度广大领土的大帝国，佛教得以更进一步地向外传播与发展。根据《四十二章经序》中的"东汉明帝感梦遣使求法说"[①] 以及汉代所译的三种佛传文本推断，佛传文本最初形成于 1 世纪左右的印度，并由此进入佛教文献，成为佛教信仰的重要内容和相关依据。基于契经中夹杂的释迦牟尼生平传记所成的 13 部汉译佛传文本，由于译出时代的差异性以及佛经记述的口述性特点，佛传文本内容在横向上呈现多样性。南朝梁代僧祐《释迦牟尼谱》、唐代道宣《释迦牟尼氏谱》、南宋志磐《佛祖统纪》、明代释宝成《释氏源流》和清代永珊《释迦牟尼如来应化事迹》在汉译佛传的基础上编撰了思想与内容相对一致、体系较为完整的释迦牟尼传记，不仅从历史纵向上表明继汉译佛传之后，佛传的发展更为系统化和成熟化，而且也表明了佛教东传后与中国文化碰撞交流直到相伴相生的融合局面。

---

① 被历代史学家作为佛教正式传入中国的标志。参见任继愈主编《中国佛教史》第 1 卷，第 95 页。

关于释迦牟尼神话图像的源起，从文本记载来看，早在释迦牟尼在世之时，就有了佛像制作的详细记载。《增一阿含经》和《观佛三昧海经》都记载了释迦牟尼觉悟成道后上三十三天为其逝去已久的母亲说法，拘睒弥国的优填王和拘萨罗国的波斯匿王因多日不见释迦牟尼而心急如焚，随后发布文告，诏请国内能工巧匠制造佛的雕像，以解相思之苦的传说。① 但是对于此段佛像制作传说，目前学界并无考古实物可以证实。从阿育王时期开始出现的佛传图像，仅以菩提树、法轮、足迹、莲花、窣堵波等象征性的符号表现释迦牟尼的存在，延续古印度认为雕画佛像乃是冒渎神圣之事的传统。

根据钱币图像的演变以及以希腊神话为主要题材的化妆盘留下的明晰线索推断，具有写实性质的释迦牟尼佛像与具有连贯叙事性质的佛传图像成熟于 1 世纪左右的犍陀罗地区。其突出特点是单个佛像的高度写实性和佛传图像中的线性连贯叙事，这是以希腊神话为主要创作题材的希腊艺术的基本方式与风格。犍陀罗释迦牟尼神话图像模式标志着释迦牟尼神话图像的成熟，是佛教中"人文主义"因素与以希腊精神为主的多元文化因素碰撞和融合的结果，并决定了释迦牟尼神话图像在发展与传播过程中的基本走向。

在贵霜王朝迦腻色迦王的积极推动之下，北印度的秣菟罗和南印度的阿玛拉瓦蒂与犍陀罗呈三足鼎立之势，互相融合、共同发展，将印度本土之传统与外来之因素融会贯通，使佛传图像得到更进一步的发展。释迦牟尼神话传播过程中的新疆敦煌模式体现了佛教以及佛教神话东传的中国化特色。

---

① （东晋）瞿昙僧伽提婆译《增一阿含经》第 28 卷，《中华藏》第 32 册，第 327 页中下 ~328 页上。

二 释迦牟尼神话具有文本与图像互证的特点

每一种宗教神话都会以独特的造像与或形象或抽象的象征符号表现其意识形态，表现出文本与图像的相互印证。但是，释迦牟尼神话文本与图像的互证性表现得尤为明显，并呈现相辅相成的体系化特点。

以"八相成道"的过程为线索，释迦牟尼神话可分为诞生神话、降魔成道神话、初转法轮神话、涅槃神话四个主要部分，并涉及多个具有宗教象征意义的核心情节。诞生神话初步显现了释迦牟尼的神性特质。释迦牟尼从兜率天宫选择恰当的时机降凡人间，以化象入胎或乘象入胎方式从摩耶夫人右胁而入。而后，释迦牟尼自摩耶夫人右胁而出诞生于无忧树下，诞生后即行七步宣言，并行灌浴之礼。其中，释迦牟尼所化或所乘的"六牙白象"是释迦牟尼降神母胎、普利众生的象征意象，不仅与古代印度文化中的大象、神话叙事中的象鼻神以及佛教典籍中的白象宝关系密切，而且也是释迦牟尼在成佛之前在过去世经历了无数次的轮回之世和经累世"六度"修行的象征表达。

成道是释迦牟尼八相的核心，决定了降魔过程的特殊性。降魔成道也因此成为释迦牟尼从人格化形象向神格化形象过渡的重要阶段。释迦牟尼神话中的"魔罗"有别于婆罗门教神话中掌管人寿的死神"阎摩"，并分为自他而来的"外魔"与由自身产生的"内魔"，既是"外魔"的表征，又是"内魔"的象征。释迦牟尼依靠"禅定"和"慧"，手作"降魔之印"的方式降伏魔王波旬、魔女以及众魔军，是原始佛教认为的人性的完善应该是一个不断弃恶扬善过程的重要观念的体现。

获得无上正觉的释迦牟尼在鹿野苑初转法轮，"轮"不仅是古代印度统治世界的转轮圣王的标识，也是释迦牟尼教化三千大千世界的法轮。"转轮"因此具有了新的秩序形成的象征意义。释迦牟尼宣讲在菩提树下所悟的"四谛"真理，意味着混沌而黑暗的世间恢复秩序，并由此带来佛教的光明世界。"双神变"或"千佛化现"是释迦牟尼在舍卫城施展神通降服外道的奇迹，在释迦牟尼神话中的重要性无可争辩。释迦牟尼初转法轮，意味着佛、法、僧三宝具足，是释迦牟尼神格化形象的完成阶段。佛教由此有了完备的形态，具备了一个宗教所需的基本要素，成为正式的宗教。

佛教中的"涅槃"概念与印度教和耆那教中的"涅槃"概念既有区别又有联系。随着佛教义理的发展，涅槃在内涵和外延上也有了相应的发展与变化。涅槃意味着释迦牟尼完全脱离三世轮回，达到永远寂灭的境界。窣堵波象征性地表现了这种佛教理想的终极境界。窣堵波塔身"覆钵"象征着具有孕育可能性的卵或者母胎，舍利被盛装在舍利盒中埋藏在覆钵的中央，象征着变现万法的种子。因此，释迦牟尼涅槃神话是释迦牟尼神话中最精华的部分，是佛教宗教性最集中的反映，是佛教的宗教作用发挥至极致的重要体现。

上述基于历史事实的人生阶段被赋予了神性特质，每个重要部分的神话图像表现与文本叙事基本吻合，纵向上勾勒出了释迦牟尼神话图像从印度的初创到犍陀罗的成熟再到新疆敦煌发展的轨迹。文本与图像相互印证，相辅相成，并行发展，形成了全面的蕴藏着象征意义与文化内涵的释迦牟尼神话体系。其不仅是佛教义理最形象化的解释，也是沟通佛教义理和信仰者思维的重要介质。

三 释迦牟尼神话的神话学意义

"西方基督教的宗教观是，凡不拥立神为造物主的无神论即非宗教。原始佛教的经典中，并不主张有位礼拜对象的神。"[①] 上述关于

---

① 〔日〕水野弘元：《佛教的真髓》，第242页。

佛教是"无神论"的观点，虽然来自治学是基督教文化背景的西方学者，但不容否认的是，佛教在释迦牟尼创立之初，的确仅仅是一种建立在反对婆罗门教的创世论和有神论基础上的学说体系。学说体系的核心是"四谛"和"三法印"。

苦、集、灭、道是为"四谛"。苦谛和集谛是现实存在的本质和形成的原因，灭谛和道谛是人生解脱的归宿和途径。一切皆苦、诸行无常、诸法无我是为"三法印"。"四谛"和"三法印"是释迦牟尼终其一生对人生真谛智慧的总结与概括。原始佛教将追求人生的真谛、把握世界的"真实"意义作为根本的理论任务，相对于突出信仰主义的一般宗教而言，更加注重理性和思考。

释迦牟尼般涅槃后的百年，即从佛教历史上的第二次结集开始，佛教内部开始严重分裂，所形成的上座部、大众部两大佛教阵营和多个部派，源自对释迦牟尼教法的不同解释。而且部派佛教完全脱离了原始佛教的人生论意义层面的探讨，开始涉及本体论与认识论等哲学根本问题的探讨，从而形成了辉煌的部派佛教哲学体系。

随着印度政治格局的大改变、贵霜王朝统治版图的扩大、佛教的广泛传播，部派佛教进入鼎盛时期，大乘佛教勃然兴起。苏联学者约·阿·克雷维列夫主张"宗教五要素"说：教会、仪式、信仰、特殊的情感体验和道德规范。从释迦牟尼神话来看，释迦牟尼神话的文本与图像形成、神话进入佛教典籍，是佛教的创立者释迦牟尼逐渐摆脱"释迦牟尼族的圣者"的"人性"层面而进入"释迦牟尼"的"神性"层面，成为信徒信仰和崇拜的对象，实现与完成释迦牟尼神化的过程。释迦牟尼是这个时期佛教信仰的中心，是教会、仪式、信仰、特殊的情感体验和道德规范的中心。大乘佛教则日益趋向于信仰化与世俗化。以释迦牟尼为核心的神话开始扩展为三世佛与三身佛的神话体系。与此同时，菩萨和高僧的形象也逐渐被神化，其神话模式基本脱胎于释迦牟尼神话模式，并最终使佛教的万神殿扩展为"恒河沙数"的无穷境地。这是佛教成为真正以信仰主义为核心的世界性宗教体系的关键所在。

综上所述，神话是一种象征性的传述，是世界文明的重要组成。无论是从小亚细亚到美洲印第安部落，还是经典从印度教《奥义书》到基督教新旧约《圣经》，每一个宗教或者信仰本身处处不乏充满丰富意义蕴涵的神话。鲁道夫·布尔特曼是从象征的角度对传统宗教神话加以解析最重要的代表，虽然他的研究仅局限于自己的专业研究领域，即基督教，但布尔特曼将神话"解神话化"，旨在抽取出神话真正的、象征的意义。隐藏在文本与图像中的释迦牟尼神话与神圣的信仰相关联，通过神话我们与诸神"重聚"，这一"重聚"扭转了现代人类与世界的疏离状态，将我们带回到久远的时代，使人在精神上获得更生。这条新的道路不仅能避免当代科学观的质疑，而且能找到宗教神话在世界文明体系中的当下意义，从根源上探究人类文化与文明的共性因素及其对当代人类心灵的精神意义。随着佛教的东传，中亚地区与中国本土的民间宗教的神话体系，尤其是关于宗教人物的神话叙事，也受到释迦牟尼神话的影响。释迦牟尼神话的价值在于它的永恒性，不仅解释了过去和现在，而且在某种意义上也预示着未来。

参考文献

一 古籍文献类

[1]（东汉）竺大力译《修行本起经》，《中华藏》第34册，中华书局，1988。

[2]（三国吴）支谦译《太子瑞应本起经》，《中华藏》第34册，中华书局，1988。

[3]（西晋）竺法护译《普曜经》，《中华藏》第15册，中华书局，1985。

[4]（西晋）聂道真译《异出菩萨本起经》，《中华藏》第24册，中华书局，1987。

[5]（东晋）迦留陀伽译《佛说十二游经》，《中华藏》第51册，中华书局，1992。

[6]（北凉）昙无谶译《佛所行赞》，《中华藏》第50册，中华书局，1992。

[7]（刘宋）求那跋陀罗译《过去现在因果经》，《中华藏》第34册，中华书局，1988。

[8]（隋）阇那崛多译《佛本行集经》，《中华藏》第35册，中华书

局，1989。

[9]（唐）地婆诃罗译《方广大庄严经》，《中华藏》第 15 册，中华
书局，1985。

[10]（宋）法贤译《众许摩诃帝经》，《中华藏》第 64 册，中华书
局，1993。

[11]（宋）释宝云译《佛本行经》，《中华藏》第 50 册，中华书局，
1992。

[12]（后秦）佛陀耶舍译《长阿含经》，《中华藏》第 31 册，中华
书局，1987。

[13]（东晋）僧伽提婆译《中阿含经》，《中华藏》第 31 册，中华
书局，1987。

[14]（东晋）僧伽提婆译《增一阿含经》，《中华藏》第 32 册，中
华书局，1987。

[15]（刘宋）求那跋陀罗译《杂阿含经》，《中华藏》第 32 册，中
华书局，1987。

[16]（东晋）法显译《大般涅槃经》，《中华藏》第 31 册，中华书
局，1987。

[17]（西晋）白法祖译《佛般泥洹经》，《中华藏》第 33 册，中华
书局，1988。

[18]（唐）玄奘译《阿毗达磨大毗婆沙论》，《中华藏》第 45 册，
中华书局，1990。

[19]（隋）章安顶：《大般涅槃经疏》，《中华藏》第 95 册，中华书
局，1995。

[20]（唐）若那跋陀罗译《大般涅槃经后分》，《中华藏》第 15 册，
中华书局，1985。

[21]（东晋）迦留陀伽译《佛说十二游经》，《中华藏》第 51 册，
中华书局，1992。

[22] （西晋）竺法护译《佛说力士移山经》，《中华藏》第 34 册，中华书局，1988。

[23] （唐）释道世《法苑珠林》，《中华藏》第 71 册，中华书局，1994。

[24] （唐）玄奘：《大唐西域记》，季羡林等校注，中华书局，1985。

[25] （唐）义净《大唐西域求法高僧传》，王邦维校注，中华书局，1988。

[26] （三国吴）康僧会译《旧杂譬喻经》，《中华藏》第 4 册，中华书局，1988。

[27] （隋）费长房：《历代三宝纪》，《中华藏》第 54 册，中华书局，1992。

[28] （宋）志磐：《佛祖统纪》，〔日〕大藏经刊行会编《大正新修大藏经》第 49 册，台北，新文丰出版股份有限公司，1996。

[29] （唐）义净译《根本说一切有部毗奈耶破僧事》，〔日〕大藏经刊行会编《大正新修大藏经》第 49 册，台北，新文丰出版股份有限公司，1996。

[30] （唐）玄奘译《阿毗达磨俱舍论》，《中华藏》第 47 册，中华书局，1991。

[31] （萧齐）伽跋陀罗译《善见律毗婆沙》，《中华藏》第 42 册，中华书局，1990。

[32] （萧齐）释昙景译《摩诃摩耶经》，《中华藏》第 20 册，中华书局，1986。

[33] （隋）吉藏：《法华义疏》，《中华藏》第 34 册，中华书局，1991。

[34] （梁）释僧祐译《释迦牟尼谱》，《中华藏》第 52 册，中华书局，1992。

[35] 《本生经》，《汉译南传大藏经》第 2 册，高雄，元亨寺妙林出版社，1994。

［36］《长部经典》（第 15 ~ 23 卷），《汉译南传大藏经》第 7 册，高雄，元亨寺妙林出版社，1994。

［37］（梁）僧旻、宝唱等：《经律异相》，上海古籍出版社，1988。

［38］（唐）王勃：《释迦牟尼如来成道记》，（宋）道诚注，《大藏新纂卍新续藏》，河北省佛教协会，2006。

［39］（梁）释慧皎：《高僧传》，汤用彤校注，中华书局，1992。

［40］（梁）释僧祐：《出三藏记集》，苏晋仁、萧炼子点校，中华书局，1995。

［41］（东晋）释法显：《法显传》，章巽校注，中华书局，2008。

［42］（唐）义净：《南海寄归内法传》，王邦维校注，中华书局，1995。

［43］（唐）智昇：《开卷释教录》，《中华藏》第 55 册，中华书局，1992。

［44］（唐）道宣：《释迦牟尼方志》，中华书局，1983。

［45］（梁）宗懔：《荆楚岁时记》，宋金龙校注，山西人民出版社，1987。

［46］（唐）玄奘译《异部宗轮论》，《中华藏》第 50 册，中华书局，1992。

［47］（晋）陆翙：《邺中记·晋纪辑本》，商务印书馆，1937。

［48］（宋）罗愿：《尔雅翼》，石云孙点校，黄山书社，1991。

［49］董楚平译注《楚辞译注》，上海古籍出版社，1986。

［50］〔日〕大藏经刊行会编《大正新修大藏经》，台北，新文丰出版股份有限公司，1996。

二 著作类（按作者姓氏音序排列）

［1］白文：《从缘起到广布——古印度佛教艺术》，陕西师范大学出

版总社有限公司，2010。

[2] 崔连仲：《从佛陀到阿育王》，辽宁大学出版社，1991。

[3] 陈明：《印度佛教神话：书写与流传》，中国大百科全书出版社，2016。

[4] 陈明：《文本与语言——出土文献与早期佛经比较研究》，兰州大学出版社，2013。

[5] 陈粟裕：《从于阗到敦煌——以唐宋时期图像的东传为中心》，方志出版社，2014。

[6] 陈聿东：《佛教与雕刻艺术》，天津人民出版社，1992。

[7] 杜继文主编《佛教史》，江苏人民出版社，2008。

[8] 杜继文：《汉译佛教经典哲学》（上下卷），江苏人民出版社，2008。

[9] 丁山：《中国古代宗教与神话考》，上海书店出版社，2011。

[10] 丁山：《古代神话与民族》，商务印书馆，2013。

[11] 樊锦诗、马世长、关友惠：《莫高窟隋代石窟分期》，《中国石窟·敦煌莫高窟》第2卷，文物出版社，1984。

[12] 方广锠：《渊源与流变：印度初期佛教研究》，中国社会科学出版社，2004。

[13] 方立天：《佛教哲学》，中国人民大学出版社，1986。

[14] 高永宵：《迦湿弥罗佛典的历史考据》，中国书店，2007。

[15] 〔日〕广中智之：《汉唐于阗佛教研究》，新疆人民出版社，2013。

[16] 郭良鋆：《佛陀和原始佛教思想》，中国社会科学出版社，1997。

[17] 郭良鋆译《经集》，中国社会科学出版社，2011。

[18] 任继愈主编《中国佛教史》，中国社会科学出版社，2009。

[19] 贺世哲：《敦煌图像研究——十六国北朝卷》，甘肃教育出版

社，2006。

[20] 弘学：《人间佛陀与原始佛教》，巴蜀书社，1998。

[21] 侯传文：《佛经的文学性解读》，中华书局，2004。

[22] 黄心川：《印度哲学史》，商务印书馆，1989。

[23] 霍旭初：《西域佛教考论》，宗教文化出版社，2009。

[24] 霍旭初编著《克孜尔石窟壁画》（丝绸之路流散国宝），山东
美术出版社，2013。

[25] 贾应逸、祁小山：《佛教东传中国》，上海古籍出版社，2006。

[26] 姜伯勒：《敦煌艺术宗教与礼乐文明》，中国社会科学出版社，
1996。

[27] 蒋忠新译《摩奴法论》，中国社会科学出版社，1986。

[28] 金维诺：《中华佛教史·佛教美术卷》，山西教育出版社，
2013。

[29] 李四龙：《欧美佛教学术史：西方的佛教形象与学术源流》，北
京大学出版社，1999。

[30] 居阅时、翟明安主编《中国象征文化》，上海人民出版社，
2001。

[31] 李瑞哲：《龟兹石窟寺》，中国社会科学出版社，2015。

[32] 李小荣：《图像与文本——汉唐佛经叙事文学之传播研究》，福
建人民出版社，2015。

[33] 李亦园：《宗教与神话》，广西师范大学出版社，2004。

[34] 李治国：《云岗》，文物出版社，2006。

[35] 〔韩〕李正晓：《中国早期造像研究》，文物出版社，2005。

[36] 梁启超：《佛学研究十八篇》，上海古籍出版社，2001。

[37] 梁思成：《佛像的历史》，中国青年出版社，2016。

[38] 林梅村：《西域文明——考古、民族、语言和宗教新论》，东方
出版社，1995。

[39] 林梅村：《丝绸之路考古十五讲》，北京大学出版社，2006。

[40] 刘建、朱明忠、葛维钧：《印度文明》，中国社会科学出版社，2004。

[41] 刘魁立、马昌仪、程蔷编《神话新论》，上海文艺出版社，1987。

[42] 楼宇烈、张志刚主编《中外宗教交流史》，湖南教育出版社，1998。

[43] 吕澂：《印度佛学源流略讲》，上海世纪出版集团，2014。

[44] 吕澂：《中国佛学源流略讲》，上海世纪出版集团，2014。

[45] 马维光：《印度神灵探秘——巡礼印度教、耆那教、印度佛教万神殿》，世界知识出版社，2011。

[46] 毛世昌等：《印度神秘符号》，兰州大学出版社，2011。

[47] 荣新江、朱双丽：《于阗与敦煌》，甘肃教育出版社，2013。

[48] 上海博物馆编《于阗六篇——丝绸之路上的考古学案例》，北京大学出版社，2015。

[49] 邵大箴：《古代希腊罗马美术》，中国人民大学出版社，2010。

[50] 余太山：《早期丝绸之路文献研究》，商务印书馆，2013。

[51] 余太山：《贵霜史研究》，商务印书馆，2015。

[52] 释印顺：《印顺法师佛学著作全集》第14卷《原始佛教圣典之集成》，中华书局，2009。

[53] 释印顺：《印顺法师佛学著作全集》第15卷《说一切有部为主的论书与论说之研究》，中华书局，2009。

[54] 释印顺：《印顺法师佛学著作全集》第16卷《初期大乘佛教之起源与开展》，中华书局，2009。

[55] 汤用彤：《汤用彤论著集之四：印度哲学史略》，中华书局，1988。

[56] 田兆元：《神话与中国社会》，上海人民出版社，1998。

［57］王邦维、陈金华、陈明编《佛教神话研究：文本、图像、传说与历史》（2010 年"跨文化的佛教神话学研究"国际学术研讨会论文集），中西书局，2013。

［58］王邦维、林丰民：《东方文学：文化阐释与比较研究》，北京大学出版社，2013。

［59］王健林、朱英荣：《龟兹佛教艺术史》，上海文化出版社，2013。

［60］王丽娜：《汉译佛典偈颂研究》，商务印书馆，2016。

［61］王树英：《宗教与印度社会》，人民出版社，2009。

［62］王镛：《印度美术史话》，人民美术出版社，1999。

［63］王镛：《印度美术》，中国人民大学出版社，2010。

［64］魏长洪等：《西域佛教史》，新疆美术摄影出版社，1998。

［65］魏庆征编《古代印度神话》，山西人民出版社，1999。

［66］吴海勇：《中古汉译佛经叙事文学研究》，学苑出版社，2004。

［67］吴应祥：《植物与希腊神话》，科学普及出版社，1984。

［68］薛宗正、霍旭初：《龟兹历史与佛教文化》，商务印书馆，2016。

［69］杨利慧：《神话与神话学》，北京师范大学出版社，2009。

［70］杨怡爽：《印度神话》，陕西新华出版传媒集团，2015。

［71］杨曾文：《印度佛教史概说》，复旦大学出版社，1993。

［72］姚卫群编译《古印度六派哲学经典》，商务印书馆，2003。

［73］姚士宏：《克孜尔石窟探秘》，新疆美术摄影出版社，1996。

［74］叶舒宪、田大宪：《中国古代神秘数字》，社会科学文献出版社，1998。

［75］（清）永珊：《释迦牟尼传》，金果译注，陕西旅游出版社，2007。

［76］赵昆雨：《云冈石窟佛教故事雕刻艺术》，江苏美术出版社，2010。

［77］赵玲：《印度秣菟罗早期佛像研究》，上海三联书店，2012。

［78］赵声良：《敦煌艺术十讲》，上海古籍出版社，2006。

三　译著（按作者姓名字母顺序排列）

[1]〔英〕A. A. 麦唐纳：《印度文化史》，龙章译，上海文化出版社，1989。

[2]〔英〕爱德华·泰勒：《原始文化》，连树声译，上海文艺出版社，1992。

[3]〔德〕阿尔伯特·冯·勒柯克：《中亚艺术与文化史图鉴》，赵崇民、巫新华译，中国人民大学出版社，2005。

[4]〔法〕阿·福歇：《佛教艺术的早期阶段》，王平先、魏文捷译，甘肃人民出版社，2008。

[5]〔巴基斯坦〕A. H. 丹尼、〔俄罗斯〕V. M. 马松主编《中亚文明史》第1卷，芮传明译，中国对外翻译出版公司，2003。

[6]〔美〕阿兰·邓迪斯编《西方神话学论文选》，朝戈金等译，上海文艺出版社，1994。

[7]〔英〕阿诺德·汤因比：《人类与大地母亲》，徐波等译，上海人民出版社，2015。

[8]〔英〕奥雷尔·斯坦因：《古代和田——中国新疆考古发掘的详细报告》第1卷，巫新华译，山东人民出版社，2010。

[9]〔俄罗斯〕B. A. 李特文斯基主编《中亚文明史》第3卷，马小鹤译，中国对外翻译出版公司，2003。

[10]〔英〕彼得·伯克：《图像证史》，杨豫译，北京大学出版社，2008。

[11]〔英〕查尔斯·埃利奥特：《印度教与佛教史纲》第1卷，李荣熙译，商务印书馆，1982。

[12]〔美〕戴维·利明、埃德温·贝尔德：《神话学》，李培茉、何其敏、金泽译，上海人民出版社，1990。

[13] 〔德〕迪特·施林洛普:《叙事与图画——欧洲和印度艺术中的情节展现》,刘震译,兰州大学出版社,2013。

[14] 〔荷〕狄雍:《世界佛学名著译丛》卷71《欧美佛学研究小史》,霍韬晦、陈铫鸿译,台北,华宇出版社,1985。

[15] 〔意〕多米尼克·法切那等:《犍陀罗石刻术语分类汇编》,魏正中等译,上海古籍出版社,2014。

[16] 〔英〕E.H.贡布里希:《象征的图像——贡布里希图像学文集》,杨思梁、范景中编选,广西美术出版社,2015。

[17] 〔美〕E.潘诺夫斯基:《视觉艺术的含义》,傅志强译,辽宁人民出版社,1987。

[18] 〔德〕恩斯特·卡西尔:《神话思维》,黄龙保、周振选译,中国社会科学出版社,1992。

[19] 〔德〕恩斯特·卡西尔:《国家的神话》,范进、杨君游、柯锦华译,华夏出版社,2015。

[20] 〔美〕F.B.塔贝尔:《古希腊艺术史》,殷亚平译,上海人民出版社,2010。

[21] 〔法〕F.B.于格、E.于格:《海市蜃楼中的帝国:丝绸之路上的人,神与神话》,耿昇译,中国藏学出版社,2013。

[22] 〔日〕宫治昭:《犍陀罗美术寻踪》,李萍译,人民美术出版社,2006。

[23] 〔日〕宫治昭:《吐峪沟石窟壁画与禅观》,贺小萍译,上海古籍出版社,2009。

[24] 〔日〕古村怜:《天人诞生图研究》,卞立强译,上海古籍出版社,2009。

[25] 〔美〕H.因伐尔特:《犍陀罗艺术》,李铁译,上海人民美术出版社,1991。

[26] 〔德〕汉斯·布鲁门伯格:《神话研究》,胡继华译,上海世纪

出版社，2005。

[27] 〔德〕赫尔曼·库尔克、迪特玛尔·罗特蒙特：《印度史》，王立新、周红江译，中国青年出版社，2008。

[28] 〔德〕赫尔穆特·吴黎熙：《佛像解说》，李雪涛译，社会科学文献出版社，2003。

[29] 黄宝生译注《梵汉对勘神通游戏》，中国社会科学出版社，2012。

[30] 〔美〕吉尔伯特·海厄特：《古典传统》，王晨译，北京联合出版公司，2015。

[31] 〔瑞士〕卡尔·荣格等：《人类及其象征》，张举文、荣文库译，辽宁教育出版社，1988。

[32] 〔瑞士〕卡尔·荣格：《原型与集体无意识》，徐德林译，国际文化出版公司，2011。

[33] 〔英〕凯伦·阿姆斯特朗：《佛陀》，贤祥译，上海三联书店，2013。

[34] 〔意〕卡列宁等编著《犍陀罗艺术探源》，魏正中、王倩译，上海古籍出版社，2015。

[35] 〔英〕凯伦·阿姆斯特朗：《轴心时代》，孙艳燕、白彦兵译，海南出版社，2015。

[36] 〔英〕K. W. 博勒：《神话与神话学》，刘光耀译，中国民间文艺出版社，1986。

[37] 〔英〕理查德·巴克斯顿：《想象中的希腊——神话的多重语境》，欧阳旭东译，华东师范大学出版社，2014。

[38] 〔法〕鲁保罗：《西域文明史》，耿昇译，中国藏学出版社，2014。

[39] 〔英〕罗宾·奥斯本：《古风与古典时期的希腊艺术》，胡晓岚译，上海人民出版社，2015。

[40] 〔美〕罗伊·C. 克雷文：《印度艺术简史》，王镛、方广羊、陈聿东译，中国人民大学出版社，2003。

［41］〔美〕马克·D. 富勒顿：《希腊艺术》，李娜、谢瑞贞译，中国建筑工业出版社，2004。

［42］〔英〕马克斯·韦伯：《印度的宗教：印度教与佛教》，康乐译，广西师范大学出版社，2014。

［43］〔意〕马里奥·布萨格里、〔印〕查娅·帕特卡娅、〔印〕B. N. 普里：《中亚佛教史》，许建英、何汉民编译，贾应逸审校，新疆美术摄影出版社，1992。

［44］〔美〕马丽加·金芭塔丝：《活着的女神》，叶舒宪等译，广西师范大学出版社，2008。

［45］〔美〕马丽加·金芭塔丝：《女神的语言》，苏永前等译，社会科学文献出版社，2016。

［46］〔英〕麦克斯·缪勒：《比较神话学》，金泽译，上海文艺出版社，1989。

［47］〔英〕麦克斯·缪勒：《宗教学导论》，陈观胜、李培茱译，上海人民出版社，1989。

［48］〔美〕米尔恰·伊利亚德：《神圣的存在：比较宗教的范型》，晏可佳、姚蓓琴译，广西师范大学出版社，2008。

［49］〔美〕米尔恰·伊利亚德：《宗教思想史》第1卷《从石器时代到厄琉西斯秘仪》，吴晓群译，上海社会科学院出版社，2016。

［50］〔美〕米尔恰·伊利亚德：《宗教思想史》第2卷《从乔达摩·悉达多到基督教的胜利》，晏可佳译，上海社会科学院出版社，2016。

［51］〔巴基斯坦〕穆罕默德·瓦利乌拉·汗：《犍陀罗：来自巴基斯坦的佛教文明》，陆水林译，五洲传播出版社，2009。

［52］〔英〕尼尼安·斯马特：《世界宗教》，高师宁等译，北京大学出版社，2004。

[53]〔加拿大〕诺思洛普·弗莱：《伟大的代码——圣经与文学》，郝振益、樊振帼、何成洲译，北京大学出版社，1997。

[54]〔印〕R.塔帕尔：《印度古代文明》，林太译、张荫彤校，浙江人民出版社，1990。

[55]〔日〕山田龙城：《世界佛学名著译丛》卷79《梵语佛典导论》，许洋主译，台北，华宇出版社，1988。

[56]〔俄〕舍尔巴茨基：《大乘佛学》，立人译，中国社会科学出版社，1995。

[57]〔德〕施勒伯格：《印度诸神的世界——印度教图像学手册》，范晶晶译，中西书局，2016。

[58]〔日〕水野弘元：《佛教的真髓》，香光书乡编译组译，台北，香光书乡，2002。

[59]〔日〕水野弘元：《佛教的原点：释尊的生涯与思想》，陈淑慧等译，台北，圆明出版社，1998。

[60]〔日〕水野弘元：《佛教文献研究》，许洋主译，台北，法鼓文化事业股份有限公司，2003。

[61]〔美〕W.M.麦高文：《中亚古国史》，章巽译，中华书局，1958。

[62]〔德〕W.施密特：《原始宗教与神话》，萧师毅、陈祥春译，上海文艺出版社，1987。

[63]〔美〕威尔·杜兰：《世界文明史》，台湾幼狮文化公司译，东方出版社，1998。

[64]〔英〕韦罗尼卡·艾恩斯：《印度神话》，孙士海、王镛译，经济日报出版社，2001。

[65]〔英〕渥德尔：《印度佛教史》，王世安译，商务印书馆，1987。

[66]〔英〕西蒙·莱普斯：《古希腊人的宗教生活》，邢颖译，北京大学出版社，2015。

[67]〔英〕西蒙·霍恩布洛尔：《希腊世界》，赵磊译，华夏出版

社，2015。

［68］〔美〕休斯顿·史密斯：《人的宗教》，刘安云译，海南出版社，2016。

［69］〔匈牙利〕雅诺什·哈尔马塔主编《中亚文明史》第2卷，徐文堪译，中国对外翻译出版公司，2003。

［70］〔美〕依迪斯·汉密尔顿：《神话》，刘一南译，华夏出版社，2015。

［71］〔美〕伊万·斯特伦斯基：《二十世纪的四种神话理论》，李创同、张经纬译，上海三联书店，2012。

［72］〔日〕羽田亨：《西域文明史概论》，郑元芳译，商务印书馆，1934。

［73］〔英〕詹·乔·弗雷泽：《金枝——巫术与宗教之研究》，徐育新等译，大众文艺出版社，1998。

［74］〔英〕约翰·马歇尔：《塔克西拉》（3卷本），秦立彦译，云南人民出版社，2002。

［75］〔英〕约翰·马歇尔：《犍陀罗佛教艺术》，王冀青译，甘肃教育出版社，1989。

［76］〔美〕约瑟夫·坎贝尔、比尔·莫耶斯：《神话的力量》，朱侃如译，浙江人民出版社，2013。

［77］〔美〕约瑟夫·坎贝尔：《指引生命的神话》，张洪友等译，浙江人民出版社，2013。

［78］〔美〕约瑟夫·坎贝尔：《千面英雄》，黄珏苹译，浙江人民出版社，2013。

四　外文原著（按出版时间之先后排列）

［1］ Jane Ellen Harrison, *Proliegomena to The Study of Greek Religion*

（Cambridge University Press, 1922）.

[2] J. Marshall, *Taxila*, 3vols（Cambridge, 1951）.

[3] Anil de Silva-vigier, *The Life of The Buddha: Retold From Ancient Sources*（London: The Phaidon Press, 1955）.

[4] Ingholt, Harald, *Gandharan Art in Pakistan: Pantheon Books*（New York, 1957）.

[5] J. Marshall, *The Buddhist Art of Gandhāra*（Cambridge, 1960）.

[6] Domenico Faccenna, *A Guide to the Excavation in Swat（Pakistan）: 1956 – 1962*（Roma, 1964）.

[7] Smith V. A. , *The Oxford History of India*（Oxford, 1970）.

[8] Heinrich Robert Zimmer, *Myths and Symbols in India art and Civilization*, ed. by Joseph Campbell（Princeton University Press, 1972）.

[9] Marcel Granet, *Right and Left in China: Right and Left.* Essays on Dual Symbolic Classification, ed. by Rodney Needham（Chicago: The University of Chicago Press, 1973）.

[10] 〔日〕肥塚隆『美術に見る釈尊の生涯』平凡社、1979。

[11] 〔日〕佐佐木教悟、高崎直道、井野口太淳、塚木启祥『仏教史概说・イソド篇』平乐寺书店、1983。

[12] Jeannine Auboyer Buddha, *A Pictorial History of His Life and Legacy*（New York: The Crossroad Publishing Company, 1983）.

[13] John Boardman, Jasper Griffin, Oswyn Murra, *The Oxford History of Greece and the Hellenistic World*（Oxford University Press, 1986）.

[14] Lowell Eddmunds, *Approaches to Greek Myth*（Baltimore: Johns Hopkins University Press, 1990）.

[15] W. Zwalf, *A Catalogue of the Ganāra Sculpture in the British Museum*

（London，1996）.

［16］ Robin Osbourne, *Archaic and Classic Greek Art*（Oxford University Press，2000）.

［17］ John M. Hobson, *The Eastern Origins of Western Civilisation*（Cambridge University Press，2004）.

［18］ Robert Hertz, *Death and The Right Hand*, trans. by Rondey and Claudia Needham, *With an Introduction by E. E. Evans-Pritchard*（London and New York：Routledge Taylor and Francis Group，2004）.

［19］ Robert Beer, *The Handbook of Tibetan Buddhist Symbols*（Shambhala Publications，2007）.

［20］ Robert A. Segal, *Myth：A Very Short Introduction*（Foreign Language Teaching And Research Press，2008）.

五　论文类（按作者姓氏音序排列）

［1］白文：《造像碑的佛传图——以药王山碑林为中心》，《敦煌学辑刊》2008 年第 2 期。

［2］蔡枫：《犍陀罗雕刻艺术与民间文学关系例考》，博士学位论文，北京大学，2012。

［3］蔡欣芳：《佛陀的英雄之旅》，硕士学位论文，台湾玄奘大学，2012。

［4］陈明：《印度佛教创世神话的源流——以汉译佛经和西域写本为中心》，《外国文学评论》2010 年第 4 期。

［5］陈明：《古代东方文学的图像传统初探》，《国外文学》2016 年第 1 期。

［6］陈士强：《〈释迦牟尼谱〉和〈释迦牟尼氏谱〉合论》，《法音》

1988 年第 2 期。

[7] 陈粟裕：《于阗佛教图像的发现与研究》，《美术文献》2014 年第 1 期。

[8] 褚丽：《释迦牟尼造像特征的比较研究》，硕士学位论文，西藏大学，2011。

[9] 党措：《〈释迦牟尼谱〉中的释迦牟尼形象分析》，《西藏大学学报》（社会科学版）2013 年第 1 期。

[10] 定慧：《蓝毗尼简史》，《法音》2000 年第 7 期。

[11] 丁明夷：《克孜尔石窟的佛传壁画》，收入佛光山文教基金会《〈法藏文库〉硕博士学位论文》，《中国佛教学术论典》第 85 册，佛光山文教基金会，2003。

[12] 樊锦诗、马世长：《莫高窟第 290 窟的佛传故事画》，《敦煌研究》1983 年。

[13] 方广锠：《印度佛教讲座：佛教的世界模式与诸神》，《佛教文化》2004 年第 3 期。

[14] 方广锠：《印度佛教讲座：佛教的时间与空间》，《佛教文化》2004 年第 4 期。

[15] 方广锠：《印度佛教讲座：不朽的释迦牟尼》，《佛教文化》2010 年第 4 期。

[16] 方立天：《印度佛教人生理想论略说》，《长白论丛》1996 年第 4 期。

[17] 〔日〕肥塚隆：《〈従三十三天降下〉圖の圖像》，《待兼山论丛》卷 11《美学篇》。

[18] 冯先思：《〈佛本行经〉、〈佛所行赞〉不为同经异译考》，《古籍研究》2013 年第 2 期。

[19] 傅映兰：《佛教善恶思想研究》，博士学位论文，湖南师范大学，2013。

［20］耿剑：《犍陀罗佛传浮雕与克孜尔佛传壁画部分图像比较》，
《民族艺术》2005 年第 3 期。

［21］耿剑：《犍陀罗佛传浮雕与克孜尔佛传壁画之"释迦牟尼诞生"
图像比较》，《美术观察》2005 年第 4 期。

［22］耿剑：《克孜尔佛传遗迹与犍陀罗关系探讨》，《南京艺术学院
学报》（美术与设计版）2008 年第 5 期。

［23］官静：《五至七世纪中叶西域佛教之变迁》，《南亚研究》1990
年第 4 期。

［24］〔日〕宫治昭：「バーミヤF洞の涅槃圖」『名古屋大学文学部
研究论集』LX'，1973。

［25］〔日〕宫治昭：「キジル石窟における涅槃の圖像構成」『オリ
エント』第 25 卷第 1 号、1982。

［26］〔日〕宫治昭：《印度河文明的造型作品》，王明增译，《世界美
术》1984 年第 1 期。

［27］〔日〕宫治昭：《犍陀罗涅槃图的解读》，金申译，《敦煌研究》
1996 年第 4 期。

［28］〔日〕宫治昭：《印度佛传美术的三种类型》，顾虹译，《敦煌研
究》1998 年第 4 期。

［29］〔日〕宫治昭：《近年来关于佛像起源问题的研究现状》，李静
杰译，《敦煌研究》2000 年第 2 期。

［30］〔日〕宫治昭：《丝绸之路沿线佛传艺术的发展与演变》，赵莉
译，《敦煌研究》2001 年第 3 期。

［31］〔日〕宫治昭：《印度佛教美术系列讲座——第一讲 印度早期佛
教美术》，王云译，《艺术设计研究》2011 年第 4 期。

［32］〔日〕宫治昭：《印度佛教美术系列讲座——第二讲 犍陀罗佛教
美术》，王云译，《艺术设计研究》2012 年第 1 期。

［33］〔日〕宫治昭：《犍陀罗美术研究的现状》，李茹译，《丝绸之

路》2015 年第 8 期。

[34] 郭良鋆：《印度巴利文佛教文学概述》，《南亚研究》1982 年第
　　　3 期。

[35] 郭良鋆：《佛教神话中的摩罗》，《南亚研究》1986 年第 4 期。

[36] 郭良鋆：《〈经集〉浅析》，《南亚研究》1987 年第 1 期。

[37] 郭良鋆：《梵语佛教文学概述》，《南亚研究》1988 年第 2 期。

[38] 郭良鋆：《佛陀形象的演变》，《南亚研究》1990 年第 3 期。

[39] 郭良鋆：《帝释天和因陀罗》，《南亚研究》1991 年第 1 期。

[40] 郭良鋆：《印度教三大主神的形成》，《南亚研究》1993 年第 4
　　　期。

[41] 郭良鋆：《佛教涅槃论》，《南亚研究》1994 年第 4 期。

[42] 郭良鋆：《佛陀的神话观》，《南亚研究》1997 年第 1 期。

[43] 郭乃彰：《印度佛教莲花纹饰之探讨》，收入佛光山文教基金会
　　　《〈法藏文库〉硕博士学位论文》，《中国佛教学术论典》第 90
　　　册，佛光山文教基金会，2003。

[44] 郭迎春：《〈涅槃经〉的汉译及涅槃信仰研究》，博士学位论文，
　　　四川大学，2004。

[45] 韩辉：《印度神话中因陀罗地位职能演变探析》，《外国文学研
　　　究》2011 年第 3 期。

[46] 韩辉：《试论印度神话中梵天的升格与虚化》，《外国文学研究》
　　　2011 年第 5 期。

[47] 韩有成：《须弥山中心柱洞窟及其造像》，《固原师专学报》
　　　2003 年第 2 期。

[48] 韩廷杰：《婆罗门教神话和佛教神话比较研究》，《世界宗教研
　　　究》1994 年第 1 期。

[49] 何乃英：《印度神话特点刍议》，《南亚研究》1991 年第 2 期。

[50] 何志国：《佛教偶像起源及其在贵霜朝的交流》，《敦煌研究》

2010 年第 1 期。

［51］何星亮：《中国龙文化的特征》，《思想战线》1999 年第 1 期。

［52］何星亮：《中国龙文化的发展阶段》，《云南社会科学》1999 年
第 6 期。

［53］贺世哲：《莫高窟第 290 窟佛传画中的瑞应思想研究》，《敦煌
研究》1997 年第 1 期。

［54］侯传文：《佛经的文学原型意义》，《外国文学评论》1997 年第
4 期。

［55］侯传文：《佛陀形象分析》，《南亚研究》2003 年第 1 期。

［56］侯传文：《佛教文学文类学初探》，《东方论坛》2015 年第 6 期。

［57］黄心川：《印度奥义书的哲学思想》，《南亚研究》1979 年第 1
期。

［58］霍旭初：《克孜尔石窟降魔图考》，《敦煌研究》1993 年第 1 期。

［59］霍旭初、艾买提·苏皮：《龟兹石窟及其壁画的内容与风格》，
《新疆文艺》2000 年第 3 期。

［60］霍旭初：《佛教传入龟兹时间考》，《新疆师范大学学报》2010
年第 1 期。

［61］霍旭初：《龟兹佛教与石窟研究新视野》，《新疆师范大学学报》
2015 年第 5 期。

［62］霍旭初：《龟兹佛教与石窟研究的新收获》，《新疆师范大学学
报》2016 年第 6 期。

［63］蒋家华：《古代印度佛教瑞像的生成研究》，《云南社会科学》
2013 年第 6 期。

［64］江亦丽：《说一切有部的哲学思想探索》，硕士学位论文，中国
社会科学院研究生，1985，收入佛光山文教基金会《〈法藏文
库〉硕博士学位论文》，《中国佛教学术论典》第 11 册，佛光
山文教基金会，2001。

[65] 康殿：《古代"尊左"与"尚右"问题新探——兼谈以"左右"示"尊卑"的"三分法"》，《山东师大学报》1995 年第 1 期。

[66] 孔毅：《〈释氏六帖〉及其价值》，《古籍整理研究学刊》1998 年第 2 期。

[67] 〔法〕乐愕玛：《克孜尔石窟顶部以佛为中心的画面的释读与分类初探》，苏玉敏、郭梦源译，《新疆文物》2005 年第 2 期。

[68] 雷玉华：《克孜尔 110 窟佛传壁画的意义》，《四川大学学报》2006 年第 1 期。

[69] 林梅村：《犍陀罗语文书地理考》，《传统文化与现代化》1997 年第 6 期。

[70] 林梅村：《犍陀罗语文学与古代中印文化交流》，《中国文化》2001 年 Z1 期。

[71] 李坤寅：《释迦牟尼传记的神话性初探——以八相成道为例》，硕士学位论文，台湾辅仁大学，2003。

[72] 李静杰：《造像碑佛本生本行故事雕刻》，《故宫博物院院刊》1996 年第 4 期。

[73] 李静杰：《五代前后降魔图像的新发展——以巴黎吉美美术馆所藏敦煌出土绢画降魔图为例》，《故宫博物院院刊》2002 年第 6 期。

[74] 李静杰：《北朝佛传雕刻所见佛教美术的东方化过程——以诞生前后的场面为中心》，《故宫博物院院刊》2004 年第 4 期。

[75] 李静杰：《中原北方宋辽金时期涅槃图像考察》，《故宫博物院院刊》2008 年第 3 期。

[76] 李静杰：《四川南朝浮雕佛传图像考察》，《石窟寺研究》，2010。

[77] 李静杰：《佛足迹图像的传播与信仰（上）——以印度与中国

为中心》，《故宫博物院院刊》2011 年第 4 期。

［78］李静杰、齐庆媛：《二龙系珠与二龙拱珠及二龙戏珠的图像系谱》，《石窟寺研究》，2015。

［79］李雯雯：《释迦牟尼成佛前的苦行像》，《收藏家》2016 年第 8 期。

［80］李小荣：《汉译佛典叙事类文体的特色及对中土叙事文学的影响》，《哈尔滨工业大学学报》2013 年第 6 期。

［81］李小荣：《论九色鹿本生的图文传播》，《哈尔滨工业大学学报》2014 年第 4 期。

［82］李颖：《唐五代时期的沐浴及其风俗》，硕士学位论文，兰州大学，2015。

［83］李政：《佛经文学中的动物形象》，硕士学位论文，青岛大学，2014。

［84］梁丽玲：《汉译佛传经典中的梦兆研究——以入胎梦为例》，收入 2010 年"跨文化的佛教神话学研究"国际学术研讨会论文集。

［85］梁涛、彭杰、再帕尔·阿布都瓦依提：《于阗地神图像流变相关问题再探》，《敦煌研究》2009 年第 5 期。

［86］刘连香：《北朝佛传故事龙浴太子形象演变》，《敦煌研究》2014 年第 6 期。

［87］刘芊：《佛陀的象征：古印度早期佛教艺术的圣树图像》，《美术学报》2016 年第 2 期。

［88］刘芊：《古印度大乘佛教艺术的圣树图像》，《南京艺术学院学报》（美术与设计版）2016 年第 3 期。

［89］刘守华：《汉译佛经故事的类型追踪》，《西北民族研究》2011 年第 1 期。

［90］刘震：《德国佛教艺术史研究方法：以九色鹿故事为例》，《史林》2012 年第 1 期。

[91] 刘振伟：《丝绸之路神话研究》，博士学位论文，苏州大学，2006。

[92] 刘艳燕、吴军：《莫高窟礼佛仪式的左旋与右旋》，《敦煌研究》2015 年第 6 期。

[93] 吕建福：《亚欧多元文明交汇下不断演进的佛教》，《北京论坛（2015）文明的和谐与共同繁荣——不同的道路和共同的责任：美美与共——人类文明交流互鉴的回顾与展望专场论文及摘要集》，2015。

[94] 罗简、朱明健：《印度早期佛教的象征图样》，《设计艺术研究》2016 年第 2 期。

[95] 〔美〕玛丽琳·M. 爱丽：《5 世纪中国佛像和北印度、巴基斯坦、阿富汗及中亚雕像的关系》，台建群译，《敦煌研究》1992 年第 1 期。

[96] 马丽娜：《试析中国神话中的数字"七"》，硕士学位论文，中国海洋大学，2011。

[97] 苗利辉：《龟兹石窟佛传壁画与佛神通力——兼论龟兹石窟涅槃题材故事画》，《敦煌研究》2015 年第 5 期。

[98] 莫磊：《5 至 8 世纪中国的涅槃图像研究》，硕士学位论文，东南大学，2015。

[99] 聂静洁：《20 世纪西域佛教史若干问题研究述评》，《西域研究》2005 年第 1 期。

[100] 荣新江、朱双丽：《于阗国王李圣天事迹新证》，《西域研究》2012 年第 2 期。

[101] 〔斯〕毗耶达西：《佛陀的一生（下）》，郑立新译，《法音》2011 年第 6 期。

[102] 〔斯〕皮亚娜：《上座部的"涅槃"或"解脱"观念》，《西南民族大学学报》2010 年第 4 期。

[103] 饶宗颐：《中国古代"胁生"的传说》，《燕京学报》1997 年第 3 期。

[104] 石建刚：《中古北方涅槃图像中乐舞者形象研究》，硕士学位论文，兰州大学，2013。

[105] 〔德〕史密特：《克孜尔 110 窟佛传故事画中龟兹文题记的解读》，彭杰译，《新疆文物》2004 年第 1 期。

[106] 时旭：《简论克孜尔 205 窟四相图与〈金刚经〉"四相"之关涉》，《神州》2014 年第 2 期。

[107] 苏世芬：《汉译佛典佛陀与佛弟子的诞生故事研究——以阿含部、律部为中心》，硕士学位论文，台湾中正大学，2006。

[108] 孙尚勇：《感生、异表和胁生——由纬书及相关文献看西汉时期佛教对中土的影响》，《四川大学学报》2016 年第 5 期。

[109] 孙英刚：《转轮王与皇帝：佛教对中古君主概念的影响》，《社会科学战线》2013 年第 11 期。

[110] 谭洁：《宋代涅槃变相研究》，硕士学位论文，中国美术学院，2012。

[111] 唐艳丽：《"腋下生子"神话文献梳理及文化内涵探析》，《宜春学院学报》2016 年 4 月。

[112] 王国庆：《佛教传播系统研究》，硕士学位论文，吉林大学，2015。

[113] 王红：《汉译佛经叙事研究》，博士学位论文，西北大学，2012。

[114] 王慧慧：《佛传中的洗浴太子：从经文到图像的转变》，《敦煌研究》2014 年第 6 期。

[115] 王阔：《莫高窟第 254 窟降魔变中"魔怪"造型研究》，硕士学位论文，中国美术学院，2014。

[116] 王立：《南亚树木崇拜和佛经母题对于树神传说的触媒》，《中

国人民大学学报》2001 年第 2 期。

[117] 王丽娜：《佛教传记文学研究史及其相关问题刍议》，《世界宗教文化》2014 年第 5 期。

[118] 王玲娟：《从"九龙浴太子"看大足石刻妙于改造》，《装饰》2008 年第 7 期。

[119] 王平先：《莫高窟北朝时期的降魔变初探》，《敦煌研究》2007 年第 6 期。

[120] 王文旭：《宗派时期的佛陀形象研究——以〈佛祖统纪〉为中心》，《青海社会科学》2015 年第 2 期。

[121] 汪田明：《中国龙的图像研究》，博士学位论文，中国艺术研究院，2008。

[122] 习羽：《宗教视野下中西方龙文化的对比性研究》，硕士学位论文，贵州大学，2015。

[123] 邢莉莉：《明代佛传故事画研究》，博士学位论文，中央美术学院，2008。

[124] 姚律：《克孜尔石窟第 38 窟佛涅槃图像谈》，《新疆艺术学院学报》2013 年第 1 期。

[125] 姚卫群：《佛教的"轮回"观念》，《宗教学研究》2002 年第 3 期。

[126] 姚卫群：《婆罗门教与佛教神观念比较》，《杭州师范大学学报》（社会科学版）2008 年第 5 期。

[127] 姚卫群：《奥义书中的"解脱"与佛教的"涅槃"》，《华东师范大学学报》2012 年第 1 期。

[128] 解华：《云冈石窟中的地神造像》，《山西大同大学学报》2012 年第 1 期。

[129] 徐晶：《佛陀造像缘起探析》，《江西社会科学》2013 年第 1 期。

[130] 薛宗正：《古代于阗与佛法初传》，《西北民族研究》2005 年第 2 期。

[131] 杨波、苗利辉：《龟兹石窟涅槃造像与说一切有部之关系》，《新疆艺术学院学报》2012 年第 2 期。

[132] 杨瑾：《胡人与狮子：图像功能与意义再探讨》，《石河子大学学报》2016 年第 1 期。

[133] 姚律：《克孜尔石窟 99 与 175 窟：两个强调释迦牟尼"最后身"的中心柱窟》，《新疆艺术学院学报》2009 年第 3 期。

[134] 姚卫群：《佛教与婆罗门教善恶观念比较》，《宗教学研究》2006 年第 4 期。

[135] 姚士宏：《克孜尔的佛传四相图》，《新疆艺术》1983 年第 5 期。

[136] 姚士宏：《克孜尔 69 窟鹿野苑说法图》，《新疆艺术》1987 年第 4 期。

[137] 姚士宏：《克孜尔石窟壁画上的梵天形象》，《敦煌研究》1989 年第 1 期。

[138] 姚士宏：《克孜尔菱格画的象征意义及其源流》，《新疆艺术》1990 年第 1 期。

[139] 伊家慧：《宗教学视角下解读佛传史诗〈佛所行赞〉的神话特征》，《中山大学研究生学刊》2015 年第 2 期。

[140] 伊家慧：《佛陀诞生神话研究》，硕士学位论文，陕西师范大学，2015。

[141] 殷博：《从乘象菩萨图像和尊格的演变看佛教美术中国化的过程》，硕士学位论文，西北师范大学，2014。

[142] 叶梅：《试述克孜尔石窟第 123 窟"七宝示现"》，《新疆文物》2005 年第 2 期。

[143] 叶舒宪：《原型数字"七"之谜——兼谈原型研究对比较文学

的启示》，《外国文学评论》1990 年第 1 期。

[144] 叶舒宪：《二龙戏珠原型小考——兼及龙神话发生及功能演变》，《民族艺术》2012 年第 2 期。

[145] 于亮：《克孜尔石窟壁画题材研究》，博士学位论文，南京艺术学院，2013。

[146] 袁洁：《佛教植物文化研究》，硕士学位论文，浙江农林大学，2013。

[147] 张惠玲：《克孜尔石窟中的帝释天与梵天的形象》，《新疆文物》2005 年第 2 期。

[148] 张慧敏：《帝释天研究》，硕士学位论文，四川大学，2007。

[149] 张竞艳：《从神话及宗教信仰解析神秘数字"七"》，《民族文学研究》2008 年第 3 期。

[150] 张丽香：《从印度到克孜尔与敦煌——佛传中降魔的图像细节研究》，《西域研究》2010 年第 1 期。

[151] 张启成：《印度的神话与文明》，《贵州文史丛刊》2005 年第 2 期。

[152] 张善庆：《中晚唐五代时期敦煌降魔变地神图像研究》，《西域研究》2010 年第 1 期。

[153] 张三夕：《生死涅槃说探讨——佛教的死亡意识分析》，《海南大学学报》1993 年第 4 期。

[154] 张同标：《论古印度佛像影响中国的三次浪潮》，博士学位论文，上海大学，2011。

[155] 张同标：《西印度所见舍卫城大神变佛教造像十例（下）》，《湖南工业大学学报》2012 年第 3 期。

[156] 赵国华：《热与光：苦行与精进——略论中印太阳和火神话及相关的宗教问题》，《南亚研究》1991 年第 4 期。

[157] 赵莉：《龟兹石窟"解脱观"研究——以"无余涅槃"图像为

中心》,《新疆师范大学学报》2015 年第 5 期。

[158] 赵玲:《犍陀罗佛像起源问题的重要实物依据——贵霜佛陀钱币研究》,《吐鲁番学研究》2013 年第 1 期。

[159] 赵玲:《龙王护佛图像研究》,《南京艺术学院学报》2013 年第 1 期。

[160] 赵玲:《印度阿玛拉瓦蒂佛像研究》,《艺术与设计》2015 年第 3 期。

[161] 赵鹏:《北朝佛传故事图像研究》,博士学位论文,山东大学,2012。

[162] 赵鹏:《北朝佛传故事图像艺术研究考析》,《艺术与设计》2014 年第 6 期。

[163] 赵声良:《东京"佛陀"展略记》,《敦煌研究》1998 年第 3 期。

[164] 赵声良、久野美树:《十年来日本的中国佛教美术研究综述》,《敦煌研究》2004 年第 4 期。

[165] 赵声良:《十六国北朝的敦煌石窟艺术(二)》,《艺术品》2015 年第 12 期。

[166] 赵声良:《敦煌隋代中心柱窟的构成》,《敦煌研究》2015 第 6 期。

[167] 赵声良:《树下说法图》,《敦煌研究》2016 年第 1 期。

[168] 赵声良:《说法图残卷(局部)》,《敦煌研究》2016 年第 6 期。

[169] 钟年:《数字"七"发微》,《中南民族学院学报》1994 年第 4 期。

[170]〔日〕中野照男:《克孜尔石窟故事画的形成及年代》,刘永增译,《美术研究》1994 年第 3 期。

[171] 朱丽双:《敦煌藏文文书 P. T. 960 所记于阗建国传说——于阗

教法史译注之二》，《敦煌研究》2011 年第 1 期。

［172］朱平安：《古代尚左尚右源流考辨》，《十堰大学学报》1990
    年第 2 期。

［173］朱己祥：《狄俄尼索斯崇拜与犍陀罗艺术》，《鄂州大学学报》
    2015 年第 4 期。

［174］朱英荣：《龟兹文化与犍陀罗文化》，《新疆大学学报》1998
    年第 3 期。

［175］朱彦民：《"殷人尚右"观念的再考察——以甲骨文字形和考
    古资料为视角》，《中国社会历史评论》2006 年第 7 期。

六　图册类

［1］敦煌文物研究所编著《中国石窟·敦煌莫高窟》第 1 卷，文物
    出版社，1981。

［2］大英博物馆监修、ロデリック·ウイツトフイールド编集解说
    《西域美術（全 3 卷）大英博物館スタイン·コレクシヨン 第 1
    卷 敦煌繪画 Ⅰ》，讲谈社，1982。

［3］大英博物馆监修、ロデリック·ウイツトフイールド编集解说
    《西域美術（全 3 卷）大英博物館スタイン·コレクシヨン 第 2
    卷 敦煌繪画 Ⅱ》，讲谈社，1982。

［4］大英博物馆监修、ロデリック·ウイツトフイールド编集解说
    《西域美術（全 3 卷）大英博物館スタイン·コレクシヨン 第 3
    卷 敦煌繪画 Ⅲ》，讲谈社，1982。

［5］孙修身主编《敦煌石窟全集·佛教东传故事画卷》，香港商务印
    书馆有限公司，1999。

［6］刘玉权主编《敦煌石窟全集·动物画卷》，上海人民出版社，2000。

［7］樊锦诗编著《敦煌石窟全集·佛传故事画卷》，香港商务印书馆

有限公司，2004。

[8] 张爱红绘《克孜尔石窟壁画精选》（佛传故事），新疆人民出版社，2006。

[9] 郑炳林、高国祥主编《敦煌莫高窟百年图录·伯希和敦煌图录》（北魏、唐、宋时期的佛教壁画和雕塑·敦编第 3－465 号窟及其他）（上），甘肃人民出版社，2008。

[10] 林保尧编著《佛教美术全集·佛像大观》，文物出版社，2009。

[11] 马世长、丁明夷：《佛教美术全集·中国佛教石窟考古概要》，文物出版社，2009。

[12] 马炜、蒙中编著《西域绘画·佛 菩萨》（敦煌藏经洞流失海外的珍品绘画），重庆出版社 2010。

[13] 马炜、蒙中编著《西域绘画·佛传》（敦煌藏经洞流失海外的珍品绘画），重庆出版社 2010。

[14]〔英〕奥雷尔·斯坦因：《古代和田——中国新疆考古发掘的详细报告》第 2 卷，巫新华等译，山东人民出版社，2010。

[15] Lokesh Chandra, Nirmala Sharma, *Buddhist Paintings of Tun-Huang in the National Museum*（New Delhi：Niyogi Books, 2012）.

[16] 星云大师总监修《世界佛教美术图说大辞典》，佛光山宗委会印行，2013。

[17] 上海博物馆编《圣境印象：印度佛教艺术》，上海书画出版社，2014。

[18] 上海博物馆编《大英博物馆百年展：浓缩的世界史》，上海书画出版社，2017。

[19]〔日〕栗田功：《大美之佛像：犍陀罗艺术》，唐启山、周昀译，文物出版社，2017。

七 辞书类

［1］ Monier Monier-Williams, *A Sanskrit-English Dictionary* (Oxford University Press, 1899)。

［2］〔日〕荻原云来编《梵和大辞典》，台北，新文丰出版公司，1979。

［3］〔日〕塚本善隆编《望月佛教大辞典》，东京，世界圣典刊行协会，1983。

［4］丁福保编《佛学大辞典》，台北，新文丰出版有限股份公司，1981。

［5］〔德〕汉斯·比德曼：《世界文化象征辞典》，刘玉红等译，漓江出版社，1999。

［6］任继愈主编《佛教大辞典》，江苏古籍出版社，2002。

［7］任继愈主编《宗教词典》，上海辞书出版社，2009。

［8］〔苏〕M. H. 鲍特文尼克等编著《神话辞典》，黄鸿森、温乃铮译，商务印书馆，2015。

后 记

四年前从西宁负笈西安，寒暑易节，博士阶段的学习是我人生历程中宝贵的财富。在此，我想对所有给予我支持和帮助的人致以最诚挚的谢意。

首先我要感谢我的导师吕建福先生，先生渊博的学识、仁厚和蔼的性情，早为我所敬仰。及至亲聆先生的教诲，更惊诧于他敏锐的学术洞察力、一丝不苟的治学态度、深邃的学术思想和对学术执着的追求。先生为人为学，使我受益良多。

跨专业的学术背景，使我的博士论文从选题到撰写都颇费思量。先生语多期望，其心拳拳，其意殷殷，令我生出乘长风破万里浪的气概，给我打开了一座别有洞天的秘密宝藏，使我的博士论文得以顺利完成。

读博期间我有幸前往美国俄亥俄州立大学，师从著名的古希腊神话与宗教研究专家 Sarah Iles Johnston 教授，做了为期一年的访问学者，收获颇丰。当我发现古希腊与佛教之间有着千丝万缕或隐或显的关系时，我竟欣喜若狂。这不就是佛学中所讲的因果律吗？在此一并谢过。

同时，感谢中国社会科学院荣誉学部委员、世界宗教研究所杨曾文先生的悉心指导，并给予宝贵意见。感谢我的兄长赵宗福先生和马成俊先生对我无微不至的关怀与帮助。感谢我硕士阶段的导师尤西林先生的诸多鼓励。感谢师姐党措、师妹伊家慧、师弟王航提供翔实的学术资料，感谢师弟左金众的无私帮助。

衷心感谢青海民族大学文学与新闻传播学院院长马伟教授对我四年博士学术成果的认可，使我的博士学位论文在第一时间获得青海民族大学出版资金资助得以出版。感谢社会科学文献出版社高振华老师、王玉霞老师为这本书的出版付出的辛劳与汗水。

最后还要感谢我亲爱的父母及家人，尺牍片简难以尽述你们在学业上给予我的支持和鼓励。正是有了你们的爱，才使此书具有了除学术价值之外的一种无法估量的情感价值。

唯有感情无以回报，我将铭记于心。天高路远，我当自强不息。

赵　艳

2018 年 9 月

图书在版编目（CIP）数据

佛传与图像：释迦牟尼神话／赵艳著. ‐‐北京：
社会科学文献出版社，2019.3（2022.4 重印）
（青海民族大学中国语言文学学科建设文库）
ISBN 978‐7‐5201‐2709‐7

Ⅰ.①佛…　Ⅱ.①赵…　Ⅲ.①佛教‐神话‐研究 ②释
迦牟尼（Sakya‐Muni 约前 565‐前 485）‐人物研究　Ⅳ.
①B948 ②B949.935.1

中国版本图书馆 CIP 数据核字（2018）第 295514 号

·青海民族大学中国语言文学学科建设文库·

佛传与图像：释迦牟尼神话

著　者／赵　艳

出　版　人／王利民
责任编辑／王玉霞　高振华
文稿编辑／汪延平
责任印制／王京美

出　　　版／社会科学文献出版社·城市和绿色发展分社（010）59367143
　　　　　　地址：北京市北三环中路甲 29 号院华龙大厦　邮编：100029
　　　　　　网址：www.ssap.com.cn
发　　　行／社会科学文献出版社（010）59367028
印　　装／三河市东方印刷有限公司

规　　格／开 本：787mm×1092mm　1/16
　　　　　　印 张：25.75　字 数：334 千字
版　　次／2019 年 3 月第 1 版　2022 年 4 月第 3 次印刷
书　　号／ISBN 978‐7‐5201‐2709‐7
定　　价／78.80 元

读者服务电话：4008918866